Diether Dehm

MEINE SCHÖNSTEN SKANDALE

Von Ruf- und anderen Morden

Das Neue Berlin

Dank an Wolfgang Gehrcke, Kurt Neumann
und Felix Wehner.

Leider war es aus technischen und Umfangsgründen nicht möglich, alle vom Autor vorgeschlagenen Fotos und Dokumente im Buch unterzubringen. Weitere Abbildungen findet man unter: https://www.eulenspiegel.com/verlage/
das-neue-berlin/titel/meine-schoensten-skandale.html

Inhalt

Vorwortbriefwechsel mit Peter Gauweiler 7

Einführung 13

1. Der erste Skandal, »Stamokap« 1972 75
2. Aktion Winterreise 1976 und Nachfolge-Skandal 1996 95
3. Wehner lässt absetzen (1977) 103
4. Rock gegen Rechts und Lieder im Park 1979/80 119
5. 1990: Erika Steinbach und *Forbes* entlarven mich als Ostspion 149
6. Als ich die Prostituierte in Joschka Fischers Schatten erschoss 155
7. 1990–94, der Bundestag und die »Skandal-AG« 177
8. Krebsgeschwür Deutsche Bank und das ZDF-Sportstudio 191
9. Drei Skandale für ein Abschussjahr 195
10. 1998–2017 Vom SPD-Austritt zu den PDS-Wachmannschaften 215
11. Der Antisemit 2017 225
12. 2018 NATO-Strich und noch mal Antisemitismus – es geht auch anders rum 239

Vorwortbriefwechsel mit Peter Gauweiler

Lieber Peter,

Dein 70. Geburtstagsfest war eines der schönsten, die ich erlebt habe. In Geselligkeit 450 derart unterschiedliche Charaktere und politische Naturells zusammengebracht zu haben. (Von Sahra Wagenknecht, Oskar Lafontaine, Egon Krenz bis Ulli Hoeness, Markus Söder und August Finck ohne gehässiges Überlegenheits-Geröhre, bestenfalls heitere Frotzelei.) Das kann nur so ein eigenwillig-weiser Brückenkopf ins Gegenteilige, wie Du; ein Komponierer des historischen Streits, der auf den historischen Kompromiss zielt. Zwischen jenen Demokraten, die – rechts von mir – Volksgemeinschaft über soziale Konflikte heben. Und denen, die (links von Dir) Menschen primär durch ihren Bezug zu Arbeit und Kapital bis ins intime Molekül widersprüchlich durchprägt sehen. Beide Richtungen wollen am Ende Klassenunterschiede in Richtung Versöhnung überwinden. Bei Versöhnung stoßen sich beide – wenn auch wieder unterschiedlich – an Krieg und Imperialismus.

Nun habe ich rund fünf Jahrzehnte antiimperialistischer Strampelei, seit mich Rudi Dutschke 1967, als Pennäler bereits, ins Präsidium des SDS aufgenommen und geehrt hat, in einem launigen Taschenbuch skizziert. Über einige Skandale, die in meiner Vita folgten, bist du ja im Bilde. Dass aber Skandale nicht immer nur Schicksal und Zufall sind, möchte ich als Gedanken mit diesem Bändchen andeuten. Und dies gegen eine Medienmacht, die allein schon die These, mit der DDR-Staatssicherheit sei nicht der letzte Geheimdienst untergegangen, der auf deutschem Boden Andersdenkende demoliert, als Verschwörungstheorie abtut.

Erinnerungen an harte Zeiten sind doch etwas anderes, als sie zu notieren und vergilbte Gesichter aus den Archiven auferstehen zu lassen. Gerade ein großartiger Jurist wie du, der Oskar Maria Graf so liebt, Ludwig Thoma vortragen kann wie kaum jemand sonst, wird zu Skandalisierung & Rufmord sicherlich ein paar Anmerkungen haben.

(Du hast des Öfteren darauf hingewiesen, dass wir als Linke jetzt mit AfD-Leuten teilweise so umgehen, wie vor 2008 mit uns als Linken im Bundestag umgegangen wurde. Und dass wir sie in majestätischer Selbstgefälligkeit als minderwertig abtun würden. Du hast mit dieser Beobachtung bei mir ein bis heute andauerndes Nachdenken ausgelöst.

Skandalisierung ist so ein Ding. Wenn sie gegen einen selbst gefeuert wird, fühlen sich die anderen im abseitigen Schützengraben obenauf. Wenn es dann einen andern im Schützengraben erwischt, vergisst man schnell, dass man selbst grade das Ziel war. Und so bleibt jeder für sich alleine. Wo doch die Verteidigung von Unschuldsvermutung und Gewaltenteilung den Einsatz aller braucht. Wir sind in diesen europäischen Breitengraden ja nolens volens Kinder der französischen und der russischen Revolution. Und ein wenig auch der »Declaration of Independency« mit dem Recht auf Streben nach Glück.

Du hast vor vielen Jahren mal eine Liederzeile von mir schön gefunden: »... den Andersdenkenden im Streit mit sein'n verletzten Augen sehn«.)

Herzlichst grüßt Dich Dein Roter Bruder
dd

Lieber Diether,

freut mich, dass Du mir nach meiner Geburtstagsfeier noch einmal geschrieben hast: »*herzlich grüßt Dich Dein Roter Bruder*«. Danke, lieber Winnetou! Auch für Dein Manuskript über fünf Jahrzehnte antiimperialistische Strampelei und die Frage, was ein alter Reaktionär wie ich davon hält. Als erstes natürlich volle Distanzierung von allen Deinen harten Urteilen: über die Deutsche Bank, über unsere amerikanischen Freunde und über den Bundesnachrichtendienst. Das ist jetzt nicht (nur) Ironie, sondern einfach, weil ich Richard Nixon, Hermann Josef Abs und Reinhard Gehlen nicht nur schlecht finden kann. Aber ich muss ja auch nicht alles, was Homer gesungen und Odysseus gemacht hat, gut finden (die frauenfeindlichen Bemerkungen über die eulenäugige Athene zum Beispiel oder dass die Freier unbedingt alle sterben mussten). Und kann in beiden trotzdem starke Typen sehen, wie es meinerseits in Bezug auf Dich der Fall ist. Jetzt bist Du sogar zum Sänger Deiner eigenen Taten geworden. Was mir vor allem bei Deinen Texten gefällt, ist Dein Plädoyer gegen die Skandalisierung unkonventioneller Meinungen, die unverstellte Selbstkritik und Dein frohgemutes Leben im Schützengraben. Auch das Aushalten beim Prangerstehen in der Stasi-Sache. Wer den Pranger überlebt, lebt besser als manche, die ihn angekettet haben. Auch wenn Dich und mich noch so viele für richtige Kotzbrocken halten: Der Pranger ist abgeschafft in Deutschland. Juristisch letztmalig durch die Paulskirchen-Verfassung von 1848. Aber bis heute wird er immer wieder aufgestellt. Man darf dabei nicht mitmachen. Lass uns das auch selbst durchhalten – als ständig runderneuerte Gute. Dummerweise habe ich vor ein paar Tagen bei Netflix die dritte Staffel von »*Designated Survivor*« gesehen, wo der brave Präsident am Ende mit einer eigenen Verwechslung von Ethik und Heuchelei konfrontiert ist und so sich der ganze Plot von der Allgüte des Hauptdarstellers wieder dreht. Das darf uns nie passieren. Abgemacht? Dann lieber ehrlich böse (aber dann kommen wir in die Hölle, und das wollen wir auch wieder nicht; es ist verflixt). Vermutlich sind aus diesem verdammten Dilemma die politischen Storys entstanden, die Dein Buch erzählt.

Wir zwei Rechts-Links-Typen kommen aus den Widersprüchen nicht heraus und wissen um die Versuchung, dass man auch mit der Wahrheit lügen kann. Sehr schön dargestellt in Deinem Buch, durch welchen Diskussions-Verhau man sich immer wieder schlagen muss, um wenigstens für einen Moment Kopfklarheit zu schaffen.

Wirklich gut, dass Du als große Idee – »der alle verpflichtet sein sollen« – die Unschuldsvermutung herausgestellt hast und die Gewaltenteilung. Beides waren ja Meilensteine in der menschlichen Gattungsgeschichte auf dem Weg ins Freie. Dass dafür auch die Oktoberrevolution hilfreich gewesen wäre, glaube ich allerdings nicht: Schon die Französische Revolution hatte ja trotz der schönen Ideen des Grafen Montesquieu zu einem Exzess aller Staatsgewalt geführt und ihr russisches Pendant 130 Jahre später zu einer totalitären Entgrenzung ohne Beispiel. Ich weiß, wir reden von heute und erkaltete Lava soll gut für die Böden sein und Flächenbombardements aus der Luft gut für die künftige Stadtplanung: wir beide wissen aber auch, dass hinter dem bewussten Herbeiführen solcher Umstände die Psychosen von Horrorclowns stecken, die auf Weltenlenker tun. Immer wieder kommt das Böse sogar in Gestalt des Lichts. Das ist nicht von mir, sondern von dem evangelischen Pfarrer Dietrich Bonhoeffer. Wirklich gute Mittel für den Selbstschutz sind bipolares Denken und die Fähigkeit und Bereitschaft, das Schachbrett umzudrehen, um den Blick zu weiten. Ein treffendes Beispiel ist Dein Brief an mich: wo Diether Dehm unbefangen die Frage stellt, ob im Bundestag wirklich alles so richtig ist, was man den Rechten so zufügt. Getreu dem alten Motto »was Du nicht willst, das man Dir tu...«. Großzügigkeit – auch politische Großzügigkeit – hat mit Freiheit zu tun. Du bist ziemlich frei.

In diese Richtung weisen auch Deine ästhetischen Beobachtungen über Frau und Mann – natürlich ein bisschen libertär, aber dafür kommst Du von den Feldlagern des Fortschritts. Schön auch Deine Momentaufnahmen in hessischer Sprache. Am besten der Polizist im dritten Stück, der während der ersten Durchsuchung bei Dehms zu Hause bemerkte: »*Ei, de Lenin habemä ja aach im Regal*«. Ludwig Thoma auf frankfurterisch plus ein wacher Blick für die Gefahren des Kommunismus. Auch der andere Kriminaler, der ziemlich schnell Respekt vor Dir entwickelte – das war nicht nur Opportunismus –, weil er erkannte, dass da nicht irgendeine Propaganda-Null gefilzt wird, sondern ein Hochbegabter, der sich halt hin und wieder etwas leistet. Aber gleichzeitig schon ziemlich viel geleistet hat: Komponist, Unternehmer, Schriftsteller und Impresario. Diese Kombination von wirtschaftlicher Unabhängigkeit und Linkssein macht Dir bis heute keiner nach. Lass Dich davon um Himmels willen nicht abbringen. Nur zur Beruhigung: es gibt kein falsches Leben im richtigen – auch wenn es die Frankfurter Schule andersherum sagt. Eine Freude zum Schluss: Neulich konnte ich sogar Karl Marx etwas abgewinnen – ich sah ihn in einem Spielfilm, dargestellt von Mario Adorf, meinem Lieblingsschauspieler. Dein Trierer Volksfreund kam auf einmal richtig gut rüber!

Also: Viel Glück für Dein Taschenbuch, keine Prozesse, und wenn doch, dann so, dass sie hilfreich für die Auflage sind. Lass uns die gesunden Instinkte weiterleben, welche den Menschen sowohl zum Kämpfer wie zum Bruder machen.

Glück auf und Venceremos!

Dein Peter Gauweiler

Einführung

Nein, das ist keine Autobiografie. Darin ginge es mehr um Lieder, Romane, Freund*Innen, Kultur- und Bundestagsarbeit. Und außerdem: so schnell denke ich noch nicht ans Aufhören. Also, liebe Schreibagent*innen auf den Fersen antiimperialistischer Bürgerrechtler: es gibt noch Arbeit – seid Ihr nun an der Datenkanüle vom Verfassungsschutz oder vom Bundesnachrichtendienst – die einen sagen so, die andern so – ein paar weitere Skandalisierungsanläufe müsst Ihr Euch noch ausdenken. Wie sowas läuft? Ein fester Freier im SPIEGEL hat mir eine Groteske erzählt: da kam sein Abteilungsleiter im Frühjahr 2005 in sein Büro, als Oskar Lafontaine und Klaus Ernst mit Lothar Bisky gerade intensivere Telefonate führten: »Du, unser Oskar plant da irgendwas mit der PDS. Klemm Dich mal dahinter. Schön wäre die Richtung ›rachsüchtiger Tattergreis‹, ›nationalistischer Fremdenfeind‹ oder sowas.« Der Journalist erhielt ein Bündel »Goldstaub« (= heiße Dokumente zweifelhaften Ursprungs über Oskars Umfeld). Der gewünschte Beitrag drei Tage später wich aber von den beiden Leitmotiven des Vorgesetzten ab – und erschien nicht. Womit er »draußen« war »aus der Nummer«.

Dies Büchlein bietet Euch noch ein bisschen Stoff für solche Nummern. Sollte Euch Skandalmacher*Innen irgendjemand was übelnehmen? Wo Ihr ja nur Ausführende in einem von Hast und Hetze umkämpften Zeilensparkampf seid?!

Schon zu der Zeit, in welcher die zwölf Erzählungen hier starten, wäret Ihr in den Geheimdiensten nur wirkungslose Schreibtischtäter geblieben, hätte es nicht in der Linken, damals in der SPD, Eure willigen Vollstrecker gegeben; eigentlich Eure Aufzucht, auch wenn man sie damals noch nicht so genannt hat: die PiCs (Political Correcte Spießer), die sich unter dem Schirm des Mainstreams geborgen fühlten, die jede seiner mit Trends einhergehenden Stimmungsschwankungen mit vorauseilendem Gehorsam in die linken Parteien hineingetragen haben. Die ihre persönliche Betroffenheit wie einen Orden über alles stellten und jeden bissen, der ihnen ihre »Opfer« nehmen wollte, mittels derer sie sich stellvertretend aufspielten. Damals waren das jedwede Bürgerrechtler der Sowjetunion und DDR – heute ist es jedweder Geflüchtete; gleichgültig, ob sich der DDR-Menschenrechtler oder der Flüchtling strafrechtlich schuldig gemacht haben mochte. Solange er als Referenzobjekt eines Bessermenschen herhalten und somit kolonialisiert werden konnte, musste jeder, der sich verbotenerweise erdreistete, dieses »Referenz-Opfer« zu hinterfragen, an die bürgerliche Skandalöffentlichkeit gezerrt werden. Und diese militanten PiCs und deren Opfer in den linken Parteien, liebe Schreibagent*innen, sind seit jeher Euer Geschäftsmodell.

Es sind hier auch nicht alle meine Skandale zusammengeschrieben, sondern nur eine Auswahl der allerlustigsten. Das Niedergeschriebene soll auch Einblicke in das Zusammenspiel geben, das heutzutage »Skandalisierung« meint; es hat mit dem mittelalterlichen »Pranger« zu tun, ist aber ziemlich schlicht organisiert (so kann man es auch für aufklärerische Zwecke »missbrauchen«, Smiley). Aber es würde eines Denkenden politische Phantasie doch arg überstrapazieren, wenn sich ausgerechnet dabei die Geheimdienste herausgehalten haben sollten. Und schon gar nicht der von Hitlers Spionage-Generalmajor Reinhard Gehlen 1946 zur Jagd auf Linke gegründete BND. Dessen System sah vor, auf besonders exponierte Linke einen Hagel von Skandalen niederprasseln zu lassen (wer mag, kann mal den Namen des Wissenschaftlers und DGB-Vordenkers »Viktor Agartz« und dessen »Fall« – im doppelten Sinn – googlen und wird ein hübsch statuiertes Exempel vorfinden).

Damals wurden die gemachten Skandale noch in Papierform archiviert. Heute werden sie in Wikipedia auf Skandalniveau gehalten. Und brauchen dann, im Falle einer beruflichen oder ehrenamtlich-öffentlichen Job-Bewerbung, nur noch den Entscheidern zugespielt zu werden. Und um in diesem Zusammenspiel alle (meist auch regierungskritischen) Kritiker als Spinner und Staatsfeinde darzustellen, startete die CIA 1967 ihr mittlerweile westweltweit nachgeahmte »Conspiracy Strategy«. Seither ist »Verschwörungstheorie« ein Schimpfwort, das Verschwörer gegen die verwenden lassen, die ihren Verschwörungen auf der Spur sind. Für den gewöhnlichen homo *spiegel*iensus und den gemeinen *jungle-WELT*-Mann ist am Ende die Verschwörung harmloser als einer, der drüber eine Theorie versucht.

Wer also andere Geheimdienste als die kubanischen fortan der Beihilfe zum Kennedy-Mord verdächtigt hatte, wurde als »Verschwörungstheoretiker« in die Nähe von Faschisten gerückt, die mit der »jüdisch-bolschewistischen Weltverschwörung« im Kreischmaul die Sowjetunion und die USA überfielen. Dabei war, angefangen mit der »Sender-Gleiwitz-Nazi-Lüge«, die »jüdisch-bolschewistische Weltverschwörung« selbst eine Verschwörung – auch gegen das eigene deutsche Volk. Aber die Inszenierung des Hitlerüberfalls war bis zu den zahlreichen CIA-Giftgaslügen gegen Saddam, Gaddafi, Assad und Iran nur ein Bei- und Vor-Spiel für Verschwörungen der Kapitalherrschaften, wenn sie im Übermachtrausch ihren kleingläubigen Untertanen noch mehr Zustimmung zu ihren Aufrüstungs- und anderen Renditestrategien abringen wollten. Diese Verschwörungen gehören auch theoretisch aufgearbeitet. Um also gleich ein Vorurteil zu bestätigen: Ja, ich rate zu Verschwörungstheorien, damit die Beherrschten klüger gegenüber ihren gewitzten Beherrschern werden.

Seit Balzacs Roman »Verlorene Illusionen«, in welchem er Journalisten als »Scharfrichter« und »elende Opportunisten in einer Person« gegeißelt hatte, ist ja (neben Slomka, Kleber, Nuhr, Twitter und Facebook) eigentlich nur hinzugetreten, dass »Lügenpresse«, weil Jahresunwort, seit 2015 nicht mehr so genannt werden darf. Nach wie vor allerdings hält diese wirbel- wie würdelose Kriechtierspezies Nachrichten, die ihren Herrschaften Ungemütlichkeit bereiten könnten, dreimal gegen den Wind – in der Hoffnung, dass sie fortfliegen – und bläst Gerüchte, die deren Kritiker skandalisieren, ohne Bedenken in die Welt.

Sicher bin ich an vielen Skandalen mitschuldig, die mir angehängt wurden, um sie immer dann aus den Archiven zu angeln, wenn ich für irgendetwas kandidiert oder mich beworben hatte. Aber die durch Wikipedia raffinierter und synchroner gewordene Netzwerkerei kann zum Staunen bringen. Wie es immer punktgenauer in meinem künstlerischen und politischen Leben zu offenen, aber zu noch mehr unterschwelligen Skandalen gekommen ist. Sie alle sind am Ende auf wundersame Weise für mich gut ausgegangen. Dieses Büchlein hat also nicht das Geringste von einer Klagemauer. Aber es soll Beobachtungen schärfen und Mut machen, gegen all die einschüchternde Anti-Verschwörungstheorie-Propaganda die Stimme zu erheben und zumindest noch mal nachzufragen – nach dem, was der gründlich recherchierende Krimi-Bestsellerautor Wolfgang Schorlau »die unsichtbare Hand« nennt und dessen bloße Erwähnung bei hochdotierten Qualitätsredakteur*innen die Schnappatmung namens »Verschwörungstheorie« auslöst.

Immerhin hatte die *Mainzer Allgemeine Zeitung* am 24. Juni 1995 zur damaligen Hälfte meines politischen und künstlerischen Lebens geschrieben:

»Wenn er die Macht und den Reichtum der Großbanken als Krebsgeschwüre bezeichnet, dann ducken sie sich, die tonangebenden Frankfurter Sozis, relativieren und reden von Arbeitsplätzen ... Der Sozialdemokrat Diether Dehm braucht andere Worte, solche die seine ehemaligen Mitstreiter aus der Achtundsechziger Bewegung längst ad acta gelegt haben ... Der damalige OB von Schoeler, der drohte, seine Kandidatur zurückzuziehen, sollte Dehm zum stellvertretenden Parteichef in Frankfurt gewählt werden, verzeiht solche

Zwischen Klaus Lage und Frankfurter Gezänk

Musikmillionär Dehm ist kein Politiker aus der Schablone

Von unserer Mitarbeiterin
MICHAELA BÖHM

FRANKFURT — Irgendeiner hat die alten SPD-Plakate der Bundestagswahl ins Gebüsch geschmissen. Jetzt streicht der Wahlhelfer sorgfältig den Leim über Diether Dehm. Jung und dynamisch, brummelt er und gibt seinem aufmüpfigen Genossen den Rest. Da ist es wieder, dieses leicht Abfällige. Der jetzt über dem gescheiterten Kandidaten pappt, der OB-Wahlkämpfer Andreas von Schoeler (SPD), ist gerade mal zwei Jahre älter und Dynamik ist entschieden sein Begriff.

Der Sozialdemokrat Diether Dehm braucht andere Worte, solche, die seine ehemaligen Mitstreiter aus der 68er Bewegung längst ad acta gelegt haben. Wenn er die Macht und den Reichtum der Großbanken als Krebsgeschwür bezeichnet, dann ducken sie sich, die tonangebenden Frankfurter Sozis. Relativieren und reden von Arbeitsplätzen, dabei „bin ich der festen Überzeugung, daß meine Position, die sich gegen die abenteuerlichen Spekulationen der Großbanken richtet, Arbeitsplätze bewahrt". Das schadet der Partei nicht, beschwört der promovierte Pädagoge. Schaden tun nur solche Diskussionen, „ob ein Genosse auf seiner Position klebt und ihn in anderer hinterrücks meuchelt".

Der damalige OB von Schoeler, der drohte, seine Kandidatur zurückzuziehen, sollte Dehm zum stellvertretenden Parteichef in Frankfurt gewählt werden, verzeiht solche demaskierenden Äußerungen allenfalls einer übereifrigen Juso-Organisation. Nicht aber einem Magistratsmitglied Dehm.

Jeder Journalist ist dem 45jährigen Verbalartisten ein potentielles Minenfeld. Leserbriefe, einstweilige Verfügungen und Gegendarstellungen sind seine Instrumentarien, sich „potentielle Rufmörder" vom Hals zu halten. Als Linker fühlt er sich „vogelfrei". Dem „Vogelfreien" hat man schon manches anhängen wollen: Ein Verhältnis mit Eisprinzessin Katharina Witt, für die er Medienarbeit macht, die Fehlbelegung einer Sozialwohnung, Stasi-Mitarbeit.

Diese Lockerheit eines Lerryn, wie er sich früher als Liedermacher nannte, diese Unbeschwertheit sind verflogen. „Damals gab es die Zeit eines großen Reformaufbruchs." Damals gab es die Lieder über Victor Jara und die Studentenbewegung, über Fließbandarbeit. Doch heute: „ein Auftrumpfen der Ellenbogenmentalität". Er klagt nicht. Er ist nicht bitter, auch nicht verletzt. Mit 16 hatte Lerryn seinen ersten öffentlichen Auftritt als Sänger und Gitarrist, und die kleine lobende Zeitungsnotiz war „der glücklichste Augenblick meines Lebens". Er galt als Talent, in einem Atemzug mit Hannes Wader und Franz-Josef Degenhardt genannt. Heute ist Lerryn verstummt, Brecht singt er nur noch auf SPD-Veranstaltungen. Wer weiß schon, daß diese Ohrwürmer von Klaus Lage, „Tausendmal berührt" und „Faust auf Faust", aus seiner Feder stammen. Ebenso wie Texte von Anne Haigis und Songs von Ute Lemper. Als Literat fühlt er sich nicht genügend gewürdigt.

Steckengeblieben ist Lerryns Lockerheit in Ausschüssen, in Unterbezirksvorstandsarbeit und Koko-Zirkeln, die linke Runde der Frankfurter SPD. Verblaßt mit jedem Versuch, Parteigrenzen endlich zu überwinden. Doch wenn ihn auch die Basis will, „ich habe wieder viele Stimmen gehabt auf dem Parteitag", die Vorstände plazieren ihn auf aussichtslose Listenplätze. So kann er gerade mal drei Monate als Bundestagsabgeordneter vorweisen. Dehm, seit 29 Jahren SPD-Mitglied, verschärft und spitzt zu. Wo Trendsetter beklatscht werden, wird ihm seine Geradlinigkeit vorgeworfen. „Die Parolen von vorgestern", sagt eine Genossin. Warum hört so einer mit dickem Bankkonto nicht endlich auf, mit den Klassenkampfparolen? Was treibt ihn dazu, Banken wegen Girokonten für Sozialhilfeempfänger in Verlegenheit zu bringen?

In keine Schublade paßt dieser erfolgreiche Künstlermanager, Autor, Komponist und Unterhaltungsproduzent. Wohlhabend und links, dickes Auto und Marxismus, einst Arbeiterkind und heute stellvertretender Vorsitzender der AG Selbständige/Unternehmer in der SPD. Der hat's doch geschafft, der hat's doch nicht mehr nötig. Doch „es würde mir ein größeres Gefühl von Anerkennung geben, wenn die Ideen, die ich für richtig halte, eine gesellschaftliche Akzeptanz fänden." Dehm polarisiert, Zwischentöne gibt es nicht. Wenn man ihn bittet, seine Äußerungen zu den Banken zu relativieren, „weiche ich keinen Millimeter". Ihm gefällt die Rolle des aufrecht Trutzenden in den Sümpfen der Frankfurter SPD: „Wenn man den Rüssel nicht raushängt, verändert man nichts."

In die Gitarrensaiten greift der Sozi-Barde Dehm nur noch bei SPD-Parteiveranstaltungen. Bild: Privat

Mainzer Allgemeine Zeitung Landesspiegel 24.6.95

»... dem Vogelfreien hat man schon manches anhängen wollen ...«

demaskierenden Äußerungen über Banken allenfalls einer übereifrigen Juso-Organisation. Nicht aber einem Magistratsmitglied Dehm ... Dem Vogelfreien hat man schon manches anhängen wollen: ein Verhältnis mit Eisprinzessin Katarina Witt, für die er Medienarbeit macht, die Fehlbelegung einer Sozialwohnung, Stasimitarbeit ... Er galt als Talent, in einem Atemzug mit Hannes Wader und Franz-Josef Degenhardt genannt. Heute ist er verstummt ... Lockerheit verflogen ...«

»Verstummt« traf zwar weder dauerhaft noch vollständig zu. Allerdings hatten die Skandale mich damals durchaus auch künstlerisch mürbe gemacht. Glaubt man an eine »unsichtbare Hand« hinter den Skandalisierungen, dann sollten sie das wohl auch! Doch waren sie nicht nur dazu gedacht, meine künstlerische Arbeit lahmzulegen, sondern auch dazu, meinen Namen politisch zu verbrennen. Aber das ist – ich klopf mein »TrotzalleDehm« auf Holz – bislang allenfalls teilweise geglückt.

Die rechtsextreme *Junge Freiheit* hat mir später auch eine feindselige Würdigung gewidmet, die mich heute noch verzückt (s. folgende Seiten).

Nachdem ich 2012 meine Liebeslieder-CD (»Große Liebe reloaded«) veröffentlicht hatte, kam es zu Merkwürdigkeiten, die das Unterschwellige von Skandalisierung aufzeigen helfen. Die Mechanik ist simpel: Die Medien randalieren wegen einer Unregelmäßigkeit eines linken Promis. Der Skandal darf nur eines nicht: »linke Überzeugungen« zum Vorwurf machen. Doch kann dieser sich beziehen auf Ladendiebstahl, eine politisch inkorrekte Anrede eines Transmenschen, die Bezeichnung einer Lügenpresse als »Lügenpresse«, eine finanzielle Unregelmäßigkeit oder Zigarettenduft im Nichtraucherbereich. An so was beißen sich die Rufschädiger gerne fest – wie zu Springers Lebzeiten. Solche Skandale hängen einem dann ein paar Monate an, aber eben nicht ewig, schon gar nicht damals, als es noch radikaldemokratische Medien gab. Ganz anders aber, als in den Siebzigern, heißt es heute: das Netz vergisst nichts. Und über Wikipedia-Einträge linker

© JUNGE FREIHEIT Verlag GmbH & Co. www.jungefreiheit.de 04/99 22. Januar 1999

Diether Dehm
Hofsänger und Edelmarxist
von Werner Olles

Vom 17jährigen Schüler- und »Falken«-Funktionär, der 1967 lautstark gegen den Vietnamkrieg, die NPD und die Notstandsgesetze demonstrierte, über den Texter und Interpreten geschmäcklerischer Protestsongs, wohlbestallten Platten-Millionär und Musikmanager (Wolf Biermann, Katharina Witt) und Bundesvorsitzenden der »Arbeitsgemeinschaft der Selbständigen in der SPD« bis zum stellvertretenden Bundesvorsitzenden der PDS ist ein weiter Weg. Oder auch nicht. Denn Dr. Dieter Dehm ist geradezu die Personifizierung jenes Phänotyps eines Salon-Marxisten, der zwar seinen politischen Ansichten ein Leben lang treu bleibt, aber dennoch auf eine vertrackte Art und Weise so glaubwürdig erscheint wie die Schlange, die dem vor Angst zitternden Kaninchen versichert, sie sei doch schon immer Vegetarierin gewesen.

In der Frankfurter SPD gehörte Dehm seit den 70er Jahren zur sogenannten Stamokap-Fraktion. Diese trat vehement für Bündnisse mit der verfassungsfeindlichen DKP und von dieser dominierten Organisationen wie der VVN oder DFG-VK (Deutsche Friedensgesellschaft - Vereinigte Kriegsdienstgegner) ein. Den endgültigen Schritt zur DKP hat Dehm allerdings vor allem aus taktischen Gründen nie vollzogen. Einerseits wollte er innerhalb der SPD weiterhin die bündnisbereiten »antifaschistischen« Kräfte sammeln, andererseits sah er wohl realistisch, daß in und mit der DKP im Sinne der »Zurückdrängung des Monopolkapitalismus« kaum etwas zu bewegen war.

Von 1993 bis 1996 saß Dehm als ehrenamtlicher Stadtrat im Frankfurter Römer. Als bekannt wurde, daß er in den 70er Jahren als Inoffizieller Mitarbeiter (IM Willy) der Staatssicherheit geführt wurde – sein prominentes Spitzelopfer soll der Liedermacher Wolf Biermann gewesen sein –, schied er aus dem Frankfurter Magistrat aus. Die Partei konfrontierte ihn mit einem Parteiausschlußverfahren, das mit dem halbherzigen Kompromiß endete, seine Rechte als Mitglied für ein Jahr ruhen zu lassen.

Kurz vor den Bundestagswahlen hat Dieter Dehm die SPD, der er 32 Jahre lang angehörte, dann verlassen. Er schloß sich noch im gleichen Jahr der PDS an. Am vergangenen Wochenende kandidierte der alerte Linke als Stellvertreter des PDS-Bundesvorsitzenden Bisky. Nach seiner Wahl erklärte er, sich vornehmlich um dem Auf- und Ausbau der PDS-Organisationsstrukturen im Westen kümmern zu wollen. Dazu müsse sich die PDS gegenüber Sozialdemokraten, Grünen, Gewerkschaften und Künstlern weiter öffnen als bisher und alle Linken ansprechen. Diese neue politische Aufgabe wird der erfahrene Bündnispolitiker Dieter Dehm, dem mangelnder Ehrgeiz gewiß nicht nachgesagt werden kann, mit der ihm eigenen Mischung aus Aggressivität, Chuzpe und Cleverness anpacken.

vertrackte Art und Weise so glaubwürdig erscheint wie die Schlange, die dem vor Angst zitternden Kaninchen versichert, sie sei doch schon immer Vegetarierin gewesen.

In der Frankfurter SPD gehörte Dehm seit den 70er Jahren zur sogenannten Stamokap-Fraktion. Diese trat vehement für Bündnisse mit der verfassungsfeindlichen DKP und von dieser dominierten Organisationen wie der VVN oder DFG-VK (Deutsche Friedensgesellschaft - Vereinigte Kriegsdienstgegner) ein. Den endgültigen Schritt zur DKP hat Dehm allerdings vor allem aus taktischen Gründen nie vollzogen. Einerseits wollte er innerhalb der SPD weiterhin die bündnisbereiten "antifaschistischen" Kräfte sammeln, andererseits sah er wohl realistisch, daß in und mit der DKP im Sinne der "Zurückdrängung des Monopolkapitalismus" kaum etwas zu bewegen war.

Von 1993 bis 1996 saß Dehm als ehrenamtlicher Stadtrat im Frankfurter Römer. Als bekannt wurde, daß er in den 70er Jahren als Inoffizieller Mitarbeiter (IM Willy) der Staatssicherheit geführt wurde – sein prominentes Spitzelopfer soll der Liedermacher Wolf Biermann gewesen sein –, schied er aus dem Frankfurter Magistrat aus. Die Partei konfrontierte ihn mit einem Parteiausschlußverfahren, das mit dem halbherzigen Kompromiß endete, seine Rechte als Mitglied für ein Jahr ruhen zu lassen.

Kurz vor den Bundestagswahlen hat Dieter Dehm die SPD, der er 32 Jahre lang angehörte, dann verlassen. Er schloß sich noch im gleichen Jahr der PDS an. Am vergangenen Wochenende kandidierte der alerte Linke als Stellvertreter des PDS-Bundesvorsitzenden Bisky. Nach seiner Wahl erklärte er, sich vornehmlich um dem Auf- und Ausbau der PDS-Organisationsstrukturen im Westen kümmern zu wollen. Dazu müsse sich die PDS gegenüber Sozialdemokraten, Grünen, Gewerkschaften und Künstlern weiter öffnen als bisher und alle Linken ansprechen. Diese neue politische Aufgabe wird der erfahrene Bündnispolitiker Dieter Dehm, dem mangelnder Ehrgeiz gewiß nicht nachgesagt werden kann, mit der ihm eigenen Mischung aus Aggressivität, Chuzpe und Cleverness anpacken.

Versenden **Drucken** **Probeabo**

Promis wachen Trolle, Bots und Agenten der Adenauerstiftung (die dafür einen größeren Mitarbeiterstab bezahlen soll, als Putin) sowie Nachrichtendienste aller Herren Länder. Das heißt: die Skandalisierung zielt direkt auf die Wikipedia-Einträge und will sie. Und bald heißt es: die Masse macht's, wo Rauch ist, ist auch Feuer. Bei drei Skandalen bist du ein »Hallodri«, ab 10 eine »Skandalnudel« und ab 15 will keiner mehr dein (Geschäfts-)Partner sein, mit dir gesehen werden oder »auf Grußfuß stehen« (Brecht in »Der Speichellecker«).

Meine Wikipedia-Einträge (gegen die ich mehrfach auch mithilfe von Rechtsbeiständen wegen Standort USA ergebnisarm interveniert habe) haben immer auf vorhandene Rufmorde rekurriert, um den mit mir künstlerisch zusammenarbeitenden Partnern subkutan die Angst einzujagen. Wer will da schon per dokumentierbarem Kontakt zum Skandalisierten »mit hereingezogen« zu werden.

Johannes K., einer der renommierteren und erfolgreicheren Funkpromoter in deutschen Funkhäusern, zudem Schwiegersohn eines deutschen Schlagersuperstars und somit Door Opener, hatte im Juni 2012 ziemlich schnell 14 feste PR-Termine für mich und meine damals erschienene Liebes-CD (»Große Liebe reloaded«) in Radiostationen organisieren können. Für seine Redaktionspartner und deren Publikum schien dies interessant: Interviews mit einem »singenden Bundestagsabgeordneten«, der immerhin auch ein paar populäre Hits geschrieben und Stars gemanagt hatte. Die Gespräche mit den Moderatoren waren hinsichtlich Tag und Uhrzeit fest eingetragen und vereinbart. Elf dieser Termine wurden dann plötzlich, jeweils innerhalb von 48 Stunden vorher, abgesagt, wobei nur in zwei Fällen der entsprechende Journalist so ehrlich war, anzusprechen, welch unerwarteten Druck er plötzlich »von oben« bekommen hatte. Ansonsten kam es zu Absagen oder – in auffälliger Wortüberschneidung – dem »Bedauern«, keinen der Songs von der CD anspielen zu wollen, sondern stattdessen – weil der Termin nun mal bereits fest ausgemacht sei – mit mir ausschließlich über meine Beziehung zur Stasi in den Siebzigern zu sprechen. Dies widersprach sämtlichen Vereinbarungen, nämlich beispielsweise, dass zumindest ein Song von der CD mindestens 90 Sekunden lang angespielt würde. Denn dafür wurde die ganze Promotionsarbeit ja gemacht. Ich selbst war viele Jahre lang erfolgreicher Promoter bekannter Rockkünstler und Sportler, so dass ich es nachvollziehen konnte, als mir Johannes K. eröffnete, er habe so was in seinem gesamten Berufsleben als Promoter und Rundfunkbetreuer noch nie auch nur annähernd erlebt. Irgendjemand musste irgendetwas in Stellung gebracht haben, was dann zu den stoßweise einlaufenden Absagen geführt hatte.

Auch ansonsten gab es bemerkenswerte Eingriffe in meine künstlerische Arbeit. 2009 hatte ich mit meinem Freund und Kollegen Manfred Maurenbrecher ein Musiktheaterstück über Pete Seeger geschrieben: »Sag mir, wo die Blumen sind«. Ich hatte sogar »das große Bühnenrecht zur exklusiven Theateraufführung der Songs« von Pete Seeger persönlich erhalten. Das Stück behandelt die 1954 stattgefundenen Konflikte des Kommunisten Pete Seeger mit dem Geheimdienst von Senator McCarthy. Letzterer hatte Linke (mund-)tot gemacht mittels Berufsverboten, Haft, Ku-Klux-Klan, elektrischem Stuhl, sowie »Schwarzen Listen«, auf denen Songtitel vermerkt waren, die Musik-Redakteuren bewusstmachen sollten, mit welchen Hits von beispielsweise Pete Seeger sie ihre berufliche Laufbahn gefährden konnten: »Sag mir, wo die Blumen sind«, »If I had a hammer«, »Turn turn turn«, »The lion sleeps tonight«, um einige zu nennen. Das Stück handelte also vom FBI, dem CIA und Zensur. Es gelang relativ bald, mit dem Theater Chemnitz einen Aufführungsvertrag abzuschließen. Der Premierentermin stand, aber drei Monate zuvor kündigte die Bühne den Vertrag, ohne den echten Grund zu nennen. Nach einem zwei Jahre später erreichten gerichtlichen Vergleich musste die Bühne dann einen fünfstelligen Schadensersatz an mich zahlen.

Daraufhin wurde eine Vereinbarung mit dem Bonner Theater geschlossen. Unter Berufung auf eine Chef-Dramaturgin, die plötzlich rätselhafte journalistische Nachfragen zu mir

Mit Pete Seeger bei der Arbeit an jenem Musical, was dann zu geheimnisvollen Vertragsbrüchen führte

als Autor erhalten hatte, wurde der Letter of Intent vom Intendanten nach zweijähriger Zusammenarbeit auf einmal aufgekündigt. Nachfolgend wurde über dasselbe Stück ein Vertrag mit dem Neuen Theater in Halle vereinbart. Und zwar mit Matthias Brenner, dem Nachfolger des früheren Intendanten Peter Sodann und auf dessen Betreiben. Peter Sodann war von Brenner auch verpflichtet worden, als Schauspieler mitzuwirken. Für den 2. Dezember 2017 war die Premiere fest anberaumt, externe Musiker verpflichtet und interne Schauspieler fest besetzt sowie Prospekte und Presseankündigungen gedruckt und teilweise verbreitet. Neun Wochen vor dem Premierentermin wurde der Vertrag mit Haushaltsgründen gekündigt, vom Geschäftsführer des Neuen Theaters Halle, Stefan Rosinski (einem MacKinsey-verschnittenen Hippie, der Hippies verschneidet, einer von jenen verhinderten Künstlern, die, Kunst zu verhindern, seit Kohls moralischer Wende über deutsche Bühnen vagabundieren). Ein bekannter Mitwirkender des Stücks teilte mir unter der Hand mit, es hätte am politischen Druck von außen gelegen, an Hinweisen auf meine üblen Wikipedia-Einträge. Diese und entsprechende Zeitungsarchivbefunde hätten sich doch zu einer beeindruckenden Fülle mit Skandalbedrohlichkeit verdichtet, aufgrund derer die Bühne staatliche Gelder in Gefahr sah. Der Schauspieler sprach von mindestens sechs Artikeln, in der *Süddeutschen*, dem *Spiegel*, der *taz* und der *Frankfurter Rundschau*, die auf dem Schreibtisch der Theaterleitung »herumflattern« und dem um neue öffentliche Zuschüsse ringenden Theater ein Mediendesaster bescheren würden, falls »Sag mir, wo die Blumen sind« aufgeführt werden sollte. Das gute, alte Strickmuster!

Wieder klagte ich mit Unterstützung meiner Gewerkschaft Verdi. Wir bekamen am Ende in außergerichtlichen Vergleichen insgesamt 15 000 Euro Schadensersatz von der Theaterleitung.

Am 7. Juli 2012 geschah etwas Ähnliches. Überraschenderweise hatte die Berliner *Bild*-Zeitung über deren Kolumnistin Angie B. bei mir nach einem Interview zu meiner Liebes-CD angefragt. Sie versprach fest, dass dieses auch erscheinen würde. Der Artikel fiel für Kai-Diekmann-*Bild*-Verhältnisse positiv aus und war zunächst online zu lesen. Es dauerte ganze 18 Stunden, bis der Beitrag spurlos aus der elektronischen *Bild*-Zeitung entfernt wurde (zum Glück hatten wir einen Screenshot gemacht). Es gab daraufhin nur noch ein einziges Telefonat mit Angie B., die mir entschuldigend sagte, der FDP-Vizekanzler Rösler himself habe bei Diekmann die Löschung des Artikels bewirkt. Im Internet hätten zudem unbekannte Trolle unter Verweis auf Wikipedia-Einträge die sofortige Tilgung verlangt: Wie könne – ausgerechnet in der *Bild* – ein Terrorverdächtiger und linker Bundestagsabgeordneter derart sympathisch gezeichnet werden? Meine einstige von Joschka Fischer massiv unterstützte Gegenkandidatin um den Frankfurter Wahlkreis 140 und spätere »Desiderius-Erasmus«-AfD-Stiftungsvorsitzende Erika Steinbach tummelte sich ebenfalls auf der elektronischen *Bild*-Kommentatur und sprach sich aus für die Entfernung des Beitrags eines

Ostspions. Zwei Tage später war dann nicht nur der Artikel, sondern auch die *Bild*-Mitarbeiterin Angie B. trotz aller Nachforschungen unauffindbar. Sie sei in eine andere Stadt versetzt worden, hieß es. Diesen angenehmen Beitrag hatte die *Bild*-Redakteurin geschrieben, der wie sie innerhalb von 18 Stunden wieder völlig verschwand: Ein BILD-kritischer Blog dokumentierte das Ganze (s. folgende Seiten).

Dies sind nur wenige von vielen Beispielen, die belegen, wie »abwechslungsreich« mein Umgang mit Medien, Wikipedia, Theatern, Radios und den möglicherweise dahinter agierenden Kräften verlaufen ist. Sollte man das Berufsverbot nennen? Mir geht es viel zu gut dafür. Großartige Genossinnen, Kinder und Enkel, Künstlerkollegen, Unternehmen, 600 Songs auf Tonträgern lassen wenig Grund zum Klagen. Aber, sofern ich nicht gerade bei Phönix im Bundestag spreche, sind Dinge, die ich schreibe, von Verschweigemauern umbaut. Es sei denn, kopfgeldjagende Schreibagenten wittern Skalp und Skandal. Andernfalls findet öffentlich nichts statt. Auch prominente Interpreten, die bei mir um Lieder nachgefragt hatten, wurden plötzlich durch unsichtbare Hände (»journalistische« Anfragen) in Alarm versetzt. Verschweigen betrifft die meisten linken Kulturschaffenden. Auch posthum: Die beiden bedeutendsten deutschen Liedermacher des letzten Jahrhunderts, Franz Josef Degenhardt und Dieter Süverkrüp, sind weitgehend ausradiert. Und nicht alle Jüngeren, die auf diesen »modernisierten Blacklists« stehen, können sich wehren, haben ein Bundestagsmandat und einen guten Anwalt. Deswegen sollte diese neue Methode des Skandalisierens in Bezug auf die entsprechenden asozialen Medien ein wenig näher betrachtet werden, um denen »behind the curtain« ihr Untertagewerk wenigstens etwas schwerer zu machen.

Seit 1969 gibt es über mich 6 Aktenordner beim Verfassungsschutz. Nach siebenjährigem Gerichtsverfahren musste unser westdeutscher Geheimdienst da etwas Licht hinein lassen. Seit 1972–78 gab es einen IM-Vorlauf und danach aber einen Stasi-Fahndungsbefehl gegen mich. Rudolf Bahro, den ich nicht kannte, aber laut Gauck bespitzelt haben sollte,

Bild.de

Keine Lieder über Liebe

11.7.2012, 15:35
Lukas Heinser

Als der damalige Bundespräsident Christian Wulff dem „Bild"-Chefredakteur auf die Mailbox quatschte, ließen sich Kai Diekmann und seine Redaktion nicht von einer Veröffentlichung eines geplanten Artikels über Wulffs private Hausfinanzierung abbringen. Nun ist es offenbar einigen rangniederen Politikern gelungen, einen auf den ersten Blick deutlich weniger brisanten Artikel, der bereits auf Bild.de erschienen war, wieder löschen zu lassen. Das behauptet zumindest der Bundestagsabgeordnete Diether Dehm.

Dehm ist nicht nur Politiker der Partei Die Linke, sondern auch Musiker, Komponist und Produzent. In dieser Funktion (und der des „Kondom-Erfinders") hat ihn die „Bild"-Redakteurin Angi Baldauf anlässlich der Veröffentlichung seiner neuen CD „Grosse Liebe. Reloaded" für die Zeitung porträtiert. Ihr Artikel erschien am Samstagabend auf Bild.de:

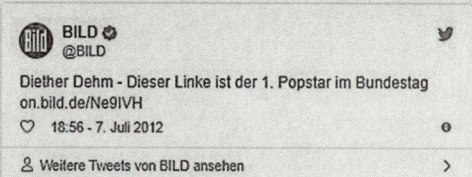

Etwa 18 Stunden später war der Artikel wieder verschwunden, ist aber auf Dehms Internetpräsenz noch nachzulesen (PDF).

Es spricht wenig dafür, dass der Artikel bei Bild.de versehentlich veröffentlicht und dann wieder zurückgezogen wurde. Bild.de hatte ihn über den offiziellen Twitter-Account beworben:

So erregte der Artikel offenbar auch die Aufmerksamkeit der CDU-Abgeordneten Erika Steinbach, die sich öffentlich empörte:

Frau Steinbach und Herrn Dehm verbindet eine Jahrzehnte alte Feindschaft: 1990 hatte Steinbach behauptet, Dehm sei vor Jahren Stasi-Mitarbeiter gewesen. Dehm ließ diese Behauptung gerichtlich verbieten, doch 1996 tauchte eine Stasi-Akte auf, aus der hervorging, dass Dehm als von 1971 bis 1978 als Informeller Mitarbeiter die Staatssicherheit der DDR mit Informationen aus seinem Umfeld versorgt hatte. Es folgte eine längere Auseinandersetzung, die mit der Feststellung endete, dass Steinbach Dehm als „Stasispitzel" bezeichnen darf.

Dehm war von 1976 bis 1988 Manager des Liedermachers Wolf Biermann gewesen. Biermann hatte hinterher behauptet, Dehm habe sich ihm gegenüber 1988 als ehemaliger Stasi-Mitarbeiter offenbart, weswegen er ihn als seinen Manager entlassen habe.

Ein Vorfall, der auch im Bild.de-Artikel thematisiert wurde:

> *Den Vorwurf seines ehemaligen Liedermacher-Mitstreiters Wolf Biermann, er habe ihn bei der Stasi verpfiffen, hält er triumphierend das Dokument der Stasi selbst entgegen. Danach hatte die Stasi versucht, ihn als 24-Jährigen anzuwerben. Als Dehm aber 1977 Biermanns Manager geworden war und in Ostberlin sein Protestflugblatt gegen dessen Ausbürgerung verteilt hatte, stempelte die Stasi den „Perspektiv-IM" zum DDR-Staatsfeind. Sogar mit Fahndungsbefehl, welcher heute eingerahmt neben den neun goldenen und vier Platin-LPs hängt.*

Diether Dehm hält es dann auch für möglich, dass sich einige politische Gegner daran störten, „dass ausgerechnet ‚Bild' das entlastende Dokument erwähnt".

Beschwert haben sich offenbar einige, wenn auch niemand so öffentlich wie Erika Steinbach. Im vom Liedermacher Konstantin Wecker herausgegebenen Blog „Hinter den Schlagzeilen" heißt es:

> *Dann prasselte der Druck auf die Redaktion. Aus höchsten Kreisen von CDU, SPD, FDP usw.*
>
> *Die Bildspitze wurde zur Ordnung gerufen. Zur herrschenden Ordnung.*

Diether Dehm selbst erklärte uns auf Anfrage, ihm seien inzwischen Namen "aus den Fraktionsspitzen der drei Parteien" zu Ohren gekommen, die am Sonntag bei "Bild" "vorstellig geworden" sein sollen, um sich über die positive Berichterstattung über Dehm und seine neue CD zu beschweren.

Dass Bild.de den Artikel dann wieder offline genommen habe, sieht Dehm als Teil einer Kampagne gegen seine Partei, wie er uns schreibt:

> *Es ist nicht nur „Bild", sondern das Gros der Verlagskonzerne, die LINKE nur skandalisiert in ihre Blätter lassen. Wir erleben gerade eine Auferstehung von Zensur a la McCarthy und Berlusconi, damit um Gotteswillen die Wut über die Zockerbanken in der Eurokrise nicht nach links geht.*

Das treffe dann sogar seine „kleine, ziemlich unverdächtige Liebeslieder-CD".

Die Pressestelle der Axel Springer AG antwortete auf unsere Anfrage, wir wüssten ja, dass der Verlag „zu Redaktionsinterna keine Auskunft" gebe. So sei es auch in diesem Fall.

Mit Dank an Nico R. und Rita B.

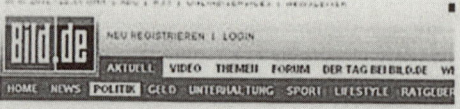

Die Linke

DIETHER DEHM (62)

Dieser Linke ist der erste Popstar im Bundestag

HIT-SCHREIBER. SÄNGER. KONDOM-ERFINDER – DER ABGEORDNETE DIETHER DEHM HAT ALLE HÄNDE VOLL ZU TUN

Dieser Mann macht Politik, Musik und alles andere auch: Diether Dehm. „Radio Bremen" ernannte den Linken vergangene Woche „zum buntesten Bundestagsabgeordneten"

Von AliGi BALDAUF

Dieser Politiker ist ein Hit! Der Linke Diether Dehm (62) schrieb für Rock-Star Klaus Lage (62) alle großen Erfolge wie „1000 Mal berührt", „Monopoly" oder „Faust auf Faust".

Und jetzt ist er selber in den Charts!

Mit dem Song „Halt aus!" von der Debüt-CD „Große Liebe. Reloaded" schoss der Hesse auf Platz 46.

Der erste Pop-Star im Bundestag?

Als Wessi leitet er die Thüringer Rockformation „Emma" und ein Brandenburger Streichquartett. So wird aus Diether Dehm die Band „Diadem".

Auch den Partyhit „Was wollen wir trinken 7 Tage lang" hat Dehm gemacht, arbeitete mit Künstlern wie Udo Lindenberg, Heinz Rudolf Kunze oder Senta Berger zusammen, erfand und produzierte zig TV-Formate, schrieb Romane, war Manager von BAP und Eislauf-Weltstar Kati Witt und hat sogar ein Kondom-Patent für besonders viel Fassungs- und Bewegungsradius.

WAS MACHT SO EIN „BUNTER HUND" IM BUNDESTAG?

Da gilt Diether Dehm als knallharter Typ, Anti-Banken-Kämpfer und Querschläger, umstritten auch in den eigenen Reihen.

Doch trotz der schillernden Biografie und dem Ruf als Raubein schlägt er auf seiner CD ganz zarte Töne an. Auf „Große Liebe. Reloaded" geht es um tiefe Gefühle wie Treue, gesungen mit warmer, etwas rauchiger Stimme. Dehm schmunzelt: „Es geht um Liebe im Alter – also um mich."

Er kann auch anders! Diether Dehm auf dem Parteitag der Linken 2010 in Rostock
Foto: deja Picture-Alliance

Mal ehrlich – nicht genug zu tun im Parlament?
„Es gibt ja noch lange Bahnfahrten, Wochenenden und die sitzungsfreie Zeit", sagt der Pop-Politiker. „Wenn man die gut nutzt, kriegt man alles unter einen Hut. Seelen-Fitness gegen Rückgrad-Krummsitzen".

Aber Kritik, weil er mit Musik mehr Money macht als andere im „Hohen Haus" – und das auch noch als Linker – hagelt's trotzdem regelmäßig. Schlechtes Gewissen? Dehm: „Mein echter Widerstand gilt denen, die mit Hitler, Krieg, Finanzspekulation und Klimakatastrophen Milliarden gemacht haben. Linke, die gegen mittelständische Unternehmer kämpfen, halte ich für plemplem. Die Welt braucht mehr weitsichtige, private Kleinunternehmer und Handwerker!"

33 Jahre war Dehm in der SPD, saß 1994 schon mal für die Sozis im Bundestag. 1998 trat der gebürtige Frankfurter im Streit aus, wechselte zur PDS, war bis 2003 deren Vize-Chef und sitzt seit 2005 für die damals neue Partei „Die Linke" im Parlament.

Musikalisch startete er in den 60er Jahren mit Protestliedern. Den Vorwurf seines ehemaligen Liedermacher-Mitstreiters Wolf Biermann, er habe ihn bei der Stasi verpfiffen, hält er triumphierend das Dokument der Stasi selbst entgegen. Danach hatte die Stasi versucht, ihn als 24-Jährigen anzuwerben. Als Dehm aber 1977 Biermanns Manager geworden war und in Ostberlin sein Protestflugblatt gegen dessen Ausbürgerung verteilt hatte, stempelte die Stasi den „Perspektiv-IM" zum DDR-Staatsfeind. Sogar mit Fahndungsbefehl, welcher heute eingerahmt neben den neun goldenen und vier Platin-LPs hängt.

POLITIK, MUSIK UND DANN NOCH DIESE SACHE MIT DEM KONDOM-PATENT ...

Rückblick: Musiker Klaus Lage, Alleskönner Diether Dehm und Politiker Oskar Lafontaine gemeinsam beim Bier. 33 Jahre war Dehm in der SPD, saß 1994 schon mal für die Sozis im Bundestag
Foto: Privat

Was war denn da los?

„Ich habe in den 80ern eine Anti-Aids-Kampagne fürs ZDF und Gesundheitsministerin Rita Süssmuth gemacht, mit Promis und Kondomwerbung", erklärt der Linken-Politiker. „Da hat sich Götz George beschwert, die Dinger wären zu eng."

Schwups hat Dehm ein Gummi mit ballonartiger Spitze erfunden und mehr Platz, das dann in „Beate Uhse"-Shops vertrieben wurde und heute noch unter der Nr. G 687 07 496.6 beim Deutschen Patentamt geführt wird. Dehm: „Der Erlös ging komplett an die deutsche Aids-Hilfe, bis die Produktion eingestellt wurde."

Übrigens: Einen Doktor-Titel hat er auch noch („Einen echten, an dem gibt's nix zu rütteln"), studierte Sonder- und Heilpädagogik, wozu er Bücher schrieb und verschiedene Lehraufträge hat. Aber dafür gibt es im Moment wenig Zeit, weil er gegen den EU-Fiskalpakt klagt und an einem neuen Musical arbeitet, das Star-Regisseur Dieter Wedel (69) inszeniert. „Sag mir wo die Blumen sind", Uraufführung 2013 in Chemnitz.

„Dehm" kann es wohl nicht stressig genug sein...

DIESEN ARTIKEL EMPFEHLEN

Empfehlen ‹ 20   Tweet ‹ 14
                   TWEET   0

ZU DIESEM ARTIKEL BEITRAGEN

KOMMENTAR   FOTO/VIDEO   TIPP KORREKTUR

schrieb mir, die Akten belegten ihm das Gegenteil. Der frühere hessische Innenminister Horst Winterstein nannte »Diether Dehm glasklares Stasi-Opfer mit 80 Seiten Überwachung«.

Das Stasi-Verfahren vor dem SPD-Schiedsgericht wurde 1996 straflos eingestellt. Günter Wallraff und der frühere Hessische Innenminister appellierten an die »Arbeitsgemeinschaft der Selbstständigen« der SPD, mich umgehend wieder an die Bundesspitze zu wählen, von welcher ich unter dem Mediendruck zurückgetreten war. Dies taten sie dann auch mit überzeugendem Wahlergebnis.

Ab 1990 heftete sich eine andere unsichtbare Macht hartnäckig an meine Fersen, nachdem ich, damals als SPD-Vertreter, meinen presseöffentlichen Ausspruch, die Deutsche Bank sei »für Demokratie und Volkswirtschaft wie ein Krebsgeschwür«, gesagt hatte. Von da an wurden die Skandalisierungen meisterhaft, gingen in atemberaubender Zeitabfolge durch das Netzwerk jener Schreibagenten, die ich, auch namentlich, später »die von der BND-Tankstelle« genannt habe, ohne dass die von mir namentlich Benannten bei Gericht jemals eine Unterlassung dagegen erwirken konnten. Bis 1990 taten die Skandale weh, machten Angst, aber vergingen auch wieder, wenn man sie durchstand, ohne essenziell einzuknicken. Natürlich zielten sie letztendlich auf Rücktritt oder Abwahl des Skandalisierten ab – in Erwartung, dass in Gesellschaft ohne große Friedens- oder Gerechtigkeitsbewegungen die links-inneren Parteistrukturen besonders ängstlich reagieren – in der SPD, aber auch in der PDS und Linkspartei.

Journalistische Skalpjäger sind die konsequent-instrumentelle Fortsetzung der Grundmechanik, die Brecht in seinem »Speichellecker«-Gedicht so schön ausmalt. Ihre Schreibkraft muss nicht weiter ausgebaut sein, meist besteht ihr einziges Talent in einem lauernden Instinkt für den »Fall« von Leuten, die von Mainstream und Macht zum Abschuss freigegeben worden waren – und darin, dabei der Erste zu sein. Wofür sie – im Unterschied zur gelegentlichen Skandalisierung reaktionärer Promis – von ihren Verlagschefs auch jegliche

Rückendeckung bezahlt bekommen, wenn der Skalp im Eingangsfoyer des Redaktionsgebäudes prangen darf. Eine Folge ihrer Jagd ist die Kontaktsperre für jeden, der »oben« in Ungnade gefallen ist. Sich dann mit so jemandem zu solidarisieren, bedurfte im Westen stets eines festeren Arschs in der Hose, als bei DDR-Bürgerrechtlern oder Fluchthelfer*innen.

Almählich nahm die rufmörderische Professionalität der Skandalisierungstechniken insgesamt (viel mehr gegen andere Systemgegner als gegen mich) zu. In den Geheimdiensten wechselten die Adenauerschen Skandalisierungs-Kader mit NS-Hintergrund um Gehlen – die einst den DGB-Vordenker Viktor Agartz und dann Leute wie Fritz Bauer, Willy Brandt, Franz Steinkühler, Björn Engholm, Oskar Lafontaine und Sahra Wagenknecht so professionell zu Fall gebracht hatten – von schwarz-braunen zu rosa-grünlichen Konvertiten über. Sie hatten gelernt, mithilfe der Überwachung von Telefonen und Wohnungen ihrer Opfer auch deren aktuell psychischen Zustand abzulauschen und diese Erkenntnisse in den »Biorhythmus« ihrer Zerstörungsstrategie zu implantieren. Die Stasi soll dazu Zündkerzen beschädigt haben. Der BND-NSA-Komplex lässt Daten und Dateien in Festplatten untergehen – und gelegentlich auch deren verschwörungstheoretische Whistleblower Snowden und Assange.

Als ich 2010 bei meinen Rechtsanwälten Hauck-Scholz in Marburg und Otto Jäckel fünf Stunden lang meine sechsbändige Verfassungsschutzakte einsehen durfte, musste ich echt den Hut davor ziehen. Nur eine Frage blieb: Wie sie es schafften, illegal abgehörte und erworbene Erkenntnisse Journalisten in die Tastatur zu füttern, also ihr illegales informationelles Schwarzgeld in Weißgeld zu waschen und in den Kommunikationskreislauf zu bringen, damit Spitzeleien offiziell »skandalfest« werden konnten.

Meine Bezeichnung der Deutschen Bank als »kriminelle Bande«, die alles ins Rollen gebracht hatte, war ganz früher noch als Majestätsbeleidigung skandalisiert worden. Als die Deutsche Bank dann in den späten Neunzigern tatsächlich als »kriminell« enttarnt worden war, sie selbst den »Fauxpas« der Gaskammer-Finanzierung mit einem »Sorry für Auschwitz« zugegeben hatte, wechselte die Tonart: ich sei antisemitisch und würde anhand der armen Groß-Bank propagandistisch »verkürzte Kapitalismuskritik wie die der SA« verwenden. Die »Antideutschen« gesellten sich fortan zu den Verteidigern der Auschwitzbauer von der Deutschen Bank: ein wahrer Antikapitalist dürfe keinesfalls bei »demagogisch-populistischer« Bankenfeindschaft »stehen bleiben«, sondern müsse entweder alle Privatunternehmen auf einmal zu zerschlagen fordern. Oder eben keines.

Aber bis dahin, dass es Facebook, Twitter und Wikipedia geben würde oder ein C. Bommarius in der *Frankfurter Rundschau* schreiben durfte »einem Antisemiten wie Dehm ist wohl egal, wenn wieder Menschen mit gelbem Stern ins KZ getrieben würden«, sollten noch Jahre vergehen. Die Blacklisters erlangten eine Professionalisierung, an der McCarthy und Mielke ihre Freude gehabt hätten. Die Deutsche Bank (die Auschwitz kreditiert und am plötzlichen Umsatzzuwachs des Läusevernichtungsgases Zyklon-B riesig profitiert hatte), durfte seit 1945 ein unbeschwertes Leben führen. Ihr Oberboss, einer der größten Verbrecher der jüngeren deutschen Gesichte, Hermann Josef Abs, ist heute noch Frankfurter Ehrenbürger. Während Großbankengegner wie Eberhard Czichon, Wolfgang Gehrcke, Reinhard Opitz, Albrecht Müller, Franz Josef Degenhardt, Konstantin Wecker und Jean Ziegler wahlweise zu »Verschwörungstheoretikern, Stalinisten oder Antisemiten« umgeschrieben und auch vor Gericht gestellt wurden. Nach Kohls »geistig moralischer Wende« nahmen Teile der »freien« Presse, Wikipedia, Facebook und antideutsche Blogger für das Existenzrecht des Großkapitals dem Staat zumindest das an Arbeit ab, was man gemeinhin Lynchjustiz nennt, medial und viral.

Wohlgemerkt: meine ersten Skandale waren überhaupt noch keine. Von den elf strafrechtlichen Verfahren gegen mich bis 1969 wegen Land- und Hausfriedensbruchs wurden drei überhaupt nur durchverhandelt, wobei die straffreie Einstellung der Verfahren und der Freispruch von den Medien damals noch freundlich aufgenommen wurden, was mir wie eine gewisse Widersprüchlichkeit zwischen den verschiedenen tragenden Säulen der kapitalistischen Gesellschaft vorkam.

Als einer der Sprecher der linken Frankfurter Schüler fuhr ich mit meinem Vélosolex und bewaffnet mit einem Megaphon Gymnasium für Gymnasium an, schlug dort – immer mit demselben Palästinensertuch – das Feueralarmkästchen im Schulhaupteingang ein und dann, nachdem die Schule durchläutet worden war, ratterte ich mit dem Megaphon gegen die Fensterfront etwas zu den Notstandsgesetzen und unserer Anti-Demo. Dabei waren die Parallelen zwischen den Notstandsgesetzen und dem Hitlerschen Ermächtigungsgesetz ebenso Standard wie die Gleichsetzung der US-Luftwaffe in Vietnam mit der Nagasaki-Bombe. Aber, obwohl überzogen, hatten wir noch sechs Wochen zuvor gerade einmal knapp 80 Provos, die gegen den Vietnamkrieg am Opernplatz sitzend die Straßenbahn blockierten, aber waren in wenigen Tagen auf 500 angewachsen und am Ende erkennbar über 1000 geworden. So ähnlich wuchsen unsere Schülerdemos gegen autoritären Unterricht, Notstandsgesetze und sexuelle Tabus der Nach-Nazizeit.

Beim ersten Gymnasium folgten erst noch 100 Schüler meiner Vélosolex, beim nächsten schon 300, nun auch Schülerinnen. Am Ende waren wir über 700, die beim Bettina-Gymnasium im Westend ankamen, dann den Schulhof besetzten und dort unsere »Gegenschule« ausriefen. Dabei erläuterte uns Günter Amendt vom SDS-Präsidium, was sexuelle Befreiung sei, und der scharfsinnige jüdischstämmige Kommunist Emil Carlebach, warum die Notstandsgesetze den Notverordnungen Brünings, welche Hitler den Aufstieg erleichtert hatten, affin waren. Reimund Reiche, der Bundesvorsitzende des SDS, lüftete von den Medien verschwiegene Fakten über den US-Terror in Vietnam. Aber sowohl Medien als auch Gerichte in den Jahren 1967/68 waren zumindest nicht geschlossen gegen uns, das Klima war linkssozialdemokratisch, besonders in der SPD-regierten Stadt

1967

Schülerrummel in der Mittagspause

Angeklagter Dehm sah seinen Freispruch voraus

mu — Es steht wohl einmalig da in der Justizgeschichte! Ein Angeklagter greift zwischen zwei Prozeßphasen zum Megaphon und agitiert öffentlich für seine Sache.

Dieter Dehm, bekannter Schülerrevoluzer und jetzt Student an der Frankfurter Universität, mochte auch gestern, am Tage seiner Gerichtsverhandlung, nicht auf sein der Revolution gewidmetes Tagewerk verzichten, zumal es beim Prozeß und später vor dem Lessing-Gymnasium, wo sein Prozeßwidersacher, Oberstudiendirektor Dr. Ringshausen, residiert, nicht an Gesinnungsfreunden fehlte.

Es begann so: Ringshausen verließ das Amtsgericht, nachdem der Prozeß am Vormittag unterbrochen war, vorsichtshalber durch die Hintertür. Dehm-Anhänger am Haupteingang hatten ihm zuvor ironisch ihre Begleitung angeboten, „wohin er immer Sie gehen". Ringshausen: „Als überzeugter Nonkonformist suche ich mir die Leute selber aus, mit denen ich gehe."

Der Schulleiter, umstritten nicht nur bei der Schülerlinken, sondern auch bei den Pennälern im eigenen Haus, rief nun das Taxi herbei.

Auf dem Weg zur Lessingschule fielen dem Pädagogen sogleich die „komischen Menschen" auf, die sich in der Eschersheimer Landstraße in Richtung Lessinggymnasium bewegten: Demonstranten.

Ringshausen ließ an der Schule durchstarten und erreichte das dritte Polizeirevier. Anruf beim Lessingkollegium. Antwort: Ja, es stimme, da seien Demonstrierer, aber man habe vorsorglich alle Türen zugeschlossen. Man sei Herr der Lage.

Der Schulleiter begab sich nach Hause, denn — so der gewitzte Erzieher, der generalstabsmäßige Arbeit liebt — „es sei nicht auszuschließen, daß sich auch da was tat".

Zu Hause tat sich nichts, wohl aber vor dem zugeriegelten Schulhaus. Hartmut Barth, Mitglied der Frankfurter Uhland-Kommune, bärtig, wattierte Lederjacke, Blue Jeans, kurzum: ein Gegner des gegenwärtigen Gesellschaftssystems — schwang sich über das niedrige Hoftor und ließ sich von einer Lehrperson ins Haus komplimentieren, wohl in der Absicht, wegen Hausfriedensbruchs wie der Genosse Dehm einmal vor Gericht zu kommen. Aber es ging bös aus. Barth wurde unter Ermahnungen freigelassen.

Dann, rechtzeitig vor der großen Pause um 11.10 Uhr, traf ein Megaphon ein, auf der Schüler- und Studententrupp — darunter Versprengte zweier Schulklassen aus der Nordweststadtgesamtschule, die anstelle eines Wandertags mit ihrem Lehrer „aus staatsbürgerlicher Verantwortung" in den Gerichtssaal gezogen waren — sammelte sich am Haupteingang zu politischer Agitation. Schlachtruf: „Ringshausen abtreten!"

Angeklagter Dehm berichtete den herausströmenden Schülern aus unteren Klassen, er rechne mit Freispruch. Oberstudiendirektor Dr. Ringshausen habe vor Gericht einige objektiv nicht haltbare Angaben gemacht.

Die Dehmsche Schilderung der Ereignisse des 31. Mai, um derentwillen der damalige Schülerführer zur Anzeige gebracht worden war, ging in Gejohle, dem Chorgesang: „Zicke-Zack, Zigeunerpack" und dem Werfen einiger Handvoll Vorgartenerde unter: „Die Unterstufe der Lessing-Schule nahm das ganze als einen Scherz."

Die Opposition dagegen sah darin einen Beweis für die autoritäre Schule, die, statt zu argumentieren, mit Dreck um sich werfe. Ein Demonstrant: „Schulstruktur wie im Dritten Reich."

Lutz Bachmann, ADS-Sprecher am Lessing-Gymnasium, stimmte dem gesprächsweise durchaus zu. Er hält die Kritik an seinem Schuldirektor für berechtigt. Den Schülerstreik in den Tagen der Demonstrationen gegen die Notstandsgesetze allerdings lehnt er ab: er sei kein geeignetes Mittel.

Der Held der gestrigen Aktion selber, Dehm, ist schon um Distanz bemüht. Dieser Tage trat er aus der USSG (Unabhängige und Sozialistische Schülergemeinschaft) aus. Die Genossen hatten ihm geraten, vor der Justiz nach Teufel-Vorbild Butterbrote auszupacken und Purzelbäume zu schlagen. Dehm: „Das ist mir zu albern."

Nach dem Freispruch: Mutter und Sohn umarmen sich. Foto: Kerner

Frankfurt am Main, in deren Bevölkerung weder Notstandsgesetze noch Adenauers Waffentreue zum US-Imperialismus eine Mehrheit hatten. Zwar hatten mir die Demonstrationen gegen Notstandsgesetze und Vietnamkrieg im Schulzeugnis vor dem Abitur über 100 unentschuldigte Fehlstunden eingebrockt und letztendlich das Abiturzeugnis so verhagelt, dass ich den Numerus Clausus für das begehrte Medizinstudium nicht erreichen konnte, zwar stellten die meisten meiner Aktionen klare Rechtsverstöße dar, aber das Klima von Umbruch und geteilter Hegemonie war mit uns. Eben noch steife Familienfeiern im lustfeindlichen Adenauer-Regime, dann plötzlich ertönten 1965 das Jauchzen der Beatles und die Sprechchöre für Ho Chi Minh. Der dunkle Gewitterhimmel prügelnder Väter und alter Nazi-Lehrer hatte Schneisen für Sonne und Zwielicht bekommen.

Gegen Adenauers Herrschaft hatte es einen breiten Widerstand aus Gewerkschaften, Sozialdemokraten, Friedensbewegung (Ostermarsch), jungen Lehrerinnen und Lehrern, alten Professoren sowie sogar Abteilungsleitern im öffentlich-rechtlichen Rundfunk gegeben, die, wie HR-Chefredakteur Wilhelm von Sternburg, in ihren Kommentaren offen für linkes Verständnis warben. Hätten wir damals auch nur geahnt, wie wenig geheimdienstgestützte Speichellecker später in den Achtzigern vonnöten waren, um die gesamten Medien von solch couragierten Nachdenkern restlos zu säubern, hätten wir ihnen vielleicht mehr beigestanden. So stritten diese Helden in den Funkhäusern einsam und waren dann zu stolz, um Hilfe zu bitten, als ihre Stühle nach der Brandt-Ära mit angepassten Frettchen wiederbesetzt wurden. An ihren Mikroplätzen wurde bald danach für Bombardierungen auf Völker, auf Milosevic, Saddam, Castro, Chavez, Gaddafi, Putin, Assad et tutti quanti geworben. Aber die von Antifaschisten erkämpften Errungenschaften – seien es öffentlich-rechtlicher Rundfunk, Grundgesetzartikel und, ja, auch die von der Verbrecherorganisation Deutsche Bank befreite DDR – ließen wir damals hochnäsig rechts liegen. »Reformistisches Toleranzgefasel« hat es ein keifender Joschka Fischer genannt.

Ja, auch wenn sie unsere martialisch abfotografierten Aktionsformen nicht immer akzeptieren wollten, so waren diese linken Vertreter des demokratischen Establishments als Vorboten des Hegemonieumbruchs so ermutigend wie unter sich uneinig, verurteilten zwar zerbrochene Schaufenster, zitierten aber unser Grundgesetz gegen Notstandsgesetze, US-Luftwaffe und Ingmar Bergmanns pornographisches Kunstwerk »Das Schweigen«. Deren Sympathie machte uns sexy. Zeitungsartikel hatten mich zum Rädelsführer ausgerufen, aber den Schiss, im Schneidersitz vor berittenen Polizeihorden, deren langstieligen Knüppel und Pferdehufen zu hocken, von Gerichten zu möglichen Geld- oder Haftstrafen gezwungen zu werden, glichen sie nicht völlig aus.

In meinem Fall gab es noch die Besonderheit eines mit der NPD sympathisierenden Stiefvaters, der mich gelegentlich in unserem geräuschisolierten Luftschutzkeller in Bornheim mit dem Hosengürtel durchprügelte. Einmal war die Dresche derart gewesen, dass sogar mein rechter Klassenlehrer das Jugendamt zu uns nach Hause schickte, weil mein Gesicht blutunterlaufen und blau geklatscht war. Mein gefürchteter Stiefvater blieb mir in Erinnerung als Dreieckskopf mit Faustkeilnase und Riesenwolfsohren und, was mir auch im Traum erschien, wenn er mich prügelte, einem sopranigen Kichern, im Kontrast zu seinen Einmeterdreiundneunzig nebst klobigem Brustgewölbe und Schaufelhänden.

Bei uns zu Hause gab es zweimal in der Woche Fleisch, das sonntags zwischen Schnitzel und Kotelett und mittwochs zwischen heißer Gelb- und Leberwurst variierte. Davon schnitt mir mein Stiefvater meist auf dem Teller ein Drittel weg, balancierte es mit der Gabel an meiner Mutter vorbei auf seinen Teller mit dem Hinweis, er als ausgewachsener Mann bräuchte mehr Eiweiß. Meine Mutter ließ ihn gewähren. Je mehr die Beatles in die Hitparaden rückten, desto ausrasierter wurde sein Nacken. Je mehr die APO in den Medien war, desto mehr hielt er mir die Tugenden seines Vaters, eines NS-Wehrmachtsoffiziers mit Gehässigkeiten gegen Juden und Kommunisten, vor. Seine trötende Stimme verschluckte sein Lachen wie kurze Habichtschreie in die Bronchien hinab, glucksend wie ein großer Lausejunge, wenn er mich ins Gesicht schlug. Am meisten gegen die menschliche Natur fand er gar nicht so sehr unsere paar abgerissenen Provo-Gestalten, die er mir angewidert aus der Zeitung entgegenhielt, sondern, dass meine Mutter manchmal sogar leisen Stolz durchblicken ließ, wenn ich da in der ersten Reihe abfotografiert war. Später verprügelte er auch sie dafür.

Ich hatte auf der Gitarre so viele Harmonien gelernt, dass ich mit kleineren Konzerten, sofern sie nicht länger als eine Stunde dauern mussten, pro Auftritt 50 bis 80 Mark verdienen konnte. Mit Auftritten an zwei Wochenenden im Monat reichte das, um mir täglich drei »Ebbelwoi« im Club Voltaire und, um die Ecke beim ersten Frankfurter Schnellimbiss (»Onkel Max« auf der Fressgass), für 1.30 DM Kartoffelsalat mit einem Schöpflöffel »Gulaschsuppe« (die überwiegend aus Hackfleischsauce bestand) zu gestatten. Aber ich hatte längst nicht genug Geld, um von zu Hause auszuziehen und ein Zimmer zu mieten. Meine Angst vor Polizei, Lehrern und Stiefvater wurde eigentlich nur dadurch erträglich, dass mich Mädels drollig fanden und ich irgendwann unterm Anorak an Sylvia Düx' Superbusen langen durfte. Später machte sie mir, obwohl drei Jahre jünger, den Platz in der ersten Reihe streitig, indem sie mir mein Megaphon wegnahm, neuere Erkenntnisse über alte Nazis in der Adenauer-Regierung verkündete und von ihrem Vater, dem Präsidenten am Oberlandesgericht und Freund von Generalbundesanwalt Fritz Bauer, erzählte, der die Untersuchungen für den Auschwitzprozess geleitet hatte. Zum Ausgleich dafür, dass sie mir die führende Rolle streitig machte, reagierte sie wenig abweisend auf meine vorsichtigen Begehrlichkeiten in Richtung Slip. Wir lernten uns kennen über ihren Bruder Heinz Düx, dem fabelhaften Rundumanwalt politischer Gefangener, und dessen Freundin Annette S. im »Haus der offenen Tür«, dem Jugendheim Bornheim, gegenüber meiner damaligen Wohnung in der Ortenbergerstraße, in welchem wir als Band proben durften und Diskussionsräume bekamen, in die ich die ersten linken Schülerinnen und Schüler zur Besprechung weiterer Aktionen gegen die Notstandsgesetze eingeladen hatte. Sie war 14, ich war 16. Anschließend fuhren wir mit einem VW-Käfer zum Club Voltaire und tranken um die Ecke eines unserer ersten Biere. Plötzlich saß sie auf meinem Schoß und küsste mich.

Ich war Einzelkind, hatte kleinere homoerotische Masturbations-Abenteuer in meinem Jungsgymnasium und die Mädchenwelt schien mir erst wie ein exotisches Aquarium farbiger Kampffische. Wenn mir ältere Klassenkameraden sexistisch-frauenfeindliche Witze erzählten, empfand ich das wie eine Selbstverteidigung gegen den rätselhaften Magnetismus, die bedrohliche Macht, die so eine Frau im ganz Allgemeinen über unser Denken und Handeln erlangt hatte. Die Parallelklasse aus dem 10 Minuten entfernten Herder-Mädchen-Gymnasium war bei Schulpartys aber dann, aus der Nähe betrachtet, eine eher harmlose Kichererbsenwelt, die abgekapselt, hilflos auf Körbe oder Kerle lauernd, unter ihresgleichen hing. Zwar hochnäsig und mit betont gelangweiltem Blick, die Gesichter stets synchron von uns Jungs wegdrehend, besonders von uns Beatmusikern und Schülerrevoluzzern. Aber wenn man überfallartig hinsah, konnte man sich doch im Radar ihrer weißen Augenwinkel erhaschen. Es war dennoch schon eine Mutprobe, so eine Launenfee zum Tanzen aufzufordern. Wenn es ein Korb wurde, war man tagelanges Lachthema. Als ich da mit Sylvia Düx, so wort- wie busenstark, auftauchte, wuchs aus mir, dem Spätzünder mit Handbetrieb, ein Hahn im Korb. Sylvias Taille und ihr Kapitalismus-Wissen, ihr Bruder, der berufsverbotene linke Anwalt Henry, und ihr Vater Dr. Heinz Düx brachten Punkte; sogar später bei meinem autoritätsfixierten rechtsextremen Stiefvater, und das Verprügeltwerden wurde seltener. Und mir geriet »Make Love not War« immer plastischer. Dany Cohn-Bendit bot uns kameradschaftlich, ab und an für zwei Stunden, sein Eschersheimer Zimmer als sturmfreie Bude an, und als wir uns schließlich verlobten, konnte ich bei Familie Düx sogar manchmal sonntags mitessen, ohne vom Fleisch auf meinem Teller etwas weggeraspelt zu bekommen.

Harte Männerrollen hatten in diesen Zeiten heilsame Schäden genommen – mit dem weiblichem Falsettgesang der Beatles bei »Please please me«, den langen Haaren und den Flower-Power-Farben. Eines Tages hatte mein Stiefvater mein Portemonnaie und meine Gitarre entwendet, um mir das Fernbleiben von zu Hause zu erschweren. Als ich ihn vom Club Voltaire aus anrief, drohte er mir Prügel an, wenn ich nach Hause kommen würde. Da bat ich meinen leiblichen Vater um Hilfe. Der war bekannter Fußballer in Deutschland, vom Hubraumschlosser zum Angestellten in einer Chemieabteilung aufgestiegen, hatte sich mir gegenüber zögerlich als Gegner von Bundeswehr, Vietnamkrieg und Notstandsgesetzen geoutet, aber war der Verlierer gewesen im Scheidungsprozess um meine Aufzuchtsvollmacht. Dennoch versprach er, demnächst mit dem Stiefvater ein ernstes Wort über die Prügelorgien zu reden. Die Gitarre bekam ich zurück und deponierte sie fürderhin im Ostermarschbüro, womit die dort meine Überei ertragen mussten. The times they are changing, the authorities came to blame. Erotik und Umbruch wuchsen unaufhaltsam ineinander zu einem Odium der Befreiung von Körper und Geist aus den klebrigen Fingern einer überkommen lustfeindlichen Moral.

Der Schülerstreik 1967 dauerte nun bereits 14 Tage. Am 6. September 1967 sollten wir vier Rädelsführer der streikenden und demonstrierenden Frankfurter Schülerinnen und Schüler aber dann plötzlich zum Ritter geschlagen werden. Und zwar im Rahmen des SDS-Bundeskongresses in der Mensa der Johann-Wolfgang-Goethe-Universität. Rudi Dutschke himself soll diese Idee gehabt haben. Unsere Namen wurden laut verlesen und man ernannte uns zu Ehrenmitgliedern im Präsidium der Studentenorganisation, obwohl wir noch gar nicht zu studieren begonnen hatten. Über dem SDS-Konsilium hingen Rauchschwaden von Holzkohlegrills und Räucherstäbchen. Belegte Brote gab es im angrenzenden Studentenwerk, in dem auch einige Besucher aus München und Berlin mit ihren Schlafsäcken campierten. Um Bücherstände und Rolltische mit darauf ausgelegten hektographierten Flugblatthäufchen standen überall kleine disputierende Menschentrauben, und gelegentlich war inmitten der Schar auch ein Star zu finden, sei's nun Rainer Langhans, Fritz Teufel, Andreas Baader, Rudi Dutschke, Günter Amendt oder Hans-Jürgen Krahl. Leute machten mit klobigen Spiegelreflexkameras Promi-Fotos, und sogar ich wurde von einem Studentenmagazin zur Gewaltanwendung bei Aktionen befragt.

Mir ging es wie andern Schülern: außerhalb trugen wir Heldenstiefel, zuhause Filzpantoffel. Mit der Angst vor staatlichen Organen konnte ich einigermaßen umgehen, aber die Demütigungen durch den Stiefvater, zum Beispiel von der einen Seite des Luftschutzkellers zur anderen geprügelt zu werden, weder Kraft noch Mut noch Recht gegen den erziehungsberechtigten Athleten zu haben und am Ende keine Tränen zeigen zu wollen, standen in solcher Diskrepanz zu meiner Rolle in der außerparlamentarischen Bewegung, dass ich zuhause raus musste.

Wir schnupperten an einer neuen Hegemonie. Aber es gibt doch einen fundamentalen Unterschied zwischen der heutigen Aufbruchsstimmung von Rechten und der damals von links. Die Rechten inszenieren sich als zackiger Ordnungsfaktor, wacker irgendwie immer als Staatsersatz. Vorwiegend, um sich damit schwankenden Kleinbürgern paramilitärisch anzudienen und ihnen zu verheißen, dass sie – einmal an der Macht – noch härter durchgreifen würden als der momentane, zu lasche Staat. Faschisten greifen psychologisch auf ein vorhandenes Referenzmodell zurück: den Staat, den sie implizit einseitig gegen dessen sozialstaatliche Funktion als reine Repressionsmaschine anpreisen. Wobei sie die Ruten sein wollen, die »fasces«, hart gegen Unordnung und Unordentliche. Vordergründig dienen sie sich damit den Kleinbürgern an, aber so richtig nachhaltig greifen die Konzernherrn, Großgrundbesitzer und Großbankiers auf ihre Ordnungsdienste zurück. In Wahrheit verläuft bei den

Rechten alles in alten, ausgetretenen, auf bürgerliche, staatsformatierte Massenpsychologie fixierten Bahnen, nur dass statt brav-konservativer Wanderschuhe nun Marschstiefel mit Metallkrampen die Pfade austreten. Die Rechten inszenieren sich repressiver als alle bisherige Repression, staatlicher als jeder bisherige Staat. Sie sind insofern modisch, als sie das Blochsche Heimatidyll upzugraden vorgeben, wo jeder hin zurück möchte und niemand je war. Die schwankenden und schwachen Bourgeoisieteile greifen danach wie nach einem Riechfläschchen. Dimitroffs Aussage, der Faschismus sei die terroristischste Diktatur des imperialistischen Teils vom Finanzkapital, erhielt mit den SA-Truppen subjektiv ihren exakten Abdruck. Wer deren Straßenaufmärsche auf den Schwarzweiß-Fotos gegen die des hemdsärmeligen Rotfrontkämpferbunds legt, wird schon vordergründig erhebliche ästhetische Unterschiede ausmachen, die die totalitaristische Formel »rot ist gleich braun« rein äußerlich widerlegen. Das liegt eben daran, dass die Rechte den Heimvorteil hat, nur hinter sich deuten zu brauchen. Die Linke muss immer nach vorne, against the Wind. Aber dann auch noch die eigenen wenigen Traditionen zu verramschen, wäre ein Eigentor von links. Es gibt kein kulturelles Fortschreiten ohne jegliche Vergewisserung im Vorherigen.

Und dann schwingt bei einem linken Aufbruch, wenn er tatsächlich real wird, immer auch Chaos mit, manchmal sympathisch, aber immer irritierend. Der antiautoritäre Aufbruch der APO 1967/68 hatte im Bundeskongress zwischen dem 4. und 8. September in der Mensa der Johann-Wolfgang-von-Goethe-Universität in Frankfurt sein Fanal. Überall surrte es wie in einem Bienenstock, der seinen inneren Plan allenfalls widerwillig offenbart (soweit er ihn überhaupt kennt). Dass der Kongress von Anfang bis Ende überhaupt »ablief«, darf als Wunder der Natur bezeichnet werden. Jeder und jede durfte alles, Geschäftsordnungsanträge waren Fremdwörter. Wer den Beifall im Raum auf sich ziehen konnte, durfte hernach neue Regeln setzen beziehungsweise ersetzen. Aber: es gab bereits »natürliche« Autoritäten. Wenn diese Prominenz das Wort ergriff, war vollkommene Ruhe im Karton. Bereits, wenn diese »Autorität« in die Nähe des Mikrofons gelangte, knisterte es gespannt.

Mit meinen 17 Jahren konnte ich solcherlei Autorität natürlich nicht annähernd beanspruchen. Aber ich galt als junges Talent bei den älteren Damen und Herren im SDS. Also sprach mich Jürgen B. an, ich müsse unbedingt sofort zum Mikrofon gehen. Er hielt mir einen winzigen Zeitungsausschnitt hin, der aus dem Veranstaltungskalender der *Frankfurter Allgemeinen Zeitung* gerissen war und in welchem eine Diskussion im Amerika-Haus, einer Außenstelle des US-Konsulats, für den heutigen Abend annonciert war; mit der Überschrift »Reicht das amerikanische Engagement in Vietnam aus?« Das war für uns ja eine elektrisierende Provokation, obwohl die Notiz nur zwei Zentimeter breit und einen Zentimeter hoch war. Schnell stand ich bei Rudi Dutschke und zeigte ihm die Anzeige, er notierte aber an einem unmittelbar bevorstehenden Wortbeitrag, sodass er mich freundlich auf den Nebenstuhl zog und mir zuraunte, ich solle doch am Abend wieder zu ihm kommen. Er müsse nachher etwas ziemlich Kompliziertes zu den Notstandsaktionen erklären. Mein Respekt vor ihm war übergroß, womit ich dies als eine Art Befehl empfand. Erst nach einer halben Stunde kehrte ich zu ihm zurück und sagte: »aber das dreht sich doch um heut Abend!« Und ich hielt ihm die *FAZ*-Notiz hin. Er schaute noch einmal drüber, schüttelte verständnislos den Kopf und deutete auf Burkhard Bluem, mit dem ich darüber reden solle. Er könne sich gegenwärtig wirklich nicht auf was andres konzentrieren.

Rudi schrieb weiter an seiner Wortmeldung, die allerdings nur aus Stichworten bestand. Er wollte damit für eine Besetzung des Bonner Bundestags werben – gegen die und während der Verabschiedung der Notstandsgesetze. Später hielt er sie dann ganz frei, und offensichtlich brauchte er die Schriftform auch nur, um seine Gedanken zu ordnen. Es wurde zwar eine fulminante Rede, in welcher er hegelianisch die dialektische Einheit aus »Reflexion und Aktion«

herleitete, aber dennoch blieb er in der Minderheit. Der Bundestag blieb vom SDS unbehelligt.

Burkhard blaffte mich an. »Du Jungspund, siehste nicht, dass er grad schreibt.« Nach einigem Kopfschütteln: »Du musst nicht zum Prominentesten gehn, wenn du irgendsoein Schülerproblemchen hast. Der hat wirklich viel auszuhalten hier. Da kann man ihm nicht mit jeder Sache kommen.« Ich hielt ihm den Zeitungsausschnitt hin: »Aber es wäre doch eine Riesenscheiße, wenn das heute Abend einfach so ungestört stattfinden dürfte. Das ist eine Scheiß-Provokation.« Burkhard nahm die kleine Zeitungsnotiz: »Natürlich wollen die uns provozieren, damit wir unseren Kongress beenden und ins Chaos herüber wechseln. So musst du das sehen!« »Und wenn wir es wissen und laufen lassen, sind wir vor aller Welt die Schlappschwänze. Da wird sich das vietnamesische Volk bei uns bedanken!«, rief ich entrüstet. »Solche Diskussionsveranstaltungen veranstalten die Imperialisten aber haufenweise. Wenn wir uns da nur zum Wanderzirkus machen lassen, der der gegnerischen Propaganda hinterherhinkt, würden wir uns einen Wolf laufen!« – »Ist das dein letztes Wort, Burkhard?« – »Ein letztes Wort gibt es sowieso nie. Ich bespreche das. Ich sag dir nachher Bescheid.«

Dafür, dass ich wenige Stunden zuvor zum roten Ritter geschlagen worden war, war mir Burkhard echt zu autoritär. Jetzt geduldig abzuwarten, bis im Olymp irgendjemand entscheiden würde, gegen diese Diskussion im Amerika-Haus vorzugehen, widersprach meinem gewachsenen Selbstwert und dem Spontaneitätskult. Alles, was wir in unserem Gegenunterricht in den besetzten Schulen verkündet hatten, war doch darauf gerichtet, nicht irgendwo weißen Rauch aufsteigen zu sehen und uns dann den Entscheidungen von oben zu fügen. Vor der Tür traf ich Günter Amendt, der für uns sozialistische Schüler in der SDS-Führung zuständig war und mich mit Dieter Kunzelmann zusammenbrachte. Dieser wiederum nahm mich mit zu Fritz Teufel, der an einem Brötchen kaute. Ich zeigte ihm die Zeitungsnotiz und sagte, dass wir bei einigen im SDS abgeblitzt seien. Ob »die

Kommune« vielleicht etwas tun könne. »Klar machen wir da etwas. Wir brauchen einzig und allein ein Gerät zum Vervielfältigen«, grinste er verschwörerisch. »Wir fragen beim Asta nach Wachsmatrize und Abzugsgerät!«

Margot Lang war eine wunderbare Frau, die, wenngleich etwas älter als wir Schüler, mir zugetan war (später veröffentlichte sie beim Fischer-Verlag ein Taschenbuch über meine Geschichte als erster Manager der Nina-Hagen-Band). Sie arbeitete bei der Erziehungsfakultät der Uni und beherrschte die Schreibmaschine mit 10 fliegenden Fingern. Und sie hatte auch die Schlüssel zu allen Technikräumen. In ihrem Sekretariat schrieben wir zu dritt den Aufruf auf ein Flugblatt mit dem Treffpunkt »18.00 Uhr auf dem Campus«, um von dort zum Amerika-Haus am Ernst Reuter-Weg zu ziehen. Der Aufruf trug nur die Namen von Fritz Teufel und mir. Ob er erfolgreich sein würde und wie sich die anderen Granden des SDS dazu stellen würden, stand in den Sternen.

Fritz Teufel erschien mir voller Aufrichtigkeit, große Kinderstaune-Augen, Weihnachtsmannbart im ovalrunden Clownsgesicht und ein eingebautes Zwinkern hinter der Nickelbrille. Aber anständige Menschen hatten damals für mich automatisch zwei linke Hände (wohl, weil ich selbst DER Ausbund an handwerklicher Unbeholfenheit, Smiley, war). Später fand ich heraus, dass die Gleichung »ehrlich = unbeholfen« eine billige Ausrede war. Ich war einfach technisch unkoordiniert. Wohl, weil meine »linken Hände« von meiner schulkindfrühen Umdrillung vom Links- auf einen Rechtshänder stammten. (Heute schreibe ich mit rechts und werfe mit links.) An Fritz Teufel wurde mein Vorurteil zum ersten Mal komplett widerlegt, denn er konnte sogar mit dem Matrizeneinzug noch filigraner und flotter umgehen als Margot. Er hielt mit einem abgespreizten Finger die Klemme einen halben Zentimeter hoch, zog ruckzuck die beschriebene Wachsfolie ein und passte sie mit zwei blitzschnell flatternden Fingerkuppen akkurat an die Seite der Spannvorrichtung. Er habe sowas in der Kommune zu Hause stehen.

»In der Mechanikversion, da müssen wir leider nur alles mit der Hand runternudeln! Hier isses wenigstens elektrisch.«

Nie wieder habe ich eine politische Konferenz erlebt, die so fragil war wie dieser SDS-Bundeskongress. Nach 400 Kopien – da riss die Wachsmatrize – ging Fritz Teufel in den Kongress, meldete sich einfach zu Wort und kam auch sofort dran (weil es sein erstes Mal am Mikro war während des ganzen bisherigen Kongressverlaufs). Da rief er zu unserer Demo und dem Treffpunkt auf dem Campus vor der Mensa auf und verteilte gemeinsam mit Dieter Kunzelmann und mir die Handzettel. Die Zahl der Helfer nahm sofort zu.

Ich fuhr dann mit zwei Mitschülern in der Straßenbahnlinie 4 von der Bockenheimer Warte zum Opernplatz, um im Club Voltaire einen Stapel Flugblätter abzulegen. Gegen 18.00 Uhr waren wir wieder zurück. Am Mensaeingang standen etwa 50 Interessierte um Fritz Teufel. Wir riefen mit einem Megaphon auf dem Campus zur Demo auf. Bald darauf waren wir schon fast 200 Leute, und es wurden immer mehr, als wir über das Walter-Kolb-Heim und die Bockenheimer Landstraße zum Amerika-Haus liefen. Allerdings hatten wir uns in drei kleinere Blöcke aufgeteilt, um der Polizei keinen Vorwand zum Einschreiten zu geben. Wir liefen zunächst ordnungsgemäß auf dem Bürgersteig. Merkwürdigerweise kapierte die Polizei auch erst sehr viel später, nämlich als wir links von der Bockenheimer abgebogen waren, dass es um die Besetzung des Amerika-Hauses ging. Da waren wir aber schon vor dem Eingang, ich drückte mit dem frisch gewählten SDS-Bundesvorsitzenden Frank Wolff und meinem Schülergenossen Jürgen Bordelle die zwei Wachleute beiseite und schnell hatten wir uns an den US-»Gastgebern« vorbeigedrängt.

Plötzlich war auch Rudi Dutschke dabei; der zog mich am Arm neben sich auf die Bühne, während sich Fritz Teufel, der eigentliche Macher, im Hintergrund hielt. Von oben hämmerte Rudi mit seinem typischen Staccato in das verstörte, geduckte Publikum über das barbarische Bombardement der US-Luftwaffe auf Dämme, Deiche und Dörfer. Wir hatten

»Tagesschau« 7.6.67, Bühnenbesetzung

uns, so zeigte es auch die Tagesschau später, provozierend vor die Sesselgruppe auf der Bühne gestellt, die für die Diskussionsteilnehmer reserviert war, und hatten dann vor das ekelerregende Abendthema (»Reicht das amerikanische Engagement in Vietnam aus?«) die Fahne der Guerillaorganisation »Nationale Front zur Befreiung Südvietnams« gehängt, die selbst wir damals, politisch falsch, »Vietcongfahne« nannten.

Ich begann, »Die Internationale« zu singen. Viele unserer Leute im Saal und die auf der Bühne stimmten ein. Zwanzig

Polizeifotografie von der Bühnenbesetzung im Frankfurter Amerikahaus, im Vordergrund eine Fernsehkamera. Von links: unbekannt, Frank Wolff, Rudi Dutschke, Diether Dehm, Klaus Schmidt, Allan Krebs, Burkhard Blühm, Christian Semler

Minuten später strömten die ersten Uniformierten durch den Vordereingang. Aus »We shall overcome« wurde »We like Ho Chi Minh«. Dabei wurden wir einzeln von der Bühne gestoßen oder getragen. Wenn ich mich richtig erinnere, hatten da bereits auch drei angekündigte Podiumsteilnehmer das Amerika-Haus verlassen, sodass die Veranstaltung nach dem Polizeieinsatz gar nicht mehr oder allenfalls in Kleinstbesetzung stattfinden konnte, nachdem ein Teil von uns wieder auf dem Weg zurück in die Uni war. Die Polizei hatte sogar auf erkennungsdienstliche Behandlung verzichtet. Wie später dem Polizeibericht zu entnehmen war, hatten sie aber sehr wohl die Rädelsführer notiert. Mein Strafverfahren war dann aber auch aufgrund der allgemeinen Amnestie ein Jahr später eingestellt worden.

Am nächsten Tag war die öffentliche Meinung über unsere Aktion geteilt. Gewalt hatten wir wohl kaum angewandt, verletzt worden war niemand, die Veranstaltung fand nicht mehr statt. Wir hatten ein Zeichen gesetzt, wurden am übernächsten Tag in Fernseh- und Radionachrichten und diversen anderen Publikationen erwähnt (damals waren die Zeitungsredaktionen um 20.00 Uhr bereits geschlossen).

Polizeibericht und mediale Resonanz mischen sich in dem akribisch zusammengestellten Buch von Detlef Siegfried, »Time is on my Side – Konsum und Politik in der westdeutschen Jugendkultur der 60er Jahre«; (3., um ein Nachwort ergänzte Auflage 2017; Wallstein Verlag).

»Bei der Erstürmung einer Podiumsdiskussion zum Vietnamkrieg, die am 6. September 1967 im Amerikahaus stattfinden sollte, fand sich auf der gekaperten Bühne in trauter Eintracht und unter Abgesang der Internationale eine bunte Reihe von Personen wieder, die als Gesamtensemble präzise die Avantgarde der politischen Lifestyle-Revolution am Anfang der »wunderbaren Jahre« repräsentierte. Nach dem Rapport des Kriminalobermeisters B., der seine Pappenheimer kannte, waren anwesend: Rudi Dutschke, Hans-Jürgen Krahl, Frank und Karl Dietrich Wolff vom SDS, Fritz Teufel, Dieter Kunzelmann und Rainer Langhans von der Kommune 1, Dieter Dehm vom SDS-Schülerbund [...]« (S. 420)

»Der 1950 geborene Dieter Dehm (›Lerryn‹), Frankfurter Jungliterat und Ostermarschierer, der im Sommer 1968 Mitglied des Politkomitees des AUSS wurde, bereits einige Monate zuvor von Rolf-Ulrich Kaiser als Nachwuchsbarde entdeckt worden war und künftig mit politischen Liedern auftrat, bewegte sich 1967 im Umfeld der Provos, publizierte in Peng und verteidigte die Langhaarigen gegen Anwürfe aus dem SDS: Mag man die letzten Aktionen der Provos als unpolitisch, unartikuliert und unwirksam bezeichnen, eines kann man nicht ableugnen, die Provos haben es verstanden zu zeigen, ›wer wie unterdrückt wird‹ ... Als Enfant terrible der Frankfurter Schülerschaft setzte Dieter Dehm 1968 die Provo-Tradition fort, indem er sich stets führend an regelverletzenden Aktionen beteiligte – etwa anlässlich der Aktionen gegen die Notstandsgesetze am 30. Mai 1968 oder als er dazu aufforderte, Bundespräsident Heinrich Lübke bei einem Besuch in Frankfurt mit Luftballons, Seifenblasen und Tuten zu empfangen.[Forum, Nr. 1 v. Juni 1968, 4; Kaiser, Werkstatt, 58; Peng, Nr. 3, [Mai 1967], o.Pag. (hier das nachfolgende Zitat); Dehm an ›Liebe Freunde‹, 24.7.1969, DKA, LN/D/31; Vgl. Frankfurter Neue Presse v. 7./8.12.1968, Lübke-Flugblatt in FUB/Z16/APO-Archiv, SDS-Gruppen: Frankfurt 1967–69.)«

Dass ich am Tag zuvor ehrenhalber ins Präsidium des SDS aufgenommen worden war und schon am Abend dem neuen Titel alle Ehre gemacht hatte, wirkte sich am darauf folgenden Kongresstag nützlich aus. Es hatte sich herumgesprochen, dass bei mir zu Hause oft Bambule war, sodass ich gleich zwei Wohnungsangebote bekam. Die eine Wohnung war bei Günther Amendt in der Krögerstraße 1 und die andere bei Raimund Reiche in der Krögerstraße 3. Weil Amendts Wohnung als Schwulenkommune galt, entschied ich mich für die Heterovariante. Zunächst brauchte ich nur 50 DM Miete beizusteuern. Mit meinem Kartoffelsalat-Hackfleisch-Mix a 1.30 DM hatte ich täglich eine warme Mahlzeit und schließlich durch den nicht ganz unbekannt gebliebenen Einsatz im Amerika-Haus auch ein paar Konzertauftritte mehr, die monatlich 200 bis 300 DM in die Tasche brachten. An einem Vormittag, nachdem Oma mein zu Hause als sturmfrei ausgespitzelt hatte, fuhr ich mit Margot Lang in die Ortenberger Straße 23 und konnte in Abwesenheit des Stiefvaters die nötigsten Sachen zur Krögerstraße transportieren, in der ich fortan einige Wochen wohnte. Später bot mir das Sozialistische Büro ein Zimmer in der Lersnerstraße an und übergangshalber konnte ich auch in der Wohngemeinschaft von Daniel Cohn-Bendit wohnen.

Vielleicht ist noch nachzutragen, dass ich beim Bundeskongress des SDS auch einen echten Konflikt mit SDS-Granden hatte. Dort wurden Marcella Knipping und Wanja von Heiseler, zwei offensichtlich illegale KPD-Mitglieder, zunächst aus Führungsfunktionen gemobbt, dann rausgewählt. Mittels Gerüchten: sie würden uns für die Sowjets ausspionieren. Obwohl ich mit Kommunisten wenig zu tun hatte, gerade frisch, einer Familientradition folgend, in die SPD eingetreten war, fand ich das ungerecht und widersprach. Noch bei den vorangegangenen Schulbesetzungen und unserem Gegenunterricht auf dem Schulhof der Bettinaschule hatte ich dem jüdischen Kommunisten und »Resistance-Kämpfer« Peter Gingold widersprochen, als dieser behauptet hatte, der Antikommunismus sei der Kampfideologie aller Faschisten noch wesenstypischer als der Antisemitismus und Hitler habe als antikommunistischer Knecht des Großkapitals 27 Millionen Sowjetmenschen ermorden lassen. Aber die lange und clever eingefädelte Intrige gegen die Kommunisten im SDS-Vorstand (später wurde der Anti-Antikapitalismus bei den Spontis von Fischer & Cohn-Bendit noch verfeinert) zeigte mir etwas, was ich mir bis dahin nicht hatte abbilden können: einen antiautoritär aufgespielten Antikommunismus als die damals frisch eingeprobte, spätere deutsche Staatsideologie. Dagegen war schon damals nichts auszurichten. Fortan wurde es zum lähmenden Gift, das die Verbindungen zwischen radikaldemokratischem Bürgerbewusstsein zum fortschrittlichsten Teil der Arbeiterbewegung kappte und somit zum eigentlichen Untergang der Achtundsechziger führte. (Rudi Dutschke, obwohl »Zonenflüchtling«, zeigte bei dieser antikommunistischen Intrige übrigens gehörig Unwohlsein. Auch nach dem Attentat war der DDR-Kritiker Dutschke für Antikommunismus ebenso unzugänglich wie für jene selbstzerstörerische Auslegung von Kosmopolitismus, gegen die er oft den Satz aus dem »Kommunistischen Manifest« zitierte, wonach »der Kampf des Proletariat seiner Form nach« solange »ein nationaler« sei, wie »das Proletariat eines jeden Landes natürlich zuerst mit seiner eigenen Bourgeoisie fertig werden.« müsse. Prof. Peter Brandt, Willys klugem Sohn, verdanken wir seit 1980 bei Rowohlt usw. zahlreiche Dokumente, die einen gelegentlich widerwärtigerweise von rechts reklamierten Dutschke sowohl als Anti-Antikommunisten als auch als Anti-Antideutschen zeigen.)

Meine hilflose Parteinahme für die illegalen Marcella und Wanja damals jedenfalls, den zwei großartigen und mutigen kommunistischen Genossen, schuf lebenslange Freundschaften mit vielen, damals noch illegalen KPD-Mitgliedern und späteren DKP-Funktionsträgern, von denen ich hinsichtlich Bündnispolitik, Ökonomiekenntnissen und geschichtlichen Fakten sehr viel gelernt habe. Einige dieser kommunistischen Freundschaften gerieten allerdings zehn Jahre später, als ich mich gegen die Biermann-Ausbürgerung und Inhaftierung von Rudolf Bahro einsetzte, in eine Krise.

Ich erwähne das deshalb, weil ich seit 1967 in das lebenslange Visier der politischen Polizei und Dienste geraten bin. Später, als ich meine Verfassungsschutzakte in ungeschwärzten Teilen bei Rechtsanwalt Hauck-Scholz in Marburg einsehen konnte (freilich erst nach zwei Jahre andauernden gerichtlichen Auseinandersetzungen), konnte ich schwarz auf weiß nachlesen, wie detailfreudig ich überwacht worden war. So kam es zu den eigentlichen Skandalen und Skandalisierungen. Nur durch zwei, drei Begegnungen mit einem Istwestija-Korrespondenten namens Viktor P., womöglich einem KGB-Mann, im Frankfurter Westend-Café Laumer. Von da an wurde ich im Verfassungsschutzbericht als Sowjet-Agent geführt. So easy läuft so was. Noch 1995 sollte ich dann als nunmehr russischer Agent – laut meiner Verfassungsschutzakte – vom Verfassungsschutzpräsidenten »enttarnt« und eingesperrt werden. Aber der Generalbundesanwalt fand immerhin die Beweisführung nicht ausreichend, zumindest hinsichtlich der Behauptung, dass ich noch 1988 zu einem östlichen Geheimdienst Kontakte gehabt hätte.

Aber die Sache hatte einen Vorteil, von dem ich auch erst 1996 in der Gauck-Behörde lesen konnte: Die Stasi hatte nämlich, zu meinem allergrößten Glück, notiert, ich wäre beim KGB (»... arbeitet mit den Freunden ...«). Dies muss mir wohl später erspart haben, von meinen Ostberliner Genossen offiziell angeworben zu werden, weil sie Mitarbeiter eines befreundeten (= sowjetischen) Geheimdienstes eben weder an- noch abwerben durften. Somit führten sie mich nur als »Vorlauf-IM«. Und es ist zu keinerlei (in den Stasirichtlinien nach sechs Monaten als zwingend vorgeschriebenen) Verpflichtungserklärung bei der Stasi gekommen. Einen

SPD-Bezirk Hessen-Süd
Schiedskommission I

01. Oktober 1996

Presseerklärung

Parteiordnungsverfahren gegen Dr. Diether Dehm eingestellt

Das von den Frankfurter SPD-Ortsvereinen Bornheim und Sindlingen angeleitete Parteiordnungsverfahren gegen Dr. Diether Dehm ist in der Berufungsinstanz eingestellt worden. Die angefochtene Entscheidung der Schiedskommission des Unterbezirks Frankfurt wurde für wirkungslos erklärt.

Nach dem Auftauchen einer Stasi-Akte war Dehm der Vorwurf gemacht worden, er habe zwischen 1971 und 1977 im Auftrag des Ministeriums für Staatssicherheit der früheren DDR als IM (Inoffizieller Mitarbeiter) „Dieter" bzw. „Willy" bewußt Informationen geliefert über die Frankfurter SPD, über die Jusos und die Falken und sei auch auf den Liedermacher Wolf Biermann angesetzt gewesen. Dehm hat dies stets bestritten.

Auf die auf Parteiausschluß gerichteten Anträge der Ortsvereine Bornheim und Sindlingen, denen der SPD-Unterbezirk Frankfurt a. M. beigetreten war, war Dehm in erster Instanz nach mehrtägiger Verhandlung und Zeugenvernehmung das Recht zur Bekleidung aller Funktionen innerhalb der SPD bis zum 31.12.1998 aberkannt worden.

In der von Dehm angerufenen Berufungsinstanz einigten sich die antragstellenden Ortsvereine in der Sitzung vom 24. September 1996 nach mehrstündiger Verhandlung mit Diether Dehm auf eine „einvernehmliche Erklärung". Hierin bekräftigt Dehm, daß er nicht wissentlich mit dem MfS der früheren DDR zusammengearbeitet habe und daß die in der Akte „Dieter/Willy" enthaltenen Berichte nicht von ihm stammen würden und daß sie zum überwiegenden Teil nicht auf von ihm gemachte Äußerungen zurückgeführt werden könnten. Weiterhin äußert Dieter Dehm Verständnis dafür, daß bei den Ortsvereinen nach der Lektüre der Stasi-Akte der Eindruck entstanden sei, er sei bewußt als informeller Mitarbeiter des MfS tätig gewesen. Deshalb verzichtet Dieter Dehm verbindlich bis zum 31. Dezember 1997 auf sämtliche Funktionen in der SPD im Bezirk Hessen-Süd sowie auf Kandidaturen hierzu und auf Mandate, die er dort für die SPD wahrnimmt. Er erklärt weiter, daß er das Amt des Bundesvorsitzenden der Arbeitsgemeinschaft der Selbständigen und Unternehmer in der SPD bis zur Neuwahl eines Vorsitzenden nicht wahrnehme und hierfür nicht kandidieren werde.

Nachdem die antragstellenden Ortsvereine diese Erklärungen Dieter Dehms zur Kenntnis genommen haben, haben sie und Dieter Dehm - ausdrücklich zur Vermeidung weiteren Schadens für die Partei und in Anbetracht der Schwierigkeiten der Sachverhaltsaufklärung - ihre jeweiligen Verfahrensanträge zurückgenommen.

SPD-Parteigericht stellt »Stasi-Vorwurf« straflos ein

Den an dieser Erklärung Beteiligten war von der Schiedskommission eine Frist zum Widerruf bis zum 1. Oktober 1996, 12.00 Uhr, eingeräumt worden. Innerhalb dieser Frist ist kein Widerruf eingegangen.

Da die gemeinsame Rücknahmeerklärung nicht nur den Berufungszug Diether Dehms betrifft, sondern auch die ursprünglichen Anträge der Ortsvereine Bornheim und Sindlingen auf Durchführung eines Parteiordnungsverfahrens, mußte die Schiedskommission das Verfahren satzungsgemäß einstellen. Die Entscheidung ist unanfechtbar.

Für die Schiedskommission I:

(Wolfram Molitor)
Vorsitzender

Grund oder Zeitpunkt, wo mein »Vorlauf« zu einem tatsächlichen »IM« in den Akten des Staatssicherheit-Ministeriums upgegradet worden wäre, gibt es definitiv nicht. Es hätte auch zwingend eine Verpflichtungserklärung sein müssen, die in den allermeisten Fällen handschriftlich vom künftigen IM oder, im prominenten Ausnahmefall (ich 24jähriger wohl eher nicht), von seinem Führungsoffizier protokolliert hätte vollzogen werden müssen. Weder das eine noch das andere gibt es, weshalb das SPD-Schiedsgericht auch zu der Entscheidung kam, dass ich stets nur ein »IM-Vorlauf« geblieben war, und die Verwendung IM durch das MfS später ohne mein Wissen erfolgt ist, um sich die für jeden IM notwendige Valuta – DM-Reserve zu sichern.

Aber: hätte mich die Stasi, statt ihres ausgeklügelten Abschöpf- und Versteckspiels bei meinen DDR-Konzerten u.a., ganz offen gefragt, hätte ich damals 1972 – nach den Schüssen auf Ohnesorg und Dutschke und den Gesprächen in Buchenwald – selbstredend ihr Verpflichtungsdokument unterschrieben und wäre ihr Mitarbeiter geworden. So aber suchen die Inquisitionsbeauftragten Gauck, Staadt, Knabe und andere »Spitzel«-Bespitzel-Spitzel bis heute ergebnislos in den Akten: Der obligatorische Umschlag mit der Aufschrift »Verpflichtung« war leer, weil es keine gab, die Gummierung an der Kuvertklappe ist jungfräulich geblieben und damit konnte nach 1994 nicht einmal ein staatsanwaltliches Ermittlungsverfahren gegen mich eröffnet werden.

Wenige Wochen darauf kam es zu einem Skandal ganz anderer Art, bei dem mir aber die öffentliche Meinung plötzlich unheimlich gewogen war. Zuerst hatte ich als Schülervertreter in der Aula unseres Gymnasiums nachts mit einigen Genossen einen roten Stern der Oktoberrevolution zum 50. Jahrestag derselben an dem zentralen Kronleuchter angebracht. Am nächsten Tag pfiff uns der Direktor als Schülervertreter zusammen und fragte, auf wessen Konto diese prosowjetische Symbolik ging. Er war sich seines Verdachts ganz sicher. Natürlich hatte ich wenige Wochen vor dem Abitur enormen Schiss, aber alle Beteiligten hielten erstaunlich dicht.

Der Freund von Heinz Düx war der bekannte SDSler Hans Branscheidt. Dieser hatte etwas rausgekriegt über eine offizielle Feier zur Erinnerung an die Oktoberrevolution. Wir verabredeten uns mit Sylvia Düx und zwei anderen sozialistischen Schülern aus voller Sympathie für das historische Großereignis zum abendlichen Besuch einer Veranstaltung der August-Bebel-Gesellschaft (der legalen Vereinigung der illegalen KPD-Mitglieder) im Zoo-Gesellschaftshaus zum 50-jährigen Jubiläumsfest. Für mich Grünschnabel, der in sozialistischer Kunst aber bereits alles besser zu wissen glaubte, wurde das Kulturprogramm bald zum Ärgernis. Aus der DDR waren Schauspieler sowie der Dichter Kurt Barthel (Künstlername »Kuba«) angereist. Sie deklamierten Lobgesänge auf Sowjetführer und hielten ihre Hände bittend gen Bühnenhimmel, aus welchem »Rote Schneeflocken in Moskau« (Titel eines Kuba-Gedichts) rieselten, sangen Lieder von Johannes R. Becher und anderen Agitprop-Reimern. Es wurden Lob-Reden auf Breschnew gehalten. Und unser Heldenkampf in Westdeutschland und die APO kamen gar nicht vor. Vielleicht war dies auch eine Art Strafe dafür, dass ihre kommunistischen Mitglieder aus der SDS-Führung gemobbt worden waren.

Irgendwann rief ich laut in die Vorstellung: »Brecht rotiert grad im Sarg!« Immerhin hatte ich vor einem halben Jahr den ersten Schulstreik initiiert, weil wir auf dem Lehrplan Brecht, und zwar seinen »Galilei«, haben wollten, aber zunächst nur Dürrenmatts »Physiker« als Ersatz angeboten bekamen, weil Brecht Stalinist war. Nachdem wir dann Claus Peymann vom Theater am Turm an unserer Schule mit einem Vortrag vor der Schülerverwaltung und drei Deutschlehrern erkämpft hatten, wurde der Lehrplan um den Marxisten Brecht erweitert.

Nach meinem Ausruf und dem darauf folgenden Tumult im Saal packte mich eine klassenkampferprobte Faust und schleifte mich aus der Stuhlreihe. Hans Branscheidt und zwei meiner Schüler-Genossen folgten. Als Sylvia mitgehen wollte, schrie ihr Vater, der, obwohl SPD-Mitglied, wohl damals auch illegaler KPD-Sympathisant, aber eben auch Auschwitzrichter und OLG-Präsident gewesen war, mir hinterher: »Haut den Burschen raus! Haut den Kerl raus!« Später erfuhr ich, dass die gesamte KPD-Versammlungsleitung sich bereits seit Wochen in zahlreichen Szenarien auf Nazi- oder BND-Störungen eingestellt hatte und dass es die erste Veranstaltung zur Oktoberrevolution nach dem KPD-Verbot 1956 gewesen war. Als ich mit leicht blutender Nase als gediegenes Opfer des Stalinismus im Foyer des Zoo-Gesellschaftshauses lag (in dem ich als 14-Jähriger mit meinem Vater Wolfgang Neuss und Wolf Biermann beim Ostermarsch zugesehen hatte), war aus unerklärlichen Gründen bereits die »Tagesschau« vor Ort. Für sie war ich Menschenrechtler und Freiheitskämpfer.

Während des Tumults hatte sich der in der ersten Reihe des Saals sitzende DDR-Dichter Kurt Barthel aufgeregt ans Herz gegriffen, erlitt einen Infarkt, an dem er auf dem Weg ins Krankenhaus verstarb. Ich soll später dem Krankenwagen in brottrockener Heldenpose, ein Zigarillo im Mundwinkel, hinterher gehämelt haben: »Ein Dichter auf der Flucht vor seinen Kritikern.« Was anwesende Lokaljournalisten in Lachkanonaden versetzt haben soll. Wohlbemerkt: das wurde berichtet. Erinnern daran kann (und will) ich mich nicht.

In allen Frankfurter Zeitungen und überregional wurde ich als DER unerschrockene Widerstandskämpfer gegen Stalinismus gefeiert, die trotzkistische Gruppe bei den Jungsozialisten (Lambertisten unter den SPD-Funktionären Scheil und Hoss) machte aus meinem blauen Auge einen Märtyrer-Juso. Als ich abends stolz in die Krögerstraße kam und Günther Amendt traf, wurde mir klar, dass die Anerkennung nicht eben ungeteilt war. Günther sagte »Da hast du Scheiße gebaut!« Und ich merkte bald, dass er Recht hatte. Der Respekt vor Rudi Maurer, Emil Carlebach und Peter Gingold ist damals dadurch gewachsen, weil sie immer nur geduldig versucht hatten, mir meine Funktion bewusster zu machen. Emil Carlebach, der selbst kein Kind von Traurigkeit war, klopfte mir drei Tage nach meiner Aktion auf die Schulter: »Geltungssucht ist immer noch besser als die Sucht, nichts zu gelten!«

Mein leiblicher Vater Otto hatte dem Stiefvater mittlerweile die Meinung gegeigt und abgerungen, dass ich doch wieder – und zwar unangetastet – während der Abiturvorbereitungen ein paar Nächte in der Ortenberger Straße wohnen durfte, wo Schulbücher standen.

Aber so kam es zum nächsten Skandal, der immer noch kein richtiger, von den Kräften hinter den Medien befeuerter wurde, also nur in einer kleinen Zeitungsnotiz erschien. Doch dieser führte zum Bruch mit der Wohnung meiner Kindheit. Das kam so:

Benjamin Ortmeyer, einer der Sprecher der sozialistischen Schülergemeinschaft (USSG) in Frankfurt, beabsichtigte, aus unserem linken Schüler-Pamphlet Auszüge des soeben erschienenen illegalen Programm-Entwurfs der verbotenen KPD zu zitieren. Aus Solidarität und auch, weil meine Beziehung mit den Kommunisten eine besondere geworden war, schrieb ich darüber in der Schülerzeitung der Helmholtz-Schule, für die ich als gewählter Schülervertreter verantwortlich war. Damit war unweigerlich verbunden, ganze Absatz-Zusammenhänge aus dem KPD-Programm zu zitieren und zu veröffentlichen. Ich hielt das für eine blanke Selbstverständlichkeit in einem demokratischen Land, das sich, im Unterschied zu realsozialistischen Ländern, viel auf seine Meinungsfreiheit einbildete. Die Schülerzeitung erschien an einem Mittwochnachmittag, zu spät, um bereits in der Schule verteilt zu werden. Aber früh genug für andere! An diesem Mittwoch nächtigte ich wieder in der Ortenberger Straße.

Während donnerstags normalerweise um 7.00 Uhr der Wecker klingelte, damit ich eine Stunde später in der Schule sein konnte, wurden Stiefvater, Mutter und ich an diesem Tag um 5.30 Uhr von wüstem Geklingel und Gepolter an der Haustür geweckt. Davor standen zwei Polizei-Autos mit blinkendem Blaulicht, zwei Uniformierte und ein »ziviler« Kommissar. Letzterer gab sich als Staatsschutz zu erkennen, so jedenfalls schrie es mir mein Stiefvater entgegen, der mir kommandogemäß 5 Minuten Zeit zum Anziehen ließ. Kurz danach wurde ich in Handschellen und durch die von Blaulicht durchzuckte Straße in ein Polizeiauto gedrückt und in die Untersuchungshaft Hammelsgasse gefahren, in der ich zweimal verhört wurde und ansonsten den Tag in einer Einzelzelle verbrachte, die zwei Zellen weiter von jener entfernt lag, in der der bekannte Kommunist Robert Steigerwald gesessen hatte (dessen Faust mich übrigens bei der 1917-Revolutionsfeier aus dem Zoogesellschaftssaal geschleift hatte). Am gegenüberliegenden Gemäuer stand immer noch unter überpinseltem Grau: »Freiheit für Robert Steigerwald«. Ich hatte meiner Mutter zugerufen, sie solle beim Rechtsanwalt Johannes Riemann anrufen und ihm die Situation schildern. In der Hammelsgasse wurde ich gefragt, wer mir den Auftrag gegeben hatte, das verbotene KPD-Dokument zu veröffentlichen. Auf mein wahrheitsgemäßes »niemand« erntete ich nur schelmisches Grinsen des verhörenden Kommissars, der extra aus Wiesbaden gekommen war. Am Nachmittag versammelten sich etwa 100 Schüler in der Hammelsgasse und rezitierten nun »Freiheit für Diether«, was mich regelrecht ausgelassen stimmte. Am Abend wurde ich entlassen und rief zu Hause an, wobei mir meine Mutter eröffnete, ich bräuchte mich dort nie mehr blicken zu lassen. Also zog ich wieder ganz in die Krögerstraße 3.

So herzlich mich die SDS-nahen Philosophen nach der Vietnamaktion als Straßenaktivist, »Enfant terrible der Schülerbewegung« oder als »Avantgarde der politischen Lifestyle-Revolution« (Detlef Siegfried) zunächst willkommen geheißen hatten – mein immer häufiger stattfindendes Techtelmechtel mit Kommunisten nahmen sie mir, mit Ausnahme von Günter Amendt und meinem späteren Doktorvater Prof. Ernest Jouhy, doch übel. Dass ich innerhalb der Jusos gar einen Lenin-Gesprächskreis gegründet hatte, also auf die schiefe Bahn des KP-Traditionalismus geraten war, »ging ja so gar nicht«. Auch im Frankfurter SDS und im Club Voltaire fielen unterschwellig ideologische Brandmauern auf. Als dann im »Leninkreis« gar KPD-»Agitatoren« wie Heinz Jung, Reinhard Opitz, Wolfgang Abendroth, Emil Carlebach, Peter Gingold und der wunderbare Rudi Maurer durch mein Zutun auf unbedarfte Schüler losgelassen worden waren, kam es zu heftigem Zank in der Leitung der Unabhängigen Sozialistischen Schülergemeinschaft (USSG), der auch in Reimund Reiches WG in der Krögerstraße 3 schwappte. Nach einigen Monaten und allerlei Zwist zog ich dann ins Walter-Kolb-Studentenwohnheim am Beethovenplatz, in dessen Nebenzimmer später Horst Söhnlein einzog, der mit Andreas Baader und Gudrun Ensslin den Frankfurter Kaufhausbrand inszeniert hatte. Um die Ecke des Kolb-Heims, am Beethovenplatz, lag auch die Redaktion der antifaschistischen Wochenzeitung »die tat«, für die ich zu schreiben begann. Aber auch in diesem eigentlichen Kommunikationszentrum des Frankfurter SDS fand sich wenig Verständnis für meine KPD-Fellow-Travelei. Ich wirkte auf die Leute wie Scheidewasser. Sie hassten oder mochten mich. Dazwischen gab es selten Grautöne. Ich machte mir zuweilen Vorwürfe, weil ich so wenig über Marxismus gelesen und noch weniger verstanden, aber dennoch eine so große Lippe riskiert hatte. Aber ich verspürte bereits damals eine Menge Missionsdrang, aufgerührt selbst von dem wenigen Verstandenen, was die Situation nicht eben entschärfte.

Dass ich weder rechts noch links ein Typ für spontane Sympathiezuwendung bin, wurde mir damals bald klar. Verbunden damit, dass ich die *Bild*-Zeitung alleine schon mit der bundesweiten Gründung von »GegenBILD-Stellen«, in enger Zusammenarbeit mit Günter Wallraff, geärgert hatte. Dass aber auch gesittetere Zeitungen, und vorzugsweise die im Verdacht von Linksliberalität stehenden Organe *Frankfurter Rundschau* und *Süddeutsche Zeitung* in mir einen zu erlegenden Feind sahen und ganz vorne dabei waren, wenn es darum ging, die jeweilige Recherche- und Skandalhetzjagd in die linksliberale Klientel zu transponieren, war mir etwas zunächst vollkommen Rätselhaftes. Irgendeine rote Linie hatte ich wie ein verträumter Hans-guck-in-die-Luft in aller Selbstvernarrtheit überschritten.

Die Bundesrepublik-West war ein modernes, freies Land. Man konnte mitten ins geschäftige Zentrum einer Großstadt einen Scheisshaufen legen und manchmal gab es sogar einen Kulturdezernenten, der ihn dir dann in einer Vitrine als Kunstwerk für 5000 DM abgekauft hätte. Man kann noch heute überall laut herumschreien und Politikern jedweder Couleur den Tod wünschen. Sobald man sich jedoch irgendwie positiv und halbwegs populär und plausibel zu irgendwelchen Resultaten der Oktoberrevolution ausgesprochen hatte, kamen die medialen Pfeile von irgendwo aus der Stille des Raums angeflogen. Wenn man sich ergo dem Geheimnis der Arbeitskraft zuwendet und fordert, diese entschieden aufzuwerten – organisiert mit Gewerkschaften und linken Organisationen, zu denen auch Kommunisten gehören –, hatte jeder Spaß bald ein Ende. Das sollte tabu bleiben: die Arbeit als Mehrwertspender, die Arbeit als Ausbeutungsobjekt, die Arbeit als Gestalter von Kehlkopf und Kinnlade beim Nachaffen, also als Quelle von menschlichem Denken und Sprechen. Die gutbestellte Arbeit als Macher von Reichtum und Fortschritt von mies-organisierten Arbeitsverhältnissen als Schadenanrichter (Krebs, Nervosität, Infarkt, Stress, Sexismus, Terror) zu unterscheiden und zu klassifizieren – das war und blieb die rote Linie. Dann entstehen flugs aus der geheimen Tiefe von Raum und Staat Berufsverbot und Skandalisierung. Also war schon die Ahnung, dass Arbeit die menschlichen Besonderheiten entfaltet und demzufolge besonders gestaltet, ein No-Go; besonders wo diese zu schützen, zu organisieren sei und, ja, aus den Fängen ihrer Verbraucher, des Großkapitals, befreit werden müsse. Als müsse jede Erkenntnis um diese Ahnung eingezäunt bleiben. Um das Geheimnis der Arbeit liegen die elektrischen Zäune des Springerkonzerns, die Berufsverbote McCarthys, die Genickschussanlagen in Buchenwald, die NS-Legion »Condor«, welche fliehende Republikaner dahinmähte, die Schüsse auf Rosa Luxemburg, Karl Liebknecht, Rudi Dutschke und Martin Luther King.

Wer sich dem Staunen über die fulminanten Erkenntnisse von Marx, Engels, Lenin und Gefolge überließ, wurde nicht nur durch die Wucht dieser Gedanken herumgewirbelt, sondern auch von umherstehenden parastaatlichen Autoritäten in den Schwitzkasten genommen. Emil Carlebach lieferte mir als antiautoritärem Sponti eine Andeutung des jungen Peter Hacks, an der ich lange zu kauen hatte: »Es muss eine Ursache geben, die das Denken, die Tatsachen und Erfordernisse der sozialen Wirklichkeit und ihren Kräfteverhältnissen, will heißen: just die außergeistigen Bedingungen, beibiegt. Es bedarf neben dem Traditionsfaktor eines ›Anpassungsfaktors‹.

In solchen Tagen des ersten Kontakts mit marxistischen Fragestellungen vermag man sich hinzusetzen und zu schreiben, dann lebt man schon nicht mehr ganz sicher. Man kann es aber auch in sein praktisches Leben hineinlassen, sich sogar als Provokateur dieser Problemlösungsstrategie selbst inszenieren, auf diese Weise wird es noch einen ganzen Tick riskanter. Dann verströmt man zugleich das gemixte Fluidum eines Verlierers, aber auch eines Gefährders für die, die sich bei den siegreichen Mächten zu Hause fühlen wollen. Man wird zu Aphrodisiakum für Schreibagenten, die nicht bloß Zähne fletschen, sondern in Weichteilen festgebissen am Ende des Tages oder Jahres einen roten Skalp vorzeigen wollen.

Psychologie war im SDS damals »in«. Mehr als Ökonomie und Geschichte. Und so gestehe ich, dass meine allmähliche und verderbliche Marxismus-Infiltriertheit mit der Psychologie (zunächst der Freudschen Psychoanalyse Wilhelm Reichs) ihren entscheidenden Schub und danach Gegenschub erhielt. Das lag am Frauenbild von Dostojewski und Tolstoi, meinen Lieblingsautoren. Im Wesentlichen sah ich Frauen (auch figuriert durch meine Mutter im Verhältnis zu meinem Vater, dem Stiefvater und anderen Kerlen) wie »Mademoiselle Blanche« in Dostojewskis »Spieler« und Tolstois »Kreutzersonate«. Und ich wollte um Gottes willen nicht so ein Frauenknecht werden wie Alexej Iwanowitsch im »Spieler«! Dies formte mein testosterongetriebenes Drang-Gefühl (»Drive-Gefühl« nach Agnes Heller und »animal spirit« nach Marx) zu einer Art mönchischen Widerstands gegen das weibliche Fluidum, dem ich unterstellte, am Ende des erniedrigenden

Tages doch nur an die Geldbörse des »Spielers« hochlangen zu wollen. Über diese Romane, deren Menschenbilder, die Literatur-Kontroverse in der KPD-nahen »Linkskurve« zwischen Brecht und Lukacs, aber eben auch über Unzulänglichkeiten der Psychoanalyse und den in der »Frankfurter Schule« Adornos meinungsführenden Freudianismus stritt und zerstritt ich mich zunehmend mit den wesentlich älteren Beleseneren unter den SDS-Ideologen. Ich wollte die Freudsche Prämisse einfach nicht »wahrhaben«, dass mit den analen und genitalen Verquerungen in der Kindheit für das restliche Menschenleben die Würfel gefallen seien. Selbst angetrieben von den Widersprüchen und Rissen in meinem familiären Umfeld, dessen Frauenbilder mir ebenso zuwider waren wie die Männerrollen, war ich auf der Suche nach etwas ganz Anderem. Ich begann, Psychologie- und Medizin-Vorlesungen zu belegen.

Erst sehr viel später – lange nach der Freudlektüre – dämmerte mir, dass Frauen- und Männertechniken, also alle prägenden Menschenbilder, selbst von Geschichte(n) durchprägt sind. Der Reiz der weiblichen Scham und ihres Spiels drumherum und der ständigen männlich-aufgeplusterten Schamlosigkeiten zielten darauf, Scham, wenn sie nur charmant genug angerichtet war, zu durchbrechen. Das waren Gegenstände großer männlicher Dichter wie Puschkin, Balzac, Dostojewski und Tolstoi. Die Scham um die Klitoris war affin zur Scham der Leibeigenen. Die Unverschämtheit der männlichen Penetration korrespondierte mit der der Latifundistas. Charme und Scham wurden dort in ihrer jeweils gesellschaftlichen Warenhaftigkeit, welche weiblicherseits auf das Testosteronvorkommen des getriebenen Gegenüber zielt und finanziell tauschwertig abgegolten sein möchte, höhnisch und sarkastisch literarisiert, aber eben auch liebevoll. Im Wesen der entsprechenden Scham spiegeln sich natürlich auch die Klasse und Schicht. Das junge proletarische Mädchen geniert sich wie Aschenputtel vorm Prinz, die erfahrene bürgerliche Frau nimmt sich wie Miss Robinson in der »Reifeprüfung« mehr raus. Aber je bürgerlicher die Umgebung, desto unverschämter – und vice versa – wird Verschämtheit als Lockduft eingesetzt. Aber desto weniger, wenn die Scham in proletarischen Umständen spielt. Brechts »Mutter« ist demnach vielleicht der entschlossenste Gegenentwurf zu »Mademoiselle Blanche« in Dostojewskis »Spieler«. Aber woher sollte Dostojewski auch den entfalteten Typ der Arbeiterfrau kennen? Im Unterschied zu Brecht musste er sich mit dem Frauenbild aus Bürgertum und Landwirtschaft begnügen. Und Bäuerinnen sowie Kleinbürger gedeihen immer auf der neurotisierten tektonischen Kante zwischen Proletariat und Bourgeoisie.

Tatsächlich dämmerte dem damals noch freudianischen Psychologiestudenten Prof. Alexander Mitscherlichs bei seinen Besuchen in Ostberlin und Erfurt widerwillig, dass es dort ebenso viele schöne Frauen wie im Westen gab. Aber die waren nicht nur etwas für heiße Sommernächte, sondern auch für kalte Winterabende. Was intellektuelle und künstlerische Gespräche anbetraf. Offenbar schien die Bourgeoisie Menschen bei schönheitlichem Auffallen eher zur Vernachlässigung von Bildung zu verlocken. In der DDR wurden Frauen auch bei geldwertem Aussehen zum Lernen von Humanwissen veranlasst. Projektionen aus und auf Scham und Charme haben in einer sozialistischen, mit mehr gutdotierten Frauenberufen einhergehenden Produktionsweise andere, weniger neurotisierte Bestandteile, müssen weniger arbeitstaggestützte Ohnmacht kompensieren. Dass ich Ostfrauen als weniger »romantisch« empfand, manchmal auch als »zu direkt«, und Ostmänner Westfrauen oft als »zu geziert« empfanden, mag daran liegen, dass die kompensatorischen Projektionen als dialektische Gegenentwürfe primär zur Arbeitswelt unter kapitalistischen Verhältnissen anders gefärbt waren als in einer Gesellschaft, die sich bereits ein paar Jahrzehnte von den profitfokussierten Zeit- und Lohnregimes entfernt hatte. Die DDR war alles in allem in Sachen Sexualität & Sexismusneurosen dem Adenauerstaat voraus.

Vielleicht sei an dieser Stelle auch angemerkt, dass Projektion (und Scham ist eine antizipierte Projektion) nicht nur die Liebe betrifft. Jeweils projiziert der Projizierende seine eigene Fragmentierung, seine Defizite auf die Projektionsfläche (Geliebte tun dies; Wählerinnen von AfD und Grünen derzeit; die Werbung lebt davon) – und zwar antipodisch. So, wie in der Religion die gequälte Kreatur ihren Seufzer in der Projektion auf Gott ausüben kann, geschieht es in der Liebe auf den vergötzten Partner. Aber ebenso findet Projektion auch in der Feindschaft statt. Findet der Projizierende nicht zur realistischen Selbstermächtigung, bleibt religiöse Omnipotenzerwartung – und leere Drohung: »... und ein Schiff mit acht Segeln wird beschießen die Stadt« singt die arme Seeräuber-Jenny gegen die Mächtigen.

Wo im historischen Prozess der Einzelnen, Klassen und Gesellschaften Selbstermächtigung in Bewegung mit anderen gehemmt oder unterdrückt wird, entsteht Projektion fast notwendigerweise im gesellschaftlichen Stillstand als Ausweg, Evasion – für den Einzelnen und sogar auch: für Kollektive. Auch Feind-Projektionen! Und das betrifft dann auch die Zänkereien in einer introvertierten Linken, wenn diese »stillsteht« oder sich, in parlamentaristischen oder anderen innerinstitutionellen Mechaniken verhaftet, aufbraucht. Dann wird halluzinatorische Projektion zur Giftblüte getrieben: eine solchermaßen erstickte Linke schliesst die Tür und beschließt mit großer Mehrheit die Außerkraftsetzung von Außenwelt: »Unser Wille geschehe!« Aufgestaute soziale Ärgernisse werden dort privatisiert und auf das eigene kleine, linke Kollektiv projiziert. Die Linke wird zänkisch. Denn entweder: sie gewinnt nach außen Köpfe – oder: sie schlägt sich die Köpfe ein, nach innen. Es dringt dann umso weniger nach außen, sucht sich dort also keine realistischen Adressaten. Somit schichten sich in den einzelnen Persönlichkeiten Niedertracht und Unversöhnlichkeit nach oben, um sich scheinbar in der Abgrenzung gegen Ander(sdenkend)e zu emanzipieren und zu ermächtigen. Erst eine Bewegung (die in Bewegung kommt!) vermag sich von diesen strukturellen Neurosen in Größenordnungen los- und freizumachen.

Ich schwöre, noch nicht eine einzige kleinbürgerliche Familie erlebt zu haben, die nach innen, ihren eigenen Regeln gehorchend, funktioniert hätte. Aber man kann die Uhr danach stellen, wann ein gutes Geschäft nach außen die jeweilige kleinbürgerliche Familienexistenz zusammenschweißt. Und damit korrelierend die innerfamiliären Krankheitsstrukturen in den Hintergrund drängen.

Die Regenbogenmedien klatschen nachhaltig: der Haussegen bei den XYs hängt schief; Raffgier hielt zwar äußerlich zusammen, aber zerfetzt inwendig. Dagegen setzt die ländliche Folklore ihre katholische Familien-Unternehmer-Fassade: die mäßige Renditeerwartung eines Maurermeisters oder Landwirts hält die Ehe gesund. »Holla!«, wird jetzt die antideutsche Sprach-Polizei schreien, »das klingt ja nach SA: raffendes gegen schaffendes Kapital«. Einerseits ja, denn die Nazis klemmen an jeden plausiblen Klang ihre demagogischen Absaugstutzen. Andererseits natürlich nicht! Weil es ein »schaffendes« Kapital gar nicht geben kann. Doch gibt es das: dass eigene Arbeitskraft in Handwerk und Landwirtschaft – aber eben neben dem Kleinkapital – ausschlaggebend wird. Dabei handelt es sich um eine Renditeerwartung von vielleicht 6 %. Und das prägt Familie, Frau und Mann im Kleinbürgertum völlig anders als ein Millionengewinn die Lebensgemeinschaften eines Großaktionärs, der auf Rüstungsexporte mit 100 % Rendite spekuliert. Oder bei Frau Martha Quandt-Goebbels. Der Psychosegrad einer Familie nebst Scheidungsraten hängt, wie fast alle seelische Beeinträchtigung – und dies aller religiösen, politisch korrekten und nationalregionalen Umerziehungswut zum Trotz – eher mit der jeweiligen Renditeerwartung als mit der Sternendeutung zusammen; und kann ohne ökonomische Veränderung auch nicht überwunden werden.

Jedenfalls begann 1968 der bis heute andauernde Zerfall der traditionalistischen Familie und der sie stützenden Rollenbilder. Die Suche nach dem ganz Anderen in der alltäglichen Kultur der Geschlechter fand im hohen Falsett-Gesang der Beatles, ihren weiblichen Pilzköpfen ein Kontrastprogramm zu postfaschistischen Männerrollen. In Abgrenzung zur kokettierenden und kalt berechnenden »Mademoiselle

Blanche« in Dostojewskis »Spieler« und zu BDM-Muttertieren orientierten sich junge Frauen radikal um und eher an Simone de Beauvoir oder Janis Joplin oder organisierten sich im »Frankfurter Weiberrat«. Damit korrespondierte eine Psychologisierung des Antifaschismus. Die Nazi-Herrschaft schien vielen überwiegend auf der kulturellen Übermacht verunglückter Psychen zu basieren als auf der politischen Übermacht der Hitler-Finanziers.

Mein bekanntestes Lied damals war der »Gummiknüppelsong« und gegen einen brutalen Antinotstandsdemo-Polizeieinsatz in Frankfurt geschrieben. In dem Lied wurde der Knüppel mit des Einsatzleiters Penis (dessen Name sogar phonetisch danach klang) gleichgesetzt. Nun, ich war 17... Aber immerhin hatte ich den Nerv der Antiautoritären getroffen und Heiterkeit erzeugt. Nun aber hängte ich doch an den letzten Refrain noch einen korrektiven Nachtrag:

»Mancher meint nach diesem Liedchen / all der Terror käm' vom Gliedchen /... was freut sich da das Kapital / bleibt unversehen noch einmal / darf still, wie's will, die Fäden ziehn / wo wir nur Marionetten sehn / deren Penis kriegt Enthüller / von Psychoanalieschen Müller«.

Und ich begann Arbeiterlieder zu singen, Brechts »Einheitsfront« wurde die erste Konzertzugabe. Meine Akzeptanz bei Linksliberalen im *Hessischen Rundfunk*, der *Frankfurter Rundschau*, den SDS-Multiplikatoren und in meiner Partei schwand dahin. Aber es gab neue Freunde. Einige hatten schon gegen Hitler gekämpft. Und von denen konnte ich was lernen. Nicht nur eine frühe Ahnung vom ganz anderen und von ganz anderen. Sondern auch über deren elend lange Wege, die gegen die Macht der Aura führen. Aber auch »against the wind« (Bob Seeger), gegen die Aura der Macht, deren Mainstream und deren so feige wie rabiate Meinungsmachtbüttel, deren innere Psychomechanik Bert Brecht im folgenden Lied herrlich karikiert:

Lied des Speichelleckers

1 Meine Seele kommt in Aufruhr
  Alles in mir revoltiert
  Wenn ich einen Menschen sehe
  Der mit Recht von jedermann gemieden wird.
  Er hat es sich selbst zuzuschreiben
  Daß er nicht mehr da ist für die Stadt
  Soll ich mit ihm auf dem Grußfuß bleiben
  Den die Obrigkeit gezeichnet hat?
  Nein, das ist mir nicht möglich!
  Nein, das ist mir nicht möglich!

2 Was er immer auch getrieben
  Darauf kommt es gar nicht an
  Er ist oben nicht gut angeschrieben
  Damit ist er für mich abgetan.
  Jedes andere Gefühl hat da zu schweigen
  Er ist oben unbequem!
  Soll ich mich in seiner Nähe zeigen?
  Soll man sagen, der sprach auch mit dem?
  Nein, das ist mir nicht möglich!
  Nein, das ist mir nicht möglich!

3 Warum hat er sich's verdorben?
  Hätt er besser aufgepasst!
  Solch ein schlechter Ruf ist schnell erworben
  Und dann ist man eben oben dann verhaßt
  Nein, wer meinen guten Herrn beleidigt
  Wer ihm frech die Stirne bot
  Soll man von mir sagen, ich habe den verteidigt?
  Soll man von mir sagen, auch ich sei so?
  Nein, das ist mir nicht möglich!
  Nein, das ist mir nicht möglich!

Bertolt Brecht, 1937

Brecht kannte zwar den *Spiegel*, die *Süddeutsche* und die *Frankfurter Rundschau*, damals noch Gegenspieler des Springer-Konzerns. Aber nicht Wikipedia, Facebook, Twitter – geschweige denn jungleworld und *taz*. Aber er hatte den McCarthy-Meinungsterrorismus frisch kennengelernt, kannte die Konvertitenkrallen früherer Linker, die sich erst der Gestapo und dann dem FBI und der CIA an den Hals geworfen hatten. Und er hatte über Inquisition geforscht und von Prangern geschrieben, was einst probate Instrumentarien waren für die jeweils Herrschenden, Ketzer abzuschrecken und deren Anhänger einzuschüchtern. Das Brecht-Gedicht behandelt die Wirkungsweise.

Die heutige Presse-Rechtsprechung kennt den Begriff »Prangerwirkung«. Denn heute übernimmt ein Geflecht aus Wikipedia, Geheimdiensten und Medien diese Funktion des Prangers. Über die Wikipedia-Einträge wachen (wahrscheinlich auch bezahlte) subversive, antiantikapitalistische Kräfte, Robots und Trolle, die dort keinerlei Änderungen an den Rufzerstörungen zulassen, wenn es sich dabei um die drei eroberten und akribisch von Definitions-Schergen und Sprachpolizei verminten Interpretationsmachtgebiete handelt: »Russland, Israel und DDR-Geschichte«. Außerdem achten sie akribisch darauf, daß das Wort »Faschismus« durch »Nationalsozialismus« ersetzt wird, damit »Nation« und »Sozialismus« freihandelsgemäß besudelt werden. Aus der ansonsten langen Aufzählungsliste von Leidtragenden der Nazis schneiden sie ebenso rigoros die 27 Millionen ermordeten Sowjetmenschen aus wie Kommunisten, Gewerkschafterinnen und Sozialdemokraten – also die immer-wieder-aktuellen Staatsfeinde.

Entsprechend wurden auch meine Wikipedia-Einträge zugerichtet. Mehrere Schreiben von mir beziehungsweise meinen Anwälten an US-Konzern konnten nicht bewirken, wesentliche Unwahrheiten aus den Eintragungen zu löschen beziehungsweise diese auch nur marginal zu korrigieren. Hier mein drittes unbeantwortetes Schreiben an Wikipedia:

Sehr geehrte Damen und Herren,

ich möchte darauf hinweisen, dass die mich bei Wikipedia betreffenden Einträge immer noch schwer beruf- und rufbehindernd sowie -zerstörend sind. Das Wichtigste ist, dass Sie die Stasi-Akten für bare Münze nehmen, obwohl das Bundesverfassungsgericht einen ausdrücklich kritischen und skeptischen Umgang mit den Unterlagen empfiehlt. Einerseits schreiben Sie, Biermann habe in den Unterlagen »Belege für Spitzeltätigkeit« (verschweigen aber: welche?) gefunden, was den unkritischen Umgang impliziert. Andererseits ist die Formulierung »Nach der Ausbürgerung des Liedermachers Wolf Biermann lieferte er« völlig falsch. Sie haben kein einziges Dokument vorzuweisen, was von mir geliefert hätte sein können. Es gibt auch keines. Flugkosten von DDR-Auftritten deuten Sie als Stasi-Spesenzahlungen von 350 DM zum Beispiel – und fingieren, ich hätte mit »IM Willy oder IM Dieter« unterschrieben, obwohl die Unterschriften ohne »IM« sind und ergo meine Künstlernamen bei DDR-Konzerten darstellen.

Bei der 500-DM-Prämie 1978 dafür, »Biermann angeblich unter Kontrolle bekommen zu haben« (wofür weder ein Beleg gebracht wurde noch gebracht werden konnte), winden Sie sich: ich sei dafür »vorgeschlagen« gewesen. Wenn Sie es nicht belegen können, aber das Hamburger Pressegericht 2006 meiner Aussage gefolgt ist, dass ich von dem Geld nie etwas gesehen habe und zur Zeit der Auszahlung bereits Opfer einer Stasi-Fahndung geworden war, dann lassen Sie es doch einfach. Und streuen Sie keine Gerüchte.

Außerdem behaupten Sie, dass meine (sehr viel spätere!) Frau ebenfalls durch die Akten überführt sei, was ebenfalls unrichtig ist. Warum glauben Sie der Stasi mehr als Betroffenen?

Es spielt durchaus eine Rolle, ob die Stasi ihre Bemühungen um meine Anwerbung 1977 einstellte, also unmittelbar Wochen nach der Biermann-Ausbürgerung oder erheblich später. In diesem Zusammenhang hätten Sie auch anmerken können, dass in Zeitungen stand, dass Rudolf Bahro, von dem Sie schreiben, eindeutig gegen meine Beschimpfung als Stasi-Spitzel öffentlich aufgetreten ist. Von daher ist Ihre Anmerkung: »angeblich endet 1977 mit dem vergeblichen Versuch« zumindest bewusst irreführend.

Ebenso ist Ihre Beschreibung meiner Einstellung zu den Maidan-Protesten zumindest tendenziös und unvollständig. In der Tat habe ich das Dokument über Lviv mit den dortigen Hakenkreuzfahnen sofort wieder gelöscht. Es ändert aber nichts daran, dass ich mehrfach herausgehoben habe, dass SS-Symbole und Symbole des ukrainischen Faschistenführers Bandera etc. auf dem Maidan offen und protzerisch zur Schau getragen wurden. Dies hätten Sie der Vollständigkeit halber erwähnen können oder sollten es in Zukunft tun. Stattdessen hinterlassen Sie in diesem Wikipedia-Eintrag den Eindruck, ich hätte die massive Rolle des rechten Sektors auf dem Maidan quasi unzurechnungsfähig halluziniert oder frei erfunden.

Im Falle der Auseinandersetzung mit Gauck und Wulff hätten Sie ebenfalls schreiben können, dass ich mich in mehreren Fernsehtalkshows an die Seite Wulffs und gegen die Diffamierung durch die *Bild* gestellt habe. Es hätte in jedem Fall auch mein Persönlichkeitsbild in Ihrem Zusammenhang anders abgerundet, als Sie es mit einem gewissen Spin in Richtung psychischer Störung treiben und schleifen wollen.

Auch die Formulierung, nach welcher der Antisemitismus dem Massenmord vorbehalten ist, hätte in den wirklichen historischen Kontext gerückt werden müssen. Es geschah 2009 beim Ostermarsch in Kassel auf freier Bühne in spontaner Verteidigung meines von Antideutschen mit Antisemitismus-Vorwürfen belegten bekannten Schauspielerkollegen Rolf Becker. Ich habe da selbst sehr viel ausgeführt und gesungen und dieser Satz, zu dem ich inhaltlich voll stehe, war nur ein Teil davon. Er lautete, Antisemitismus sei dem Massenmord vorbehalten. Er hieß nicht, Antisemitismus begänne beim Massenmord. Allenfalls: Antisemitismus endet im Massenmord. In Wirklichkeit habe ich also ausgeführt, dass es einen »Antisemitismus light« als »Kavaliersdelikt«

nach der Shoa nicht gibt, sondern dass es immer – in spe oder posthum – subkutan oder offen diesem Massenmord verbunden und vorbehalten bleibt, auch wenn man heute (aber nachweislich!) antisemitisch gehetzt wird.

Ihre Einseitigkeit wird auch deutlich, wenn Sie zwar Hubertus Knabe mit dem ehrenwerten Titel »Historiker« bezeichnen, aber bei Horst Winterstein nicht einmal darauf hinweisen, dass er hessischer Innenminister war. Auch Erika Steinbach erfährt Aufwertung, indem Sie sie zwar »frühere CDU-Abgeordnete« nennen, aber nicht erwähnen, dass sie Vorsitzende der AfD-nahen Desiderius-Erasmus-Stiftung ist.

Dann schreiben Sie, mein SPD-Rechtsbeistand Winterstein (mit dem ich 1996 die straffreie Einstellung des SPD-Ausschlussverfahrens erwirken konnte) habe nur behauptet, gegen mich läge eine Fahndung der Stasi nach 1977 vor. Der entsprechende Fahndungsbefehl existiert aber tatsächlich, und hätten Sie bei mir nachgefragt oder sich in bestimmten Medien nicht einseitig informiert, hätten Sie dieses Dokument auch längst in Kopie.

Vielmehr steht in »meiner« Akte beim MfS (der man auch hier nicht unbedingt glauben muss), dass ich mich strikt geweigert hatte, über Jürgen Fuchs, Wolf Biermann, Rudolf Bahro etc. irgendwelche Auskünfte an irgendjemanden im Osten weiterzugeben. Auch dieses ist im Fahndungsbefehl gegen mich als harter »Vorwurf« nachzulesen. Den Sie aber auch zur Kenntnis zu nehmen verweigern.

So tendenziös wie in den Fällen Stasi, Maidan und Antisemitismus ist Ihre ganze Berichterstattung und hat dafür gesorgt, dass mir im künstlerischen Bereich mittlerweile vier valutierte Bühnenverträge, künstlerische Präsentationen usw. gekündigt wurden, übrigens jeweils mit einem gezahlten Schadensersatz, der mittlerweile bei über 25 000 Euro liegt. Immer wurde dabei auf Wikipedia-Einträge verwiesen. Ich werde dies in einer künftigen Publikation noch etwas deutlicher machen. Ich kann Sie zur Abwendung weiterer Rechtskonflikte nur auffordern, die Einträge zu korrigieren,

und teile Ihnen mit, dass ich ansonsten eine sorgsam vorbereitete Gegenkampagne gegen Sie durchführen werde.
Hochachtungsvoll
Dr. Diether Dehm

Der gesamte Wikipedia-Eintrag zeichnet nun schon über Jahrzehnte einen abschreckenden Menschen, mit dem besser nicht »auf Grußfuß zu bleiben ist« (Brecht), dessen Skalp selbst Hobbyjäger in Provinzzeitungen einlädt und mit dem man sich durch berufliche Zusammenarbeit öffentlich unmöglich macht. Hilfsbereite Aktionen von mir wurden stattdessen immer wieder gelöscht. Wer an mir positive Beobachtungen gemacht hat, kommt nicht vor in den Einträgen. Was spontan bei meinem Namen aufploppt, liest sich wie vier lange Anklagebegründungen zu folgenden vier Abweichungen, »die die Obrigkeit gezeichnet hat« (Brecht). Und ganz vorne ist natürlich die Stasi angeführt:

1. Zusammenarbeit mit dem Ministerium für Staatssicherheit
https://de.m.wikipedia.org/wiki/Ministerium_f%C3%BCr_Staatssicherheit
»In den 1970er Jahren wurde Dehm vom Ministerium für Staatssicherheit (MfS) als Inoffizieller Mitarbeiter geführt. Dehm erklärte dazu, dass das MfS ihn abgeschöpft habe …«
Dann folgen zwei Seiten mit Teil- und Unwahrheiten.

Wikipedia, in naturwissenschaftlichen Fragen unersetzlich, verpachtet seine dort erworbene Credibility offensichtlich an staatliche und paramilitärische Geheimdienste sowie mediale Kopfgeldjäger für deren ständiges Rufmordarchiv gegen öffentliche Störer der unöffentlichen Ordnung. 2017 brachten die Enttarnungen bei Wikipedia-Manipulationen durch den unerschrockenen Investigativjournalisten Dirk Pohlmann und seinen Partner Markus Fiedler mehr Licht in diese Unheimlichkeiten.

Aber sei's drum: ein unauffälliges Leben hätte ich nicht führen wollen. Und auf soviel Steckbriefe muss man als Dissident gegen Monopolfreiheit erst mal kommen!

1.
Der erste Skandal, »Stamokap« 1972

1971 schalteten SDS-Größen angesichts der zurückgehenden Demo-Bereitschaft auf eine sogenannte Stadtguerilla-Strategie um. Ich fand das grotesk, hatte mich stattdessen auf die Spuren der echten Guerilleros, der Partisanen gegen Mussolini und Hitler in Italien, Jugoslawien und Griechenland begeben, mit Kamera und Kassettenrecorder alte Kämpfer im Ossolatal ausfindig gemacht und porträtiert. Später entstanden daraus mein Roman und meine neue deutsche Version des Liebeslieds »Bella Ciao«.

Cohn-Bendit, Monika Seiffert und andere eröffneten die antiautoritären Kindergärten (angeblich mit freiem Sex). Ich veröffentlichte damals mit 21 Jahren mein erstes Buch »Schulreport« als Frontalangriff auf genau diese antiautoritäre Erziehung. Und dieser ideologische Spalt mit den Spontis, die später die Grünen wurden, war nicht mehr zu kitten. (Das Buch erschien übrigens im Josef-Melzer-Verlag ausgerechnet jenes wunderbaren, internationalistischen Juden, dessen Sohn Abraham Melzer im Stalinschen Gulag geboren wurde. Und der heute, wegen Netanjahu-Kritik, auch von blonden, »arischen« Antideutschen als »falscher Jude«, als »sich selbst hassender, struktureller Antisemit« ausgedeutet und skandalisiert wird.)

Die Arbeiterklasse hatte sich den Spontis verweigert. Die einzigen wilden Streiks bei »Hoesch« und »Glöckner« hatten nicht, wie erwünscht, SDS-Redner eingeladen und, statt »Die Internationale«, den so ähnlich klingenden Schunkler »So ein Tag, so wunderschön wie heute« gesungen. Die alten APO-Häuptlinge begannen die realexistierenden Arbeiter als rückständig abzutun und zu verachten! Somit hatten sie nunmehr ihren Hauptfeind in der DKP, SPD und dem DGB gefunden, nannten sich »Antirevisionisten«.

Ich trat für die Anerkennung der DDR ein. Und für Willy Brandt. Meine alten kommunistischen Lehrer, die ja weit mehr monopolkapitalistische Herrschaft erlebt hatten, priesen seinen Wert: »Der erste Widerstandskämpfer als Kanzler. Und der erste, der Thomas Mann zitiert hatte, nach welchem der ›Antikommunismus die Grundtorheit der Epoche‹ gewesen sei«. Gegen diesen Willy Brandt waren die Hasstiraden der Rechtspresse in einen regelrechten Blutrausch übergegangen. Und Brandt war auch der erste, der – unter der genialen Wahlkampfführung von Albrecht Müller – die Kooperation mit der *Bild* verweigerte. (Später hatte er gar die Größe, seine Berufsverbote gegen DKP-Lehrer als seine größte Dummheit einzugestehen.)

Die Ostverträge, Frieden mit der Sowjetunion, die Forderung nach Anerkennung der DDR sollten Ende 1971 von rechts in letzter historischer Minute gestoppt werden – mit allen legalen Mitteln –; und wie wir heute wissen: auch mit dem BND, den Hitlers Topspion Gehlen (Chef der Militäraufklärung »Fremde Heere Ost«) 1946 mit Adenauer und für den CIA gegründet hatte. Die Mauertoten, Menschenrechtsverletzungen, Zeitzeugen gegen den Stalinismus wurden plötzlich medienbeherrschend. Das Klima führte im Juso-Vorstand Frankfurt, in den ich kurz zuvor als halbprominenter SDSler hineingewählt worden war, zu einer Beschäftigung mit der DDR, die ich vorher, weil feindliches Ausland, ausgeblendet hatte. Rainer Eckert, stellvertretender Juso-Vorsitzender, ein Lehrer mit Diplom für chemikalische Physik, schenkte mir 1971 zu Weihnachten ein Buch über den »staatsmonopolistischen Kapitalismus«. Der Begriff stammte zwar von Lenin, hatte in diversen Imperialismusbüchern in der DDR eine Rolle gespielt, aber war eigentlich ein Buchtitel von Paul Boccara aus Frankreich. Dessen hässliche, wie eine Kreuzung aus »Gestapo« und »Stacheldraht« klingende Abkürzung »Stamokap« hatte für mich einen Vorteil und einen Nachteil:

Er war erstens eine marxistische Grundlage dafür, daß auch wir, vor dem Steuerrecht Selbstständige, also Künstler, Handwerker, Landwirte und Wissenschaftler, in ein breites Bündnis (»Volksfront« oder »antimonopolistisches Bündnis« genannt) gefasst werden konnten. Denn die Monopoltheorie erfasste eine neue, aus dem Kapital herausgewachsene Größe, nämlich das imperialistische Kapital, das aus gestiegener, innerer Renditelogik zu Krieg und zur Beseitigung bürgerlicher Demokratie sowie Gewerkschaften drängte. Dieses Monopolkapital hatte gegenüber dem sogenannten Mittelstand und dem Kleinbürgertum ein entscheidendes Privileg: es konnte diese in Pleiten treiben, um sich deren Kapitalwerte einzuverleiben. Und – es konnte dabei auf staatliche Ressourcen, Rüstungsaufträge, Lobbyismus und politische Repressionsorgane zurückgreifen, um alle anderen Klassen und Schichten, auch die kleinen Kapitalisten, die das selten kapierten, zu unterwerfen.

Außerdem konnte mit dem wissenschaftlichen Begriff des »Monopolkapitals« (auch »Großkapital« und »Finanzkapital« genannt) auch der Faschismus besser begriffen werden, der in zeitlich kurzen kapitalistischen Regimes ein inner- und außerstaatliches Blutbad unter den entfalteten Konkurrenten und Gegnern der jeweiligen imperialistischen Macht anrichtete. Es war möglich, gegen diese staatsterroristische Speerspitze des Monopolkapitals in sehr breiten populären Bündnissen aller Arbeitskraftverkäufer mit Mittelschichten, Kulturschaffenden und sogar Religiösen zu denken und zu handeln. In Chile arbeitete der Sozialdemokrat Salvador Allende mit Kommunisten an der »Unidad Popular«, in Frankreich versuchte sich daran François Mitterrand und in Italien steuerten die stärkste kommunistische Partei Europas unter Enrico Berlinguer und Aldo Moro von den Christdemokraten – bis zu dessen Ermordung durch westliche Geheimdienste – auf einen »historischen Kompromiss« zu. Mir hat das eingeleuchtet – und tut es übrigens bis heute.

Der Nachteil dieser theoretischen Erkenntnis war: das Wort »Stamokap« wurde – zuerst in der linksliberalen *Frankfurter Rundschau* – zum Schimpfwort, wurde mit der SED in Verbindung gebracht, sodass jeder, der sich darauf berief, in die Nähe von Ostagenten gerückt werden konnte. Dies betrieben einige Juso-Funktionäre, unterstützt von Medien. »Stamokap-Jusos« gab es nicht nur in Frankfurt, der Kernstadt des »linken« Antikommunismus, sondern auch in Hamburg, Berlin, Bremen, Ostwestfalen und München. Der Stamokap-Streit wuchs sich allmählich zu einer Staatsaffäre aus. Bücher erschienen dazu, es gab SPD-Ausschlüsse, Entlassungen aus öffentlichen und Parteiämtern, anonyme Anrufe und Drohungen.

In dieser Zeit erkrankte mein 47-jähriger Vater an Leberkrebs (er hatte im Betrieb in einem Keller voll offener Chemiefässer arbeiten müssen), was mich bis heute noch gelegentlich traumatisch verfolgt. Ihn liebte ich. Er war als 17-jähriger Soldat eingezogen und einige Ausbildungsmonate später als Panzerfahrer in Griechenland und Jugoslawien eingesetzt worden. Seit seiner Rückkehr aus britischer Gefangenschaft in Saloniki (wo die Fußballerfreundschaft mit Willibald Kreß entstand) hatte er sich mehrfach entschieden gegen jede Aufrüstung und die Bundeswehr ausgesprochen. (Ein dreispaltiges Interview mit Otto Dehm in einer Ostermarschzeitung 1968 endet mit folgenden Worten: »Also von mir aus: Weg mit der Bundeswehr und Verwendung der vielen Milliarden für soziale Zwecke.«

Dies war ein Hammer, weil er ein sehr bekannter Fußballspieler und später Spielerberater der Nationalmannschaft bei Sepp Herberger und Helmut Schön war (*Frankfurter Rundschau:* »Otto Dehm gehörte zu den Spielern, die zwischen Kassel und München jedes Kind kannte … Sein fulminantes Verteidigerspiel gaben dem ›Bornheimer Beton‹ die südländische Note.«)

Sein antimilitaristisches Engagement (ähnlich dem von Fritz und Ottmar Walter) war für mich eine großartige Sache.

Otto Dehm mit
Sepp Herberger

Otto Dehm mit Helmut Schön und Nationalspielern

> Otto Dehm gehörte zu den großen Fußballern aus Frankfurt. Als der harte, linke Verteidiger wurde er in Deutschland bekannt. Er war bis vor einigen Jahren Spielausschussvorsitzender des FSV.
>
> Frage: Herr Dehm, Sie haben, wie viele Deutsche, damals Ihre Erfahrungen im Krieg gemacht?
>
> Dehm: Ja, ich wurde 1942 als achtzehnjähriger Junge eingezogen und nach einer vierteljährigen Ausbildung als Panzerfahrer nach Ungarn, Jugoslawien und Griechenland geschickt.
>
> Ich wünsche niemandem, das alles erleben zu müssen, was ich, als ich noch nicht einmal volljährig war, mitgemacht habe. (...)
>
> (...) Weg mit der Bundeswehr! Und Verwendung der vielen Millionen für soziale Zwecke.

Ausschnitt aus Friedenszeitung, 1968

(Später erfuhr ich noch, eher verschämt, dass sein Vater, also mein Opa, den ich nie kennenlernen konnte und der Mülleimerleerer gewesen war, während der Panzerfahrerei seines Sohns auf dem Balkan von den Nazis ins Lager weggesperrt und zu Tode gebracht worden war. All das wurde für mich, einen 21-Jährigen, der früh zuhause ausgezogen war und sich entwurzelt fühlte, ein fester Bezugspunkt bei der Anschauung der Welt.)

Als die Konflikte in der Presse eskalierten und alle Zeitungen auf Rainer Eckert und mich als »Eckert-Dehm-Gruppe« (eine Wortkreation von Oberbürgermeister Rudi Arndt) eindroschen, verschlimmerte sich der Zustand meines Vaters, den ich jeden Tag am Krankenbett besuchte. Der Anführer der rechten Jusos hieß Karsten Voigt, war Bundesvorsitzender der Jusos und später mehrfach mein Gegenkandidat für die Bundestagskandidatur. Er wurde von Frankfurts SPD-

Führung und deren Apparat sowie von der Mehrheit der hessischen Spitzenfunktionäre unterstützt – und natürlich von sämtlichen Frankfurter Zeitungen, die immer neue und wildere Stories über die »Stamokaps« veröffentlichten. In unserem Juso-Vorstand gab es auch nachdenkliche Kräfte, wie Wolfgang Fieg (heute Linkspartei) und Wolfgang Streeck (heute einer der bedeutendsten Sozialwissenschaftler und EU-Kritiker), denen Rainer Eckert zu unflexibel erschien und die zu uns auf Distanz gingen. Nachdem Fieg später, im Herbst 1972, unter diesem Druck als Frankfurter Juso-Vorsitzender zurückgetreten war, wurde Eckert amtierender Vorsitzender und ich sein Stellvertreter.

Drei Angriffslinien hatten sich in diesen Wochen wie eine böse Wolke über mir zusammengezogen: Die CDU hatte vier besonders DDR-feindliche FDP-Bundestagsabgeordnete zum Fraktionsübertritt geködert und dann, als die rot-gelbe Koalition in die Minderheit bröckelte, ein Misstrauensvotum für das Frühjahr 1972 eingeleitet. Die rechten Jusos drängten gleichzeitig auf eine Abwahlveranstaltung des amtierenden Juso-Vorstands wegen Kommunisten-Nähe. Eine Krebs-Operation meines Vaters ergab, dass er nur noch wenige Wochen zu leben hatte.

Der Juso-Vorstand, soweit er loyal zum amtierenden Vorsitzenden Rainer Eckert stand, stürzte sich in die Arbeit einer Großkundgebung am 27. April, dem Tag des geplanten Misstrauensvotums gegen Willy Brandt. Wir versuchten, was im SPD-Vorstand zunächst nur Kopfschütteln hervorrief, am Unterbezirksvorsitzenden Fred Zander vorbei, drei Betriebsbelegschaften zu einem politischen Streik für Willy Brandt zu motivieren, um die Kundgebung auf dem Opernplatz nicht nur mit Studenten und Schülerinnen zu füllen, sondern endlich auch mit realexistierender Arbeiterklasse.

Zwei Tage vor dem Misstrauensvotum in Bonn am 27. April tat ich etwas, was mir die *Frankfurter Rundschau*, bei all ihrer Sympathie für Willy Brandt, besonders übel nahm. Wolfgang Fieg war an diesem Tag verhindert, weil er im öffentlichen Dienst war und dort auch für die Demoteilnahme werben musste. Eigenständig bat ich Lothar Becker, einen kommunistischen Betriebsrat der Adlerwerke, den ich bereits in der Schülerbewegung als Referent bemüht hatte, gemeinsam mit dem stellvertretenden IGM-Betriebsratsvorsitzenden von »Hartmann&Braun«, Gerhard Schelbert, einem SPD-Genossen Kelly vom Stadtwerke-Personalrat sowie DKP-Vorstandsmitglied Willi Malkomes vom IG-Chemie-Betriebsrat der Degussa-II-Werke und dem DKP-Vorsitzenden von Frankfurt Rudi Maurer, in das Juso-Büro (im Parteihaus, Fischerfeldstraße). Dort trafen wir uns mit Juso-Vorstandsmitglied Rudi Welzenheimer, Ewald Bertolt und, da er als Physiklehrer schulfrei hatte, auch Rainer Eckert zu einem gemeinsamen Aktionsgespräch, das leider noch währenddessen in der *Frankfurter Rundschau* bekannt wurde. Deren linker Kommunistenjäger, Lokalredakteuer und zuständig für die Jusos, Claus Gellersen rief mich noch am Nachmittag im SPD-Haus an und horchte mich aus. Die drei Kommunisten hatten bereits das SPD-Haus verlassen.

Unser Ziel war, neben der Mobilisierung von Auszubildenden (und in den Stadtteilen über die Ortsvereine der Partei) mit dem Personalrat der Frankfurter Stadtwerke eine Betriebsversammlung einzuberufen, sozusagen als ein Fanal der sozialdemokratischsten und gewerkschaftlich höchstorganisierten Belegschaft. Hierauf sollten die beiden Metallbetriebe Adler, Hartmann&Braun und dann Degussa II folgen. Die beiden Trotzkisten im Frankfurter Juso-Vorstand, die ansonsten in jeden Aktionismus vernarrt waren, lehnten plötzlich all diese Aktionen ab, weil sie die Ostverträge für eine Sache des Großkapitals erklärt hatten. Sie standen auf der Gegenseite und wünschten stattdessen den Rücktritt von Rainer Eckert und mir, weil wir Kommunisten ins Juso-Büro gelassen hatten. Diese Lambert-Trotzkisten hatten gegen die Ostverträge und »das heimliche Kommunistentreffen im SPD-Haus« nur lupenrein »linksradikal klingende Argumente«, die von Karsten Voigt, dem späteren Einpeitscher von SPD-Kanzler Schmidts atomarer Nachrüstung, bruchlos übernommen wurden. Was der Jusovorstand für den Opernplatz am

27. April, während der schicksalhaften Bonner Abstimmung, mobilisiert hatte, wurde als »autoritär-putschistischer Alleingang« zu den Rücktrittsgründen der »Dehm-Eckert-Gruppe« addiert. Damals habe ich zum ersten Mal hautnah erfahren, wie Positionen von Reaktionären und Kriegstreibern in linksklingende Phrasen transponiert wurden. (Später verfeinerten rosa-grünliche und antideutsche Medienmacher diese »Frankfurter Methoden« zu höchster Raffinesse. Zum Beispiel begründete Sponti Joschka Fischer die Bombardierung Belgrads mit dem »Auftrag von Auschwitz«, die Menschenrechte hielten für NATO-Terror her und mit vorgeblichem Internationalismus sollte später jede Kritik an der EU&Euro sowie Aktionen gegen das Raketenzentrum in Ramstein als »Querfront« diffamiert werden.)

Aber in diesen Apriltagen 1972 kostete jene Demagogie nur ein paar Telefonminuten. Zuspruch erhielten wir plötzlich aus Bonn: nicht von unserem Frankfurter Parteivorsitzenden Fred Zander, der auch Staatssekretär war, sondern vom Koordinator im Bundeskanzleramt, Albrecht Müller, auf dessen Konto dann im Spätsommer der geniale Willy-Wahlkampf ging – mit dem höchsten Ergebnis, das ein nationaler Wahlkampf für die SPD je erbracht hatte. Er ermutigte mich in einer Nachricht, die der Pförtner im Parteihaus für uns notiert hatte: »Genau so weiter machen. Öffentlich Druck, damit Willy eine Chance kriegt!«

Während der vereinbarten Betriebsversammlung telefonierte ich mit dem stellvertretenden Personalratsvorsitzenden der Stadtverwaltung Frankfurt, dann mit dem Betriebsratsvorsitzenden der Degussa-Werke II und mit Lothar Becker in den Adlerwerken. Die Lage schien hoffnungslos. Die Betriebsversammlung in den Adlerwerken war völlig unentschlossen. Irgendein CDU-Gewerkschafter hatte mit dem *FR*-Artikel herumgefuchtelt, in welchem zu lesen war, wie Jusos und Kommunisten »von außen« einen Streik anzetteln wollten und wonach Teile der SPD-Führung dies sogar als »Putsch« verurteilt hatten. Auch bei der Stadt tobte eine ähnlich kontroverse Diskussion während der Personalversammlung. Ich hörte durch die Telefonmuschel aufgeregte Stimmen schreien: »Soll ich meine Familie aufs Spiel setzen?« oder »Politische Streiks sind rechtlich nicht geschützt.« Auch bei Degussa II wagte der Betriebsrat keinen Streik zu beschließen. Gerhard Schelbert konnte bei »Hartmann & Braun« nicht ans Telefon kommen, ließ uns aber über den IGM-Vertrauenskörper vom Betriebsratszimmer aus ausrichten, dass es schlecht aussehen würde, solange kein anderer Betrieb vorher den Streik entschieden hätte. Irgendwann reichte es mir und zum Erstaunen meiner Mitgenossen im Juso-Vorstand wählte ich den stellvertretenden Personalratsvorsitzenden der Stadt Frankfurt an, um ihm mitzuteilen, die Adlerwerke hätten soeben den Streik beschlossen. Er hielt den Hörer weg, schrie die Nachricht in den Saal und erntete ... Jubel! Dann aber folgte Stimmengewirr, und er, ganz Sozialdemokrat, fragte mich nach der Nummer des Kollegen im Betriebsrat der Adlerwerke und ob der nicht Kommunist sei. Ich gab ihm die Nummer, hängte sofort ein und wählte, so schnell ich konnte, die Nummer von Lothar Becker, um ja dem anderen Anruf zuvor zu kommen. Ich flehte den Kommunisten an, beim nachfolgenden Anruf die Notlüge mitzuspielen, aber den Hörer dann unbedingt sofort an ein SPD-Mitglied im Betriebsrat zu übergeben.

Dann rief ich Willi Malkomes von der DKP an. Die Stimmung sei zwar gut, aber die Kollegen könnten sich immer noch nicht entscheiden. Daraufhin erklärte ich ihm, die Stadtwerke hätten soeben beschlossen zu streiken. Er rief das in seine Betriebsversammlung. Nach einer Minute, die ich am Telefon mithören konnte, gab es eine Abstimmung, bei der fast 80 % für den sofortigen Streik stimmten. Mit dieser Erfolgsnachricht rief ich nun wieder bei der Stadtverwaltung an und gab denen die Nummer des sozialdemokratischen Betriebsratsvorsitzenden der Degussa-Werke. Kurz und gut: vier Betriebe streikten und zogen mit eilig selbstgemalten Pappschildern um zum Opernplatz. Die Kundgebung war alleine von den Jusos angemeldet worden und es waren am Ende über 15 000 Menschen! Und dies nach 48 Stunden Mobilisierung. Damals noch ohne Handy und Internet. Schließlich entschied sich sogar der zaudernde Zander dazu, auf der Bühne zu sprechen. Nach der Kundgebung – es waren noch Tausende am Opernplatz – standen Menschen vor Wohnungen mit offenen oder geschlossenen Fenstern und sahen die Übertragung aus dem Bundestag. Vor dem Fernsehgeschäft »Radio Bank« am Opernplatz drängte sich eine Traube von Bürgerinnen und Demonstranten. Der Club Voltaire, keine drei Gehminuten entfernt, hatte ein Kofferradio ins Fenster des ersten Stocks gestellt, vor dem 200 Menschen standen. Um etwa 14.00 Uhr wurde verkündet, dass das Misstrauensvotum gegen Willy Brandt gescheitert sei. Über der Frankfurter Innenstadt erhob sich ein Jubel, als wäre soeben das allesentscheidende deutsche Fußballweltmeistertor gefallen. Ich rief meinen Vater, den ich nur an diesem Tag nicht am Krankenbett besucht hatte, an. »Jetzt sollen sie sofort Neuwahlen machen und die ganze Bande weghauen!«, sagte der. Mehr Demokratie habe ich in meinem Leben bis heute nie mehr erlebt.

In diesen Tagen schwebte unser Jusovorstand auf Wolke 7. Mit diesem Erfolg glaubten wir, innerhalb der Jungsozialisten eine deutliche Stabilisierung unserer Position erreicht zu haben. Plötzlich erschien aber ein Artikel in der *FR*, in welchem mich ein Sprecher des Sozialistischen Büros beschuldigte, ich hätte gemeinsam mit dem illegalen KPD-Vorsitzenden Max Reimann als einem von sechs Rednern eine Konferenz für Angela Davis (die als farbige Kommunistin in St. Quentin in einer Zelle neben der Gaskammer eingesperrt war) anberaumt, ohne vorher mit SPD- oder Juso-Vorstand gesprochen zu haben. Zwar war dies nur ein erstes Vorgespräch gewesen, und es fand in einer Privatwohnung von Rudi Maurer hinter dem »Bornheimer Prüfling« statt, in der ich schon oft Kaffee getrunken hatte, aber es war in den Medien gelandet. Die Telefone standen nicht still. Die Parteisekretärin überbrachte gar die Frage des Betriebsratsvorsitzenden der Farbwerke Hoechst, ob die DKP nun die Führung der Jusos übernommen hätte.

Da machte ich den Fehler, das Gespräch nicht einfach abzustreiten und damit die vermutlich illegale Quelle (wahrscheinlich ein abgehörtes Telefonat) hinter dem Busch hervor zu zwingen, sondern stattdessen mich und die Vorbesprechung in einem Telefonat mit Klaus Vack vom Sozialistischen Büro offensiv zu verteidigen: was denn groß dagegen spräche, wenn bei einem solchen Angela-Davis-Kongress – neben fünf weiteren nichtkommunistischen Rednern, wie Oskar Negt – auch zumindest ein einziger illegalisierter Kommunist für seine vom Tode bedrohte Genossin eintritt? Die Mehrheit der Führung des Sozialistischen Büros veröffentlichte postwendend einen Beschluss mit dem Inhalt, dass »ein Kongress für Freiheit keine Plattform bieten« dürfe für Befürworter des Stalinismus. Mit diesem Vorwurf lud nun Karsten D. Voigt am 27. Juni in den kleinen Saal des Gewerkschaftshauses in der Wilhelm-Leuschner-Straße zu einer »undogmatischen Basis-Versammlung« gegen den amtierenden Juso-Vorstand und zu dessen Abwahl. Dazu war ein Mitgliederbegehren per Unterschriften auf den Weg gebracht, den Parteivorstand aufzufordern, am 8. Juli 1972 eine außerordentliche Juso-Jahreshauptversammlung mit dem Tagesordnungspunkt »Neuwahlen« einzuberufen.

Am Nachmittag dieses 27. Juni 1972 war mein leberkrebskranker Vater wegen der Schmerzen im aufgedunsenen Bauch unter Morphium gesetzt worden und er bat mich halluzinierend, irgendwelche Raben von seinem Bett im Markus-Krankenhaus zu verscheuchen. Eine notwendige Zahnbehandlung für ihn hatte der Oberarzt mir gegenüber abgelehnt: »Herr Dehm, Ihr Vater stirbt!«

Ich war aus dem Krankenhaus wie nach einem Schlag vor den Kopf geschlichen. Um mich drehte sich alles und ich habe geheult wie ein Schlosshund. Von dort fuhr ich ins Gewerkschaftshaus, um der feindseligen Versammlung von circa 100 jüngeren SPD-Mitgliedern beizuwohnen. Der Rest des Juso-Vorstands wollte sich das nicht antun. Es ging mit grotesken Plattheiten gegen die Stamokap-Theorie, Eckert und Dehm wollten einen Staatskapitalismus wie in der DDR.

Dazu sollen SPD und KPD zu einer SED-West vereinigt werden, wie am Beispiel Angela-Davis-Kongress überdeutlich würde. Als ich mich meldete, um zu erklären, dass ich mitnichten feste Verhandlungen mit den Kommunisten geführt hatte, trug Karsten Voigt ein Protokoll des Telefonats mit Klaus Vack vor. Dieses überführte mich insofern als willfährig, als ich zugunsten von Max Reimann sogar auf mich, als einen eigenen Juso-Redner, verzichtet hatte. Ich meldete mich zu Wort, durfte aber nicht noch einmal sprechen, das sei »hier keine Stamokap-Funktionärs-Veranstaltung. Hier kommt heute nur die Basis dran!« Ich stand auf und rief »Lüge« dazwischen. Daraufhin wurde ich vom Podium zum Hinsetzen und Schweigen ermahnt. Um diesen Wunsch des Präsidiums zu untermauern, schlug mir in ausgelassener Laune ein hinter mir sitzender Sozialdemokrat eine Flasche Bier auf den Kopf, wobei die überschäumende Flüssigkeit über mein Gesicht kleckerte, was zum allgemeinen Gelächter beitrug. Irgendwie knickten mir die Knie weg. Erwacht bin ich dann in der Niederräder Nervenklinik, wo ich zwei Tage blieb. In der *FR* las sich das tags darauf so, dass die reformorientierten undogmatischen Jungsozialisten sich über alle Flügel geeinigt hätten, den amtierenden »Stamokap-Vorstand« abzuwählen und durch antistalinistische Jusos zu ersetzen. Juso-Funktionsträgern wie Bernd Vorlaeufer-Germer und dem Stadtverordneten Hermann Schmitt wurde von Rudi Arndt persönlich angedroht, dass von ihrem Abstimmungsverhalten ihr weiterer beruflicher Werdegang bei der Stadtverwaltung und parlamentarischen Kandidaturen abhängig gemacht werden könnte.

Zur außerordentlichen Jahreshauptversammlung – damals gab es in Frankfurt noch über 10 000 SPD-Mitglieder – kamen noch mehrere hundert Jusos. Noch während der Versammlung waren sämtliche Telefonhäuschen im Niederwälder Umfeld besetzt mit mobilisierenden Kadern beider Seiten. Anwesend waren schließlich 380 Genossinnen und Genossen. Wolfgang Fieg, bereits damals als Verwaltungsfachmann in Formalfragen gewitzt (heute gehört er der Bun-

Juso-Jahreshauptversammlung 8. Juli 1972 im Haus Riederwald. Eine Stunde vor der Endabstimmung über den Abwahlantrag und dem Tod von Otto Dehm 3200 Meter entfernt. Von links: Juso-Vorsitzender Wolfgang Fieg (heute Linkspartei), stellvertretender Vorsitzender Rainer Eckert (heute DKP), Diether Dehm, Bernd Vorlaeufer-Germer (heute Linkspartei)

desschiedskommission der Linkspartei an), verwies auf die Satzungslage: Der Tagesordnungspunkt »Neuwahlen« sei nicht durchführbar, ohne zuvor dem amtierenden Vorstand das Misstrauen ausgesprochen zu haben. Darüber wurde inhaltlich und satzungsformal mehrere Stunden gestritten. Der anwesende Parteisekretär bestätigte die Rechtsauffassung des Genossen Fieg. Die Versammlung einigte sich auf den formalen Kompromiss, über einen neuen Tagesordnungspunkt »Misstrauensvotum gegen den amtierenden Jusovorstand« abzustimmen, was gegen 15.00 Uhr auch getan wurde. Trotz des wochenlangen Pressetrommelfeuers gab es auch nach dreifacher Auszählung nur 163 Abwahlstimmen gegen 182 Neinstimmen und einige Enthaltungen. Der Putsch war gescheitert. Die meisten »gemäßigten« Jusos verließen das Niederwälder Bürgerhaus.

Als wir nach Abschluss der Jahreshauptversammlung im Gartenlokal des Hauses Riederwald saßen, erreichte mich der Anruf, dass mein Vater soeben gestorben sei. Am einzigen Tag, an dem ich ihn nicht besuchen konnte. Für die FR und für Karsten Voigts »Reformflügel« war dieses demokratische Votum allerdings nichts, was sie akzeptieren wollten, und der publizistische Kleinkrieg gegen uns »Stalinisten« ging unvermindert weiter.

Oberbürgermeister Rudi Arndt, dessen Sohn Günter selbst zu den Stamokaps gehörte und dessen Bruder Günter DKP-Mitglied und Vorsitzender der Holzgewerkschaft war, ließ nach der Sommerpause 1972 einen Unterbezirks-Parteitag der Frankfurter SPD eigens zu dem Zweck wiederholen, Rainer Eckert, der zunächst den sicheren Platz 11 auf der Stadtverordnetenkandidaten-Liste in einer demokratischen, geheimen Wahl erreicht hatte, von der SPD-Nominierungsliste zu streichen. Alle möglichen Nachforschungen und Lügen über ihn und mich, persönliche Freundschaften mit Kommunisten, sogar Teilnahme an VVN-Bündnissen mit DKP-Leuten gegen die NPD, »Befehle aus der DDR« wurden ins mediale Feld geführt. Dies wurde von sämtlichen Frankfurter Zeitungen begrüßt und befeuert. Ihre »gemäßigten« Juso-Stars hießen Peter Klein und Karsten Voigt. Wolfgang Fieg gehörte nicht zu den »Stamokaps«, setzte sich aber solidarisch gegen den Sonderparteitag ein.

Im tief »links-antikommunistisch« (eine damals noch besondere »Frankfurter Spezialität«) gefärbten SPD-Unterbezirk war ich endgültig zum Fremdkörper geworden, denn von nun an stand mein Name mit der »Dehm-Eckert-Gruppe« wochenlang als »Kommunisten-Fellow-Traveler« in den Zeitungen.

Bedauerlicherweise taten Rainer Eckert und 32 seiner Freunde der Parteiführung dann den Gefallen, aus der SPD auszutreten. 19 traten in die DKP über. Ich war zuvor durch einen Übertrittswilligen aufgefordert worden, mitzugehen oder »halt mit verbranntem Namen auf verlorenem Posten als vogelfreie Minderheit oder als marxistisches Feigenblatt in der SPD zurückzubleiben«. Niemand Geringeres als der Frankfurter DKP-Vorsitzende Rudi Maurer riet mir nach Abwägungen, die marxistisch orientierte Position im linken SPD-Flügel nicht kampflos aufzugeben; also nicht mit in die DKP zu gehen.

Wer heute die Zeitungsarchive durchstöbert, wird aus dieser Zeit nicht einen einzigen entlastenden Artikel in allen vier Frankfurter Tageszeitungen für den amtierenden Juso-Vorstand oder etwas Kritisches zur SPD-Obrigkeit finden. Von den ausgetretenen Jusos wurde ich die erste Zeit wie ein Feigling behandelt, weil ich nicht auch übergetreten war. Aber auch in solchen Konflikten kann man Hölderlin begreifen lernen: »Wo aber Gefahr ist, wächst das Rettende auch«. Ich fühlte mich innerhalb der Jusos mutterseelenallein. Aber dieser öffentliche Skandal zog plötzlich auch neue Kräfte an, die sich bis dahin bedeckt gehalten hatten. Da ich als rethorisch und organisatorisch talentiert galt und kein ganz unbekannter Name in Frankfurt war, lud man mich noch während der Beerdigungsfeier für meinen Vater, die auch von vielen Kriegsgegnern besucht wurde, zu einem Treffen ins Walter-Welker-Falkenhain ein. Ich sollte dort über die Stamokap-Thesen vor jungen Genossinnen und Genossen referieren und wurde dann plötzlich gefragt, ob ich als Vorsitzender der Frankfurter »Sozialistischen Jugend Deutschlands – Die Falken«, der SPD-nahen Kinder- und Jugendorganisation, eventuell kandidieren würde. Bei diesen Schulungsveranstaltungen lernte ich neue großartige, analytisch gescheite und antiimperialistisch kämpferische Genossen kennen, die nur zum Teil SPD-Mitglieder waren, wozu Klaus Willkomm-Wiemer, Rolf Knöbel, Rüdiger Deissler, Thomas Ewald, Christa Desoi, Andrea Groh, Peter Feldmann, Hedi und Christian Tschierschke, Arno Roth und Theresa Jungwirth zählten. Innerhalb der »Falken« bildete sich ein neues Kollektiv gegen den Meinungsterror der *Bild* und die atomaren Aufrüstungspläne der NATO, aber vor allem orientiert auf gewerkschaftliche Bildungs- und Mobilisierungsarbeit. Aber das ist schon ein späteres Kapitel.

Mehrfach ploppte in der SPD der alte Stamokap-Konflikt wieder auf. Wenige Monate nach dem Austritt der mittlerweile fast 40 Jungsozialisten (einem Aderlass, von dem sich die SPD-Jugend in Frankfurt nie wieder ganz erholen sollte), gab es 1974 einige Solidaritätskundgebungen für die portugiesische »April-Revolution der Nelken«, die die Faschistendiktatur Salazar/Caetano durch eine linke Militärregierung mit einem von Kommunisten um Alvaro Cunhal und undogmatischen linken Revolutionären (zum Beispiel dem General Otelo Saraiva de Carvalho) ersetzten.

Für uns marxistisch orientierte Sozialdemokraten, die wir uns selbst ungern Stamokaps nannten, lieber aber »Antiimperialisten«, kam diese Befreiung vom portugiesischen Faschismus nach der mörderischen Machtübernahme der CIA in der Person des faschistischen Diktators Pinochet in Chile im September 1973 wie eine Art Trost. Sie löste irgendwie einen depressiven Krampf, der mit den ständigen Mordnachrichten aus dem chilenischen Untergrund einhergegangen war.

Die Revolution in Portugal begann zu den Klängen des Liedes »Grandola, Vila Morena« im katholischen Radiosender »Renascenca«. Westliche Geheimdienste und bedauerlicherweise auch die Friedrich-Ebert-Stiftung in Portugal arbeiteten bereits wenige Wochen nach Antritt der antifaschistischen Regierung daran, das neue linke Bündnis zu entzweien, später die scharfe, kurzfristig verabschiedete linke Verfassung Portugals aufzuweichen und die Revolutionäre in der Regierung, namentlich die Kommunisten Alvaro Cunhal, Costa Gomes und Vasco Goncalves, durch gemäßigte Sozialdemokraten um Mario Soares zu ersetzen. (Immerhin hat selbst die aufgeweichte neue Nationalverfassung der Nelkenrevolution kürzlich die EU-Troika daran gehindert, die drakonischen Sparmaßnahmen von Griechenland auch über Portugals Werktätige zu exekutieren. Der dortige Staatsgerichtshof hob zum Beispiel 2015 die Kürzung der Gehälter von Lehrern, Erziehern und Richtern unter Berufung auf eben diese Nationalverfassung auf.)

Klaus Willkomm und zahlreiche in der SPD verbliebene

Zusammen in Lissabon mit António Guterres vor dessen UN-Wahl

junge Sozialdemokratinnen und Sozialdemokraten, die nun neu an die Seite der Stamokap-Minderheit gerückt waren, gaben eine öffentliche Erklärung ab, in der sie sich an die Seite der Revolutionsregierung stellten und das Treiben der rechten Sozialdemokraten in Portugal verurteilten.

Die portugiesische Nelkenrevolution hatte eine halbe rechtssozialdemokratische Konterrevolution zu verkraften, an deren Ende jene Macher und Strategen, die den antifaschistischen Militärputsch besonders innerhalb des in Angola stationierten Kolonialheers clever und geduldig vorbereitet hatten, wieder auf der Flucht waren. Mit dem Ende des rechten Interimspräsidenten Spinola (dessen rechten Putschvorbereitungen und Waffensammlung Günter Wallraff durch ein im *Stern* veröffentlichtes Husarenstück auf die Spur gekommen war und verhindert hatte) gelangte Soares in die Regierung. Frühere Revolutionäre, die an der Verstaatlichung der profaschistischen Großkapitalisten festgehalten hatten, wurden dennoch verfolgt. Selbst in meiner Zweizimmerwohnung in Frankfurt musste ich den einstigen Oberbefehlshaber Otelo de Carvalho, das Hirn der »Nelkenrevolution«, tagelang verstecken. Jedoch konnte die Kommunistische Partei unter dem Dichter und Strategen Cunhal nicht CIA-wunschgemäß zerkleinert werden, sondern erholte sich von ihrer ersten Wahlniederlage mit 12 % bald wieder in Richtung 20 %. Schließlich kam es zu einer Amnestie, nach der Carvalho wieder in die mit seiner Hilfe vom Faschismus befreite Heimat zurückkehren durfte. Erst 2001 wurde er endgültig von ihm zur Last gelegten Anschlägen freigesprochen.

Unsere Juso-Falken-Solidarität mit der Revolution vom 25. April 1974 schwand in der sozialdemokratischen Funktionärsschaft dahin – wenngleich nicht ganz spurlos, obwohl die meisten Ausgeschlossenen und dann Ausgetretenen nun bei den Grünen Aufbauarbeit leisteten. Denn wir gründeten eine Kulturinitiative e.V., welche Künstler und Politiker wie den Liedermacher des Revolutionslieds »Grandola, Vila Morena«, Jose (»Seca«) Afonso und seine Combo zum 1. Mai 1978 nach Frankfurt holten. Dank meiner Konzertmanagement-Erfahrungen veranstaltete ich mit ihnen eine sehr gut besuchte Tournee durch Westdeutschland, bei der auch der niedersächsische Kultusminister Peter von Oertzen, Detlev Albers und viele andere linkssozialdemokratische Funktionsträger gemeinsam mit de Carvalho auftraten. Bei meinem Gegenbesuch in Lissabon machte mich Afonso dann auch mit Sozialdemokraten bekannt, die weiterhin zu den nationalen Zielen der antifaschistischen Revolution standen. Aus dieser Zeit stammt auch meine freundschaftliche Beziehung zu António Guterres, dem späteren Ministerpräsidenten und heutigen UN-Generalsekretär.

Obwohl unter den mediengestützten Repressionen durch den SPD-Vorstand unsere Solidarität mit der portugiesischen Revolution und deren Protagonisten im Kern fortbestand, gab es über die Art der Verteidigung taktische Differenzen. Die Zeitungen waren erneut voll davon, dass die »Stamokaps« ihr grässlich SED-affines Haupt wieder erhoben hätten und Rudi Arndt, in gewohnter Manier, setzte den Unterzeichnern erpresserisch eine Frist von drei Tagen, um sich entweder von dieser Portugal-Soli-Erklärung, die wir gemeinsam unterschrieben hatten, zu distanzieren, oder aus der Partei geworfen zu werden. Ich legte eine modifizierte Erklärung vor, in der ich versucht hatte, die Formulierungen »ausschluss-sicher« neu zu fassen. Andere beharrten auf dem ursprünglichen Text. Ein Großteil derer, die ausgeschlossen worden waren, beispielsweise Richard Ulmer, gründete daraufhin die Hessischen Grünen. Auch von diesem Aderlass hat sich die SPD bis heute nicht erholt. Klaus Willkomm wurde ausgeschlossen und begann mit der Arbeit bei den Falken, bei denen wir dann gemeinsam die Bildungsarbeit übernahmen und auch spontan eine sehr freundliche Resonanz auf marxistische Positionen erhielten. Zunächst wurde ich dort Frankfurter Vorsitzender, dann stellvertretender Landesvorsitzender und dann amtierender Bezirksvorsitzender. Als dann Parteivorstand und Falken-Landesvorstand damit drohten, unsere kürzlich eingestellte Falken-Bildungsreferentin Helge Knüppel, nur weil sie mit dem Kommunisten Eberhard Dähne in einer Wohngemeinschaft lebte, zu kündigen, wehrte sich unsere Minderheit dagegen mittels Unterschriftenaktionen und einer größeren Veranstaltung mit Professor Wolfgang Abendroth. Da war auch hier der alte SPD-Konflikt um die Zusammenarbeit von Sozialdemokraten mit Kommunisten wieder aufgebrochen, der dann mit meiner Absetzung und meinem Falken-Ausschluss 1977 einen vorübergehenden Abschluss fand. Aber davon später.

2.
Aktion Winterreise 1976 und Nachfolge-Skandal 1996

Am 26. November 1976 hämmerte es kurz nach 5.00 Uhr morgens im Treppenhaus der Humboldtstraße 86. Ich tauchte aus einem Traum auf, in dem ein Kirchenturm vor meinen Füßen eingestürzt war und kapierte erst kurz drauf, dass das Krachen von meiner Wohnungstür stammte. Davor standen bis an die Zähne behelmte Uniformierte. Und noch von unten ertönten abgehackte Brüller und von dem Stockwerk über uns herrisches Johlen. Ich starrte in eine Maschinenpistole des vordersten Rüpels, der mich anbellte, zur Seite zu treten. Mein Hund, ein kleiner verträumter Setterverschnitt, kam ängstlich aus der Küche. »Mach das Vieh weg, sonst ist der das erste, was hier umgeht!« Kleinlaut brummte ich »Der macht gar nichts!« – »Scheißegal, was der macht oder nicht. Du leinst den jetzt irgendwo ganz weit hinten an. Hier ist Gefahr im Verzug und da wird net lang rumgefackelt!«

Verdammt, ich fand die Leine nicht. Jede meiner Wühlereien im Kleiderständer neben der Wohnungstür wurde vom Lauf der Maschinenpistole synchron begleitet. Allmählich reimten sich ein paar Mosaiksteine aus Krimis. Ich versuchte mich aus der devoten Stellung raus aufzubauen: »Ich will Ihren Durchsuchungsbefehl sehen!« Und setzte noch ein versöhnlicheres »Das ist doch mein Recht, oder?« nach. Aber auch die Entschlossenheit des Vermummten vor mir war angeschwollen. Auf Stiefelspitzen hochgestellt und mit zu allem entschlossenen Bariton irgendeiner Simultanstimme Clint Eastwoods dröhnte es unter dem Helm hervor: »Hier ist Gefahr im Verzug! Hörst du nicht hin?« Dabei rammte er mir den umgedrehten Schaft der Maschinenpistole von unten zwischen die Beine, so dass ich prustend in die Knie ging. Dann trampelten sie über mich hinweg in die Wohnung, während ein Vermummter den Lauf auf mein Hündchen gerichtet hielt, das viel lieber damit gespielt hätte.

Als ich mich aufgerappelt hatte, den Hund am Halsband haltend, hörte ich aus meinem Arbeitszimmer den ersten Kommentar: »Ei, de Lenin habemä ja aach im Regal.« Daraufhin ertönte ein Rumpeln. Sie hatten das ganze Büchergestell umgekippt. Als ich mich dorthin wandte, drückte mir wieder jemand seine Waffe in den Bauch: »Das Ding ist entsichert. Und Du wärst heutmorsche net dä Äste!« Das Komische war: ich bekam keine Angst. Das war wie bei den NPD-Ordnern im Cantate-Saal Jahre zuvor. Die kamen mit ihren Baseballschlägern auf uns Störer zugerannt, aber in mir und anfänglich wohl auch in meinem Schulfreund Ingo wandelte sich irgendein fehlgeleiteter Hormonschub in eine Art irrsinnige Taubheit; eine Mischung aus Slowmotion und Suff-Omnipotenz bedeutete mir stehenzubleiben, bis ich dann über zwei Stuhllehnen gepurzelt war und wohl irgendwie von ängstlich gewordenen Neonazis zum Krankenwagen vor das Goethehaus geschleppt wurde. Plötzlich erinnerte ich mich: dieser Rausch konnte böse enden. So war ich nach dem Einmarsch der Sowjets in die russische Militärmission in Niederrad »Dubcek, Swoboda« skandierend gerannt und hatte einen Holzknüppel aufs Haupt bekommen, und zwar von einem US-GI, der nicht nur das Vier-Mächte-Abkommen, sondern durchaus auch hier in tiefer, jeden Kalten Krieg überwindenden lustvollen Identifikation die Sowjets zu verteidigen hatte. Else Gromball verband mir später im Club Voltaire den Kopf. Also kam mir der Gedanke, da müsste ich jetzt eigentlich doch Angst bekommen.

Aber sie erreichte mich nicht wirklich. Und ich drückte in aller Seelenruhe den Gewehrlauf zur Seite. Einen Moment lang war der Vermummte verblüfft, dann schlug er mir das Ding auf den Arm. Als Nächstes brachte er sich in Wildwest-Positur und hielt mir die Maschinenpistole vors Gesicht. In diesem Moment flogen die Kisten von meinem Kleiderschrank. Was mit mir los war, weiß ich heute noch nicht, aber ich schrie dreimal, so laut ich konnte: »Hilfe, Überfall!« und erntete noch einen Schlag und ansonsten böses Gelächter. Das Ganze hatte vielleicht drei Minuten gedauert und zum Glück erschien jetzt meine Freundin Christa in der Tür. Sie hatte sich einen Bademantel umgelegt und fragte gallig, was denn hier los sei. Als hätten sie die kleine Tür hinter der zierlichen Frau bis jetzt übersehen, sah der Obervermummte erstaunt herum: »Ist noch jemand hier in der Wohnung?«

In der Küche rumpelten Lebensmittel aus Kühlschrank und Anrichte. Ich verneinte. »Dann bleibt ihr zwei da hinten in dem Zimmer, bis die Kollegen fertig sind.« Das waren sie. Das Telefon war aus der Wand gerissen, die Bücher lagen auf dem Boden verstreut zwischen Briefen, Salzbrezeln und Flugblättern. Die Horde wollte sich nun unser Schlafzimmer vorknöpfen. Plötzlich wedelte der Einsatzleiter mit einem herausgerissenen Bravo-Artikel: »Des sind doch Sie hier?«

Er wies mit geriffelter Stirn fragend auf Fotos hin, auf denen ich neben Udo Jürgens und Ilja Richter im ZDF abgelichtet war: »Ei, der Herr hat ja schon middem Udo und ABBA auf der Fernsehbühn' gestanne. Des sindoch Sie?« War das Häme oder klang da auf einmal leiser Respekt aus seinem Bariton? In dem Moment nahm er den Helm vom Kopf. Ich hatte, auf einem Kissen meinen Hund durch Halsbandhaltung vor der Erschießung bewahrend, einen kahlköpfigen Dreikantschlüsselkopf erwartet, blickte aber in ein weiches, rotbackiges Kaspergesicht. Ich schnaubte auf seine Frage: »Könnte gut sein.« Da klirrte zu Bruch gehendes Geschirr aus der Küche. Und plötzlich rief mein neuer Fan durch den Flur: »Macht halblang, Leute.« Dann lief er in die Küche und ich hörte ihn herumbrummeln. Plötzlich war das Klima richtiggehend locker, und kurz danach war der ganze Spuk aus der Wohnung abgezogen.

Ilja Richter schreibt für BRAVO: Disco '75 –

AUF MEINEN ARM GENOMMEN!

Die letzte „Disco" war die 50. Aber die 50. ist nicht die letzte. Die 51. wird sicher auch eine dufte Sache, aber so eine runde Sache wie die 50. wird erst wieder die 100. (Über die erfahrt Ihr mehr in BRAVO 8/79!)
Mit dieser 50. Disco sind wir der „Kommissar" unter den Shows geworden: Ein Bildschirm-Dauerbrenner, bei dem aber nicht – wie bei Krimi-Master Ode – ein Unbekannter hops geht, sondern sehr Bekannte hopsen.
Zu der 50. kam natürlich nicht ein Vogerl geflogen, sondern eine ganze Reihe Stars. (Stars heißen nicht deshalb Stars, weil sie angestarrt werden, sondern weil die Fans sie so nennen!) Einer von ihnen war Michael Schanze. Er sang so schön „Du hast geweint!", daß ich

Ordensträger Udo

Tränen für Michael

mich sofort den Weinenden anschloß. Wenn ich er wäre, würde ich dem Pop-Patenamt vorschlagen, daß das Chanson künftig nur mehr Schanzon geschrieben werden darf. Obwohl er in seinem Song die Tränen fließen läßt, werden seine Fans lachen: Michael darf in diesem Jahr wieder zweimal auf dem Bildschirm fragen „ob man Zeit hat".
Udo Jürgens kam – man glaubt es kaum – als „frischgebackener". Und zwar Ordensträger. Nürnberger Karnevals-Witzlinge hatten ihm die Auszeichnung „Wider den Neidhammel" verliehen. Die Begründung: Udo ist der lebendigste Tote im Show-Geschäft und er sei kein Neidhammel, weil er das auch seinen Kollegen vergönnen würde!
An dem Vierer-Pop aus Schweden, der Abba, hattet Ihr bestimmt auch Eure helle Freude. Ihr „So long" wird für sie bestimmt kein Waterloo, sondern ein Song, von dem man sich 100 000 schwarze Scheiben abschneiden kann.

„So long"-Abba

Die BRAVO, die meinem Hund das Leben rettete

Noddy Holder von den Slade hat mir einen Schwur und einen Fluch ins Ohr geflüstert. Der Schwur: „Die Slade machen ihren Rock weiter!" (Das heißt nicht, daß sie dicker geworden sind und ihnen die Röcke nicht mehr passen!) Der Fluch: „Die neuen Glasfiber-Anzüge (die sie auch in ihrem Film ‚Slade in Flammen' tragen) sind so heiß wie die Hölle! Aber jene Hölle, wo man keine Zeitungen liest und nichts vom Brennstoffmangel weiß!" Dennoch stehen sie damit auf der Bühne wie weiße Riesen mit einer Riesen-Naschkraft.

Talent Lerryn

Slade „in Flammen"

Als Costa seinen Titel „Santa Marina Del Mare adieu!" sang, meinte einer im Zuschauerraum: „Der hat's gut, der nimmt

Vier Girls und Costa

von vier Freundinnen auf einmal Abschied!" Dieser Mann wußte nicht, daß Costa sich mit der Geographie Hitaliens befaßte!
Unser New Comer Lerryn kauft sich sicher jede Woche zwei BRAVOs. Das sagt er in seinem Song kurz: „BRAVO, Hurra!" Auch er müßte einen Orden bekommen: Den für die öffentlichste Schleichwerbung. Uff, jetzt bin ich endlich dort, wo ich hingehöre: Bei mir! Als Rubett (das kommt nicht von Ruhebett!) war ich super. Die Schirmmützenboys, die mir auch den Anzug gestiftet hatten, kabelten sofort nach der Disco: „Gratulieren! Seit wir Dich gesehen haben, wissen wir wie gut wir sind!"
Noch besser war ich als Koch. Vico Torriani (bei ihm muß ich wie bei Alwin Schockemöhle immer an ein „weißes Rößl" denken) meinte, solange ich nur die weiße Mütze aufhabe und Flachs spinne, sei ich nicht gefährlich. Aber wenn ich ein Spiegelei braten sollte würde ich das Ei an einem Spiegel zerteppern, und um ein Rührei zu machen würde ich einem harmlosen Ei solange Courts-Mahler vorlesen, bis es gerührt sei.

Die „Disco '75"-Crew

Auf alle Fälle bin ich ab jetzt ein echt und kein falscher Fuffziger mehr.
Spott aus, Licht an
Auf Wiederlesen in BRAVO

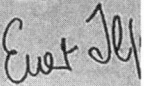

Nach zunächst vergeblichen Protesten meines Anwalts Dr. Henry Düx besuchte mich, während ich die Wohnung noch aufräumte, ein Kriminalkommissar aus Wiesbaden. Viel später kam auch Düx hinzu. Der Kommissar nannte sich Schmidt und erläuterte mir, dass ich nun auch in die Zielfahndung geraten sei, was ihm sehr, sehr leid täte. Und zwar, weil Brigitte Heinrich, die man, wie ich später erfuhr, mittlerweile anderswo festgenommen hatte, immer noch meine Untermieterin sei. Er bat meine Freundin honigsüß, für einen Moment das Zimmer zu verlassen. Als ich protestierte, sagte er kleinlaut: »Nur eine Minute!« Meine Freundin konnte durch die Wand das Gespräch hören. Ziemlich unmissverständlich forderte er mich auf, den Untermietvertrag mit Brigitte zu kündigen. Dann würde er dafür sorgen, dass mir nicht nur der Schaden der Wohnungsdemolierung finanziell ersetzt, sondern solcherlei künftig unterbleiben würde. Andernfalls müsste ich unweigerlich mit solchen Schikanen durchaus noch mal rechnen.

Gleichzeitig wurde auf den Hausbesitzer ähnlicher Druck ausgeübt. Ihm erklärte man im Laufe des Tages, er könne auch mit anderen Hausdurchsuchungen in seinen Immobilien rechnen, wenn er mir nicht die Kündigung des Mietverhältnisses mit Brigitte nahelegen würde. Den Hintergrund hatte mir Henry Düx nach seinem Eintreffen am Morgen erläutert: Brigitte müsste, solange sie einen festen Wohnsitz nachweisen könnte, schon alleine wegen ihrer Strahlenkrebs-Erkrankung wieder auf freien Fuß gelassen werden, weil keine Verdunkelungsgefahr nachweisbar war. Bei Verdunkelung aber dürfte sie keinen festen Mietvertrag haben. Ich traf mich also mit dem Hausbesitzer und wir kamen überein, das Mietverhältnis mit Brigitte fortbestehen zu lassen. Sieben Wochen später erhielten sowohl der Hausbesitzer als auch ich zivilen Besuch von der politischen Polizei, die uns wiederum bedrängte, den Mietvertrag zu kündigen, sonst müssten wir mit allerhand rechnen.

Da wir das nicht taten, musste Brigitte vor ihrem zweiten Haftprüfungstermin freigelassen werden. Sie konnte sogar ihre Dozentenstelle an der Frankfurter Universität und später eine Mitgliedschaft bei den Grünen im Europaparlament antreten; damals waren die Grünen noch demokratisch-subversiv. Aber alles änderte nichts daran, dass Brigitte Heinrich mehrfach verhaftet und terrorisiert wurde, weil sie (später wurde behauptet: angeblich im Auftrag der Stasi) Ausweis-Dokumente für RAF-Mitglieder hergestellt haben sollte. Brigitte hat dann bis zu ihrem Tod in meiner Wohnung gelebt, begleitet von mehreren Anschlägen und Steinen aufs Fenster. Als sie an den Folgen ihrer schweren Krebserkrankung gestorben war, heulte ihr Lebenspartner Klaus Croissant nachts wie ein Tier. Diese Töne sind mir heute noch in Erinnerung.

Die flächendeckende Polizei-Razzia »Winterreise«, und damit auch der Terror gegen Brigitte Heinrich, währenddessen sie nicht nur von mir, sondern auch von Karsten Voigt Unterstützung bekommen hatte, waren nur eine Episode gewesen und hatten bis auf kleinere Zeitungsmeldungen keine großen Skandalfolgen. Meine Beziehung zur RAF war ausgesprochen distanziert, aber die Umgangsweise mit den angeblichen Sympathisanten, meinem Genossen Prof. Peter Brückner aus Hannover oder Heinrich Böll, mit dem ich zusammen im »Kulturforum der SPD« arbeitete, hat mich derart gegen die Staatsmacht aufgebracht, dass ich, über alle politischen Divergenzen hinweg, mit vielen solidarisch war, mit denen ich mich nie identifiziert hatte. Wer sich mit jemand solidarisiert gegen eine Übermacht, muss sich nicht damit identifizieren. Solidarisierung und Identifikation – das sind ja zwei unterschiedliche Hirnbewegungen.

Der amtliche Vorgang führte wiederum nach der Wende im Rahmen der Verdächtigungen gegen mich als Ostspion zu einem neuen Skandal. Im *Focus* und anderen Zeitungen wurde es auf die Spitze getrieben: Ich hätte im Auftrag der Stasi und nach Rücksprache mit ihr der RAF ständige Helferdienste geleistet. Für die *Junge Freiheit* und neufaschistische Organe sowie für die heutige Chefin der AfD-Desiderius-Erasmus-Stiftung Erika Steinbach handelt es sich bis heute um ein einziges staatsfeindliches Geflecht aus Stasi, RAF und

> # FRANKFURT GEGEN RECHTS!
>
> **In Frankfurt fallen Würfel: die erste bedeutende Wahl nach den Überfällen auf Ausländer und Flüchtlinge, die in Deutschland Schutz suchten.**
>
> Ist das der unaufhaltsame Aufstieg der Schönhubers? Stehen wir vor einem neuen „Endsieg des Ellenbogens", wie er am 30. Januar vor 60 Jahren geschah? Oder können wir in '93 die Weichen gegen '33 stellen? Und gelten bei uns „Nächstenliebe" und „Solidarität" noch etwas? Frankfurt ist die Großstadt mit dem höchsten Ausländeranteil. Diese Stadt kann ihre demokratische Tradition, die der humanistischen Bürger- und Arbeiterbewegung, inner- und außerhalb der Parlamente gegen die Bombenwerfer & Schreibtischtäter mobilisieren!
>
> **Zusammen mit Oberbürgermeister Andreas von Schoeler und den Wählerinnen und Wählern wird in Frankfurt für Demokratie gestritten – und das heißt heute auch: für die wirtschaftlich Schwächeren, ihre Wohnungen, Arbeitsplätze und sozialen Rechte!**
>
> Die Frankfurter Wahl wird zum Symbol! Wenn nun jeder hier seine Ideen, seine Zivilcourage, seine Beharrlichkeit gegen rechts einbringt, wird der Durchmarsch der Rattenfänger am 7. März in Frankfurt gestoppt.
>
> Erstunterzeichner: **Alfred BIOLEK** (TV-Moderator), **Tony MARSHALL** (Sänger), **Udo LINDENBERG** (Musiker), **Katarina WITT** (2x Olympiasiegerin), **Eddy HAUSMANN** (Festzeltunternehmer), **Frank ZANDER** (Entertainer), **Hajo FRIEDRICHS** (Journalist), **Stefan AUST** (Spiegel-TV-Chef), **Gitte HAENNING** (Sängerin), **Dragoslav STEPANOVIC** (Fußballtrainer), **Hans GEISSENDÖRFER** (Autor, ARD-Produzent „Lindenstraße"), **Volker SCHLÖNDORFF** (Filmemacher), **Alexander KLUGE** (Filmemacher), **Edgar REITZ** (Filmemacher), **Gerhard ZWERENZ** (Schriftsteller), **Heinz Rudolf KUNZE**, **Klaus LAGE**, **Gunter GABRIEL**, **Jochen LEUSCHNER** (Geschäftsführer Sony Music), **Gerd GEBHARDT** (WEA), **Helmut FEST** (EMI), **Corinna ORTH & Karl OERTL** (Humoristen), **Jürgen ROTH** (Schriftsteller), **Edo ZANKI**, **Dieter DEHM** (Autor), **Albert MANGELSDORFF** (Musiker), **Dagmar HAASE** (Olympiasiegerin), **Holger WEINERT** (TV-Moderator), **Erich NITZLING** (AWO-Vorsitzender), **Karl STORCK** (Jugendleiter), **Valentin SENGER** (Schriftsteller), **Udo SCHAAR + David LIEBERBERG** (Konzertveranstalter), **Walter HESSELBACH**, **Hanjo SEISSLER** (TV-Moderator), **Hans SCHEIBNER**, **Ulrike NISSEN**, **Charles BODET** (Agenturleiter), **Rainer BASEDOW**, **Stephan WALD**, **Turgut YÜKSEL** (SAZ-Rock).

Gegen Nazis in großer Breite

anderen kapitalkritischen Kräften, gegen das jede Staatsgewalt moralisch gerechtfertigt war und bleibt.

Wer sich aus rechtsstaatlich-demokratischen Gründen dauerhaft an die Seite politisch Verfolgter von links stellt (und das unterscheidet diese bis heute fundamental von aller gelegentlichen politischen Verfolgung von AfD-Leuten, alten Nazis, SS-Leuten und anderen rechten Terroristen), wird in eine Rufschädigungsmaschine hineingezogen, die es zumindest erschwert, mit Linken vorbehaltlosen Umgang zu pflegen, ohne selbst skandalisiert zu werden. Als ich Christian Klar, nach dessen verbüßter Haftstrafe, eine Arbeit als Webmaster in einem Videoportal und meiner Webseite im Bundestag gab, sollte der Skandal dann noch einmal hochschwappen.

3.
Wehner lässt absetzen (1977)

Ich gestehe, auch aus einem zweiten Grund gegen die atomare Nachrüstung gewesen zu sein. Nicht nur, weil in nächster Nachbarschaft, bei Hanau, Atomwaffen stationiert waren, nicht nur, weil unser kleines Wochenendbauernhäuschen ein paar 100 Meter vom Rasdorfer »Point Alpha« entfernt stand, auf den sich die gesamte zentraleuropäische Kriegsführung konzentriert hätte, nicht nur, weil Deutschland der primäre Austragungsort sämtlicher atomarer Kriege gewesen wäre. (Auch F.J. Strauß hatte in seinen Memoiren vor dem atomaren Zusammenstoß über Deutschland gewarnt und sogar den innerdeutschen Mauerbau als Weltkriegsgefahr-mindernd gelobt).

Mein zusätzliches Motiv war grundsätzlicher. Ich gehörte zu jenen vier Generationen, die anlässlich der Beschäftigung mit dem Faschismus der Dreißiger Jahre teilweise schwer vorstellbare Szenarien für Gewissen und Wissen durchspielten: Wie hätte ich zum Beispiel persönlich bei welchem Befehl entschieden? Und es fielen mir im Disput mit den Genossen immer weniger Argumente dafür ein, den siegreichen Imperialismus besser zu finden als einen hässlichen Sozialismus. Sicher, die Allermeisten haben einen bequemen Ausweg gefunden, indem sie einfach ihr großes Ich ins Zentrum rückten und beides für gleichermaßen schlecht befanden. Zumal: da war die leuchtend farbige Bundesrepublik, die all ihre Grenzen öffnete – und da war die trist-graue DDR, die ihre Bürger martialisch zum Dableiben zwang. Mit Äquidistanz kam man da bestens über die Runden. Aber wer sich mit dem Widerstand identifizierte, oder sich wie ich auch familiär dazu veranlasst sah, musste zugespitzt die Frage beantworten, ob eine subversive Aktion gegen Hitler nicht implizit Stalin nutzte – und vice versa. Bis heute ist mir diese Fragestellung ein Gräuel. In der Sowjetunion Stalins hätte ich keinen Tag leben mögen. Aber sie war immerhin aufgebrochen von einem Russland ohne bürgerlichen Rechtsstaat, in dem die Menschen 1917 das Stroh aus ihren Matratzen fraßen. Das KZ Buchenwald, das für mich eine stets aufwühlende Rolle zu spielen begonnen hatte, war wenige Meter vor der Goethe-Eiche gebaut worden. Die Genickschussanlagen und Gaskammern wurden von den Urenkeln der Dichter und Denker errichtet. Die Hochfinanzierung der SS-Macher durch die Doctores Krupp, Stinnes und Abs zeigte, dass die Macht der Monopole jederzeit, wenn die Renditen dies verhießen, jegliche zivilisatorische Begrenzung zu durchbrechen bereit waren. Gegen Stalin hatten wir wenigstens mit Brecht die Hoffnung, dass dort, wo das teuflisch menschenentzweiende Aphrodisiakum des Großkapitals überwunden worden war, irgendwann auch in Staat, Kultur und Gesellschaft eine schwerer rückholbare Tendenz zur großen Zivilisation angelegt sein würde.

Der weise Reinhard Opitz hatte uns im dickflüssigen Disputieren endlich beigebracht, dass die Aufrüstungsspirale nur die Fortsetzung des Hitlerschen Angriffskrieges auf die Sowjetunion sei. Obwohl diese (sieht man vom idiotischen Einmarsch in Prag ab) nie einen Krieg begonnen hatte, wurde sie dennoch gezwungen, sich um gigantische Zukunftsinvestitionen in Technik und Bildung zu bringen durch Entgegnung mit immer neuen Waffensystemen. Opitz erläuterte, unter unserem ständigen Protest, damit würde der ohnehin unansehnlich gewordene Sozialismus zum inneren Einsturz gebracht. Eine Welt ohne rotes Gegengewicht würde dann erst recht ihre barbarischen Gesichter zeigen.

Das Feuer der Revolution, das ganze Arbeiterklassen der Welt, bedeutendste Schauspielerinnen, Dichter, Komponisten, Frauenrechtlerinnen und Physiker in seinen Bann gezogen hatte, war bereits durch den drohenden Überfall der Wehrmacht, durch einmarschierte Entente-Truppen – noch vor Hitler – und erst recht durch den Überfall von 1941 mit 27 Millionen Toten und der Demolierung der meisten Industrie bis Moskau ohnehin ausgesogen. Nutznießer des deutschen Überfalls sollten deutsche Nazis werden, die sich bei Adenauer in der Regierung bequem eingenistet hatten und mit CIA wie Pentagon engste Kooperation unterhielten, um endlich doch noch ans russische Gas und Öl zu gelangen und die Werktätigen der sowjetischen Völker zu versklaven. Vielleicht wollten die Westführer etwas weniger Vernichtung, als das Großkapital es mit Hitlers Strategie versucht hatte, aber letztendlich mit denselben Renditeerwartungen.

Ich war also nicht nur ein »Friedensfreund«, wie die SED uns, wie nützliche Idioten, benannte, sondern durchaus eine Art »Pro-Bolschewist« – als den mich Rudi Arndt beschimpft hatte. Ich stritt nämlich auch gegen die Pershings und Cruise Missiles, weil ich nicht wollte, daß die Sowjetunion unterging. In Wahrheit aber wusste ich damals noch wenig über den sogenannten Bolschewismus. Ich war für eine breite zivilisatorische Volksfront mit allen, die das Monopolkapital der letzten 50 Jahre für unmenschlich hielten. Die bornierten SED- und DKP-Führer, die einen Rudolf Bahro, Robert Havemann, Enrico Berlinguer, Rudi Dutschke, Václav Havel und so weiter aus dieser Volksfront ausgegrenzt hatten, waren mir zuwider. Auch wenn meine Ablehnung einseitig war, also vielmehr gegen die US-Atomraketen gerichtet als gegen die sowjetischen, weil die Kriegsgefahren eher von denen ausgehen würden, die von Deutschland aus Moskau erreichen konnten, als von denen, die von sowjetischem Territorium aus Kalifornien hätten bombardieren können. Ich hatte mich gleichzeitig für den Euromarxismus und demokratische, linke Dissidenten eingesetzt, was dann auch zu immer schärferen Streitereien mit meinen SED-Freunden (denen mit MfS-Auftrag und denen ohne) und schließlich auch für den Fahndungsbefehl der Stasi gegen mich mit gesorgt hatte. Diese Facetten und Differenzierungen waren überhaupt keine Eigenartigkeiten »meines persönlichen Marxismus« oder wie die Stasi zu ihrer Fahndungsaktion gegen mich notiert hatte: meiner »übertriebenen Eitelkeit«. So dachten viele, besonders die Studierenden und Hochschullehrer der »Marburger Schule« um Wolfgang Abendroth. Ich allein hätte diese extravagante Grenzgängerei nicht durchgehalten. Schon die Fragestellungen alleine, wie sich eine Welt ohne Sowjetunion anfühlen würde, ohne sich mit der Parteidiktatur identifizieren zu wollen, schuf das Maximum von Feindseligkeit bei den Pro-Imperialisten, aber auch bei den Parteikommunisten, wenn mit den löblichen Vorsätzen, maximal viele gewinnen zu wollen und gegen maximal viele zu stehen, wenn auch zwischen den Macht- und Gegenmachtblöcken leicht zerreibbar. Diese widersprüchliche Parteilichkeit, diese kritische Solidarität mit der Oktoberrevolution, also dieser zunächst sehr einsame Pfad waren dennoch mit einer kleinen Gruppe in unendlichen Streit-Stunden vor allem in meinem Bauernhof gereift: gemeinsam mit den sozialdemokratischen »Stamokaps«, zu denen damals noch Detlev Albers, Kurt und Ulrike Neumann, Olaf Scholz, Ralf Krämer, Heinrich Lienker, Ulrich Wolf, Edelgard Bulmahn, Stefan Schostok, Klaus Uwe Benneter, Traute Müller, Kurt Wand, Matthias Machnig, Sigmar Gabriel und viele andere zählten. Nach 1990 liefen einige von ihnen in andere Richtungen. Nach oben und unten, nach links oder rechts.

In meiner vielbändigen Verfassungsschutzakte lässt sich aber auch nachlesen, wie wütend mindestens ein westdeutscher Geheimdienst auch wegen meines Volksfrontagierens war. Noch im Jahr 1995 beantragte der Verfassungsschutzpräsident beim Generalbundesanwalt, mich als sowjetrussischen Spion sofort – weil ich mich sonst nach Moskau absetzen würde – verhaften zu lassen (was sogar die Bundesstaatsanwaltschaft spöttisch zurückwies).

Mittlerweile hatte ich nicht nur von Roland Kaiser, Peter Maffay, Howard Carpendale und anderen Promis eine Unterschrift für den »Krefelder Appell« bekommen (einen von Kommunisten initiierten, aber mittlerweile breit bürgerlich unterzeichneten Aufruf gegen die Atomraketen, auch die sowjetischen), sondern auch von BAP, Klaus Lage, den Bots, Anne Haigis und anderen Musikern, die ich selbst gemanagt habe, und damit auch von Wolf Biermann. DKP-Mitglieder, die die Unterschrift Biermanns unter dem Aufruf fanden, kamen aus dem Staunen nicht heraus. Dies widerlegt heute die von der SED und dem Ministerium für Staatssicherheit zusammengetragenen Gründe für die damalige Ausbürgerung von Biermann als Antikommunisten, der er damals mit Sicherheit noch nicht war. Nach Biermanns proimperialistischer Wendung für sämtliche NATO-Kriege, Atomkraft und Erika Steinbach behauptete er, ich hätte ihn für den Friedensaufruf und für seine Hand-Unterschrift manipuliert. Später behaupteten Jochen Staadt, Hubertus Knabe und das andere Pack von der »Gauck-Bande mit der Lizenz zum Ruftöten«, meine praktische Widerlegung der MfS-Vorwürfe hätte ich im Auftrag des MfS realisiert und Biermann mit dem Friedensaufruf »unter Kontrolle des MfS« gebracht. Erstaunlich, wie viele handzahme Qualitäts-Journalisten diesen Unsinn glaubten. Denn mit Biermanns Unterschrift unter den »Krefelder Appell«, seinen Auftritten im Rahmen der Bewegung gegen die NATO-Raketen wuchs ein verbittertes Kopfschütteln über Ausbürgerung, Honecker und die Stasi. Ich habe stets – und damals erst recht – die Entziehung der DDR-Bürgerrechte Biermanns intern und öffentlich als »einen Griff in die Repressionstruhe der Nazis« verurteilt. Honecker hatte Biermann als »Sänger des kalten Krieges, als NATO-Infiltrant und Feind der fortschrittlichen Menschheit« ausbürgern lassen. Und gegen Honecker sollte die Stasi durch mich diesen Biermann nun als »Sänger für atomare Abrüstung« profilieren? Für wie blöd hielt das Gauck-Pack die Öffentlichkeit? Nun, es sollte Recht behalten: die großen Medien verbreiten solcherlei Widersinn widerspruchslos, solange es gegen Kapitalgegner geht.

Anfang Februar hatte ich den Managementvertrag mit Biermann auf Vermittlung von Günter Wallraff, dessen Lesungen ich bis dahin organisiert hatte, geschlossen. In wenigen Wochen hatten wir ein sehr festes Vertrauensverhältnis. Einziger Streitpunkt: Er wollte unbedingt Mitglied der spanischen kommunistischen Partei werden, während ich ihm die euromarxistische Orientierung der linken Jusos nahegelegt hatte. Einige Tage zuvor hatte ich Biermann mit marxistischen Sozialdemokraten wie Detlev Albers, Klaus-Uwe Benneter, Heinrich Lienker, Peter von Oertzen und Kurt Neumann zusammengebracht. Von deren Position schien er sehr beeindruckt, weil sie weder den Diktat-Zentralismus der SED noch die Unterdrückung des Prager Frühlings oder die Abschaffung des bürgerlich-demokratischen Rechtsstaats wollten, aber auch nicht die feste Bindung an die US-Außenpolitik, welche Helmut Schmidt der SPD aufzudrücken versuchte. Dennoch trat Biermann in die spanische KP ein, versprach mir aber, auch an Theorie-Diskussionen, nach denen er großes Bedürfnis hatte, im linkssozialdemokratischen Umfeld teilzunehmen. Am 27. März 1977 kam es dann zum großen Show-Down des gemäßigten Juso-Flügels um Voigt und Wieczorek-Zeul, hinter dem der Schmidt-Apparat im Erich-Ollenhauer-Haus stand, gegen die marxistische Strömung: der Juso-Bundeskongress. »Die Stamis« waren dazu ein festes Bündnis mit Gerhard Schröders »Antirevis« eingegangen.

Bundesgeschäftsführer Egon Bahr, der Architekt der Staatsverträge mit der DDR, war ohnehin schon in einer schwierigen Lage. Ich hatte ihn regelrecht geliebt, als er beim Rücktritt von Willy Brandt wie ein Schloßhund heulend im Parteivorstand saß. Dieser Rücktritt war in Wahrheit vom CIA, BND im Verbund mit Wehner und Schmidt vor allem mithilfe angeblicher, konspirativ erworbenen Nacktfotos Brandts mit Wibke Bruhns in einem Eisenbahnabteil erzwungen worden. Die Guillaume-Affäre musste nur nach Außen dafür herhalten. Bahr hielt an der neuen Ostpolitik fest. Aber was die marxistisch orientierten Jusos wollten, kam ihm ins Gehege, hätte Strauss' schlimmste Verdächtigungen gegen ihn, Wehner und Brandt unterfüttert. Als Bundesgeschäftsführer der SPD meinte er also, hart gegen die zuschlagen zu müssen, die ihm eigentlich ja besonders nahe standen. Er empfahl der SPD-Führung, jenen Jusoflügel, der die Philosophie vom staatsmonopolistischen Kapitalismus vertrat, wie sie auch von SED-Theoretikern verwendet wurde, von Schröder weg zu treiben. Wehner wollte mehr: die marxistischen Jusos ganz zerschlagen. Auch, um sich selbst ein weiteres Mal vom Verdacht des Moskauer Agenten während der Stalinzeit reinzuwaschen.

Jedenfalls stand beim Juso-Bundeskongress im März 1977 auch für die SPD-Führung viel auf dem Spiel. Die Existenz des marxistischen Flügels der SPD versus eine Parteiführung, die von den großen Medien »gegen links« nicht nur gestützt, sondern natürlich auch zum Handeln gedrängt worden war. Niemand konnte vorhersagen, wer auf dem Juso-Bundeskongress als Vorsitzender die Mehrheit erhalten würde. Die Meinungsführerschaft rangelte sich entweder um das Antragspaket »Abrüstungsthema« oder um die insgesamt 42 (!) Anträge gegen die »Biermann-Ausbürgerung« – das Hauptthema des gemäßigten Flügels. Ich hatte mich längst mit den Aktivitäten für den »Krefelder Appell«, der Antisowjetismus ausschloss, auch wenn dieser die sowjetischen Atomraketen kritisierte, nicht eben beliebt gemacht.

Am 25. März 1977 hatten wir auf meinen Antrag hin die wenigen Befürworter der Biermann-Ausbürgerung, besonders die im SHB, die besonders eng mit der DKP an vielen Uni-Asta-Vertretungen koalierten, aus unserer Stamokap-Strömung ausgeschlossen. Einige von ihnen veränderten später ihre Position und gingen auf mehr Distanz zur SED-Führung, andere traten direkt in die DKP ein. Damit war unsere Strömung im Gleichklang mit jenen westeuropäischen kommunistischen Parteien, die einen demokratischeren, pluralen Weg zum Sozialismus wollten, eine wirkliche Volksfront-Strategie gegen die Atomraketen und Berufsverbote. Unter denen, von welchen wir uns trennten, waren auch frühere Freunde von mir. Und es tat weh.

Wolf Biermann und ich erschienen am 26. März gemeinsam im Hamburger Kongresszentrum: wir waren Überraschungsgäste auf dem Juso-Bundeskongress. Und dann geschah etwas Paradoxes: die Stamokaps beantragten, dass Biermann außerplanmäßig singen möge. Die gemäßigte, bisherige Vorstandsmehrheit war dagegen. Wieczorek-Zeul- -Tage zuvor noch privater Gast bei Biermann und mir in Wallraffs Haus – trat zu Biermann, der neben mir saß, und schrie ihn an, sie würde ihm »gleich die Gitarre auf den Kopf hauen« und seinetwegen würden jetzt die sowjetischen Komsomolzen den Kongress verlassen. Es half alles nichts. Er trat auf und – zwischen zwei Hölderlinliedern – ließ die gesamte Taktik nebst Antragspaketen der alten, gemäßigten Juso-Führung platzen. Die Taktik bestand darin, zu beschließen, daß die Kommunisten wegen der Biermann-Ausbürgerung aus sämtlichen Bündnissen (gegen Atomraketen und Berufsverbote) auszuschließen seien – oder als Sozialdemokraten dort anzutreten. Biermann erklärte am Mikro, seine Mutter Emma sei selbst Mitglied der DKP und er wolle keinen Rausschmiss von Kommunisten und keine Spaltung. Wieczorek-Zeul zischte mir in diesem Moment zu: »Das wirst du büßen!« Am 27. März 1977 erreichten die marxistischen Jusos, auch und sogar vor allem durch den Auftritt Biermanns, eine Vier-Stimmen-Mehrheit für ihren Kandidaten für den Bundesvorsitz, Uwe Benneter.

Bei den Falken stand es ebenfalls Spitz auf Knopf, was Bündnisse mit Kommunisten und ihr Verhältnis zum neuen Juso-Bundesvorstand anbetraf. Der Bezirk Hessen-Süd, in dem ich einflussreich war, lieferte 1977 im Bundesausschuss die entscheidende Ein-Stimmen-Mehrheit für die Unterschrift des Bundesverbands der Falken unter den Krefelder Appell. Daraufhin stellte sich ein konzentrisches Medienbashing gegen den Mehrheits-Flügel der südhessischen Falken ein. Im Jahr 1977 ging es hin und her. Der neugewählte Juso-Bundesvorsitzende Klaus-Uwe Benneter wurde abgesetzt und sofort aus der SPD ausgeschlossen; danach folgte der Ausschluss anderer FunktionsträgerInnen.

Die Falken organisierten unter meiner Leitung Solidaritätsveranstaltungen mit den geschassten Jusos. Im November kam es dann zu einer Falken-Bezirkskonferenz, auf der wir Stamokaps in Hessen-Süd die Mehrheit behielten. Kurz darauf, wenige Tage vor Weihnachten, erhielt ich im eingeschneiten Dorf in meinem winzigen Bauernhaus das Einschreiben, der gesamte südhessische Bezirksvorstand sei vom Falken-Bundesvorstand abgesetzt und aus der Organisation ausgeschlossen worden. Grund: wir hätten 287 DM privat einem Unterbezirk bezahlt, der damit seine Beitragsschulden tilgen und ordentliche vier Delegierte wählen konnte. Diese Vier seien ausschlaggebend für meine Wiederwahl gewesen. Niemand schrieb etwas von Stamokap-Theorie, von Krefelder Appell, vom Kampf gegen die Atomraketen und von der Arbeit der Falken in den Komitees gegen die Berufsverbote. Die Zusammenarbeit mit Kommunisten wurde mit aller Schärfe unerwähnt gelassen. Im *Spiegel* erklärte der Bundesvorsitzende der Falken, dies habe mit der SPD-Führung nicht das Geringste zu tun. Das sahen viele Falken anders. Es gab eine Solidaritätsgruppe für uns mit Unterschriften, angeführt vom Bezirksvorsitzenden der niedersächsischen Falken, Sigmar Gabriel. Dieser hatte sich damals gegen meinen Ausschluss weit aus dem Fenster gelehnt. Dass wir nach 1998 (nach meinem SPD-Austritt und seinem Aufstieg mit Gerhard Schröder) immer noch eine freundschaftliche Beziehung haben, obwohl wir uns später heftige Schlagabtausche in Sachen Hartz IV und EU-Politik geliefert haben, ist abstrakt historisch sicher kaum zu verstehen. Doch biografisch ist es vielleicht nachzuempfinden. Wir hatten uns beide gegenseitig abseits der herrschenden Feigheit offensiv erlebt!

1978 klagte ich rechtsförmig gegen den Ausschluss und vor allem gegen den Vorwurf finanzieller Unregelmäßigkeiten, der als öffentlicher Grund allzu deutlich vorgeschoben war. Das Landgericht Bonn sah den Ausschluss als unbegründet an und hob ihn auf. Es kam am Ende zu einem Kompromiss, laut dem wir wieder mitarbeiten durften.

Einen weiteren Parteiausschluss-Antrag in der SPD überstand ich durch Einstellung des Verfahrens. In diesem haben viele Künstler wie Günter Wallraff, Wolf Biermann, die Bots und Bernt Engelmann die Rücknahme der Ausschlüsse gefordert. Die Medien hingegen waren überwiegend auf der Seite der Ausschließenden, also des SPD-Vorstands. Einzig ein kleiner *Spiegel*-Artikel wagte einen winzigen Ausfall.

An mir als dem angeblichen Stamokap-Häuptling innerhalb der Falken hatten sich die entsprechenden Medien festgebissen. Zusammenarbeit mit Kommunisten war der Hauptdorn im Auge. Zehn Jahre später lud ich die damals verfeindeten Seiten zu einer öffentlichen Diskussion nach Frankfurt. Darüber berichteten einige Zeitungen dann plötzlich freundlicher. Welch Wunder, die Hauptschlacht war geschlagen und die marxistischen Kräfte entweder vertrieben oder so eingeschüchtert und teilweise zum Konvertieren gedrängt, dass sie in der SPD ab diesem Zeitpunkt keine Rolle mehr spielen konnten. Der Leser mag sich selbst durch die jüngere SPD-Geschichte googeln, um herauszufinden, inwieweit das für die SPD von Vorteil war und ab wann ihr Abstieg einsetzte.

Für mich führten die diversen Medienangriffe nicht nur zu einem sehr speziellen Berufsverbot, sondern auch zur grundlegenden Änderung meines Lebens. 1978 hatte ich gerade meine Dissertation abgeschlossen und mein sehnlichster Wunsch war, wenn schon nicht wie mein Vater im Betrieb gewerkschaftlich aktiv werden zu können, dann doch wenigstens kulturell für die Gewerkschaften. Aufgrund meiner Tätigkeit für den DGB als künstlerischer Leiter von Mai-Kundgebungen, vor allem in Frankfurt, und diverser anderer gewerkschaftlicher Kulturveranstaltungen (später dann auch für die IG-Metall für die 35-Stunden-Woche und so weiter) hatte mich die »Abteilung Kultur« im Bundesvorstand des Deutschen Gewerkschaftsbundes, vertreten durch den Kollegen Oswald Todtenberg, als neuen Geschäftsführer des »Jun-

> **12.12.1977**
>
> **Geschaßte Genossen**
>
> Der komplette Bezirksvorstand Hessen Süd der sozialistischen Jugend "Die Falken" ist vom Bundesvorstand der Organisation amtsenthoben worden. Den Jung-Sozialisten wird vorgeworfen, sie hätten sich bei ihrer Bezirkskonferenz Ende November in Gießen von Mitgliedern wählen lassen, die gar nicht stimmberechtigt gewesen seien. Zu den geschaßten Genossen gehört auch der Frankfurter Biermann-Freund Diether Dehm, in der SPD geschätzt als der "einzige Liedermacher, der noch in der Partei geblieben ist" (Dehm über Dehm). Eine Dehm-Schallplatte mit Arbeitersongs wurde auf dem Hamburger Parteitag verkauft – handsigniert von Willy Brandt und Helmut Schmidt. "Falken"-Bundesvorsitzender Konrad Gilges: "Was die Partei macht, interessiert mich überhaupt nicht."
>
> **DER SPIEGEL 51/1977**

Kein Wort über den wahren Ausschlussgrund: gemeinsam mit Kommunisten gegen die Pershings

gen Forums« innerhalb der Ruhr-Festspiele Recklinghausen vorgeschlagen. Und tatsächlich kam ich in die engste Auswahl. Oswald Todtenberg kannte meine Arbeit als Manager und Liedermacher, hatte im Vorfeld mit einigen Publikumserfolgen für mich plädiert. Am Entscheidungstag war ich in Schlips und Anzug nach Düsseldorf zum Entscheidungsgremium geladen und saß ohne Mitbewerber im Vorzimmer. Nach einer Stunde wurde ich reingerufen und entfaltete mein Konzept für das »Junge Forum«. Es gab erheblichen Beifall und der Kollege Todtenberg sah es nur noch als eine Formsache, dass ich genommen würde. Kaum war ich gegangen – so teilte er mir zwei Tage später am Telefon mit –, soll Walter Haas vom Bundesvorstand des DGB (Sekretär für Jugendarbeit) ein Bündel Zeitungsartikel auf den Tisch gelegt haben, die meine Nähe zu Kommunisten beweisen sollten. Mit einer Stimme Mehrheit wurde ich abgelehnt und die vakante Stelle wurde neu ausgeschrieben. Später habe ich zusammen mit Haas, den Toten Hosen und dem Betriebsrat von Krupp-Rheinwiesen den Kampf um die Arbeitsplätze der Stahlkocher in Duisburg organisiert. An das Berufsverbot von Recklinghausen konnte er sich da gar nicht mehr erinnern und war sehr herzlich.

Durch diese Entscheidung musste ich mein Leben ändern. Ich beschloss, mit dem renommierten Frankfurter Jazz-Impresario Dieter Nentwig eine Firma (»die und die Kulturladen« GmbH) sowie das Schallplatten-Label »Musikant« (dessen Grafikerin übrigens Jutta Ditfurth wurde) zu gründen. Durch das SPD-gewerkschaftlich herbeigetrickste Berufsverbot musste ich nun fortan privatkapitalistischer Manager werden. Aber immerhin mit gewerkschaftlicher Orientierung, wie es SHB und MSB-Spartakus für intellektuelle Berufe ausgerufen hatte. Die Stamokap-These, die als einzige marxistische Theorie das strategische Zusammengehen privatkapitalistischer, kleiner und mittlerer Unternehmer mit der Arbeiterbewegung zuließ, war damit nun auch biografisch verfestigt. Dem Berufsverbot durch den DGB-Bundesvorstand verdanke ich eine nicht ganz erfolglose Karriere als Kulturmanager, Studioleiter, Schallplattenproduzent und – mit dann eigenen Produktionsmitteln – auch als Komponist und Textdichter (meine merkwürdige Art, Liedertexte zu schreiben, war bislang stets abgelehnt worden). 1984 und 85 wurde das Label »Musikant« sogar Marktführer am deutschen Plattenmarkt. In einer Zeit, in der (im Unterschied zu später, wo dafür nur noch ein paar Tausend verkaufter Tonträger nötig wurden) damals noch mindestens eine halbe Million verkaufter Schallplatten für eine »Platin«-Verleihung nötig war und eine viertel Million für »Gold«, habe ich immerhin mit »Musikant« insgesamt fünf Platin-LPs und zwölf goldene Schallplatten überreicht bekommen! Deutsche, englische,

Appell aus Rheinhausen

Mindestens 70 Milliarden DM werden in unserem Land jährlich für Rüstung ausgegeben. Dies, obwohl ein erster atomarer Abrüstungsvertrag unterzeichnet ist.

Wir brauchen keine weitere Aufrüstung, sondern Programme für die Zukunft. Wir brauchen eine Zukunftsinitiative für das Ruhrgebiet. Wir brauchen Geld für Arbeitsplätze.

Forschungs- und Technologieprogramme, Programme für Umweltschutz, für Energieversorgung, für Verkehrswesen, für soziale, bildungs- und kulturpolitische Entwicklungen sind notwendig.

Wir fordern ein Sofortprogramm „Zukunftsinvestition Ruhrgebiet" von 10 Milliarden DM. Dabei bedeutet Unterstützung für das Ruhrgebiet Hilfe für alle Stahlstandorte!

Ein solches Programm ist finanzierbar. Abrüstung ist dafür unabdingbar.

Notwendig für das Zukunftsprogramm Ruhrgebiet „Militärisch abrüsten — sozial aufrüsten" ist allein der politische Wille.

Deshalb fordern wir die Bundesregierung und die Parteien des Deutschen Bundestages auf, eine Initiative für die Reduzierung der Rüstungsausgaben zugunsten eines Zukunftsprogramms für das Ruhrgebiet zu ergreifen.

Rheinhausen, den 20. Februar 1988

Dieter Artmann
Karin Benz-Overhage
Willi Brase
Manfred Bruckschen
Dr. Diether Dehm
Renan Demirkan
Katja Ebstein
Herbert Grönemeyer
Walter Haas
Anne Haigis
Rudolf Homann

Hannes Jaenicke
Oberbürgermeister Josef Krings
Klaus Lage
Claudia Liedmeyer
Manfred Maurenbrecher
Ulla Meinecke
Dorlies Pollmann-Wallraff
Helmut Ruge
Dick Städtler
Prof. Dr. Peter Starlinger
Hannes Wader

TOTE HOSEN
BAP

V.i.S.d.P.: D. Pollmann-Wallraff, Mainzer Str. 29, 5000 Köln 1

---

italienische und sogar amerikanische Stars wollten von mir neue Songs oder Übersetzungen.

Neben dem neuen Schwerpunkt »Vinyl-Schallplatte« wurde unsere Konzertagentur »die & die« mehr auf ein spezielles Segment konzentriert: Künstlertourneen und Festivals. Diese haben wir in enger Zusammenarbeit mit Fritz Raus marktbeherrschender Konzertagentur »Lippmann & Rau« in Frankfurt nicht nur kommerziell eng zusammen erarbeitet,

„Mit fremden Muskeln Gewicht(

SPIEGEL-Reporter Jürgen Leinemann über ein Treffen linker Sozialdemokrat

Einen Augenblick sieht es so aus, als wäre alles noch wie damals. Mit hochrotem Kopf brüllt der bullige Genosse Rudi Arndt: „Ihr habt euch doch solidarisiert mit der Gewaltanwendung. Ihr wart doch gegen den demokratischen Sozialismus." Wütend blättert er in einem Stoß von Papieren; triumphiert, als er gefunden hat, was er sucht: „Hier: ,Der Parlamentarismus ist nicht wichtig.'"

Unter den 170 Sozialdemokraten im überfüllten Saal des Zentrums der Arbeiterwohlfahrt im Frankfurter Nordend beginnt es am Abend des dritten Advents zu grummeln. Zwischenrufe werden laut: „Rudi Arndt, der Spalterkönig" – „Und du willst ein Linker sein?"

Erregt und unbeirrt, so als lebe er noch einmal richtig auf im Getöse, ruft der ehemalige Frankfurter SPD-Oberbürgermeister, der sich in den siebziger Jahren aufrieb in bösen Auseinandersetzungen mit rebellierenden Jusos: „Es ging doch nicht um die Theorie, es ging doch um Handlungen. Ihr wolltet doch den Staat zum Zuschlagen bringen."

Vielleicht ist es der unverkennbare Unterton von Verzweiflung, der in Arndts Ausrufen mitschwingt; vielleicht liegt es auch daran, daß die anderen am Tisch tatsächlich gelernt haben, „immer alles auch mit den verletzten Augen des anderen zu sehen", wie Versammlungsleiter Diether Dehm es ausdrückt – auf jeden Fall ist mit dem Wort „zuschlagen" die Spannung gebrochen.

„Du hast es ja auch gemacht, Rudi, ist doch gut", besänftigt einer, und langsam verblubbert dessen Zorn: „Ich kann mich genau noch erinnern, hab' ich doch alles in dieser Form miterlebt."

Das haben seine Nebenleute auch. „Zehn Jahre danach", heißt die Veranstaltung in Frankfurt: „Stamokap-Streit, SPD-Ausschlüsse und die Folgen!"

Der coole Mann, der mit untergeschlagenen Armen zwei Plätze von Rudi Arndt entfernt sitzt, ist Klaus-Uwe Benneter, damals Juso-Vorsitzender und Repräsentant jenes Stamokap-Flügels, der den regierenden Sozis unter Helmut Schmidt unterstellte, sie wollten nicht wahrhaben, daß der Staat in den Händen des Monopolkapitalismus sei und damit unfähig zu gesellschaftlichen Reformen.

Benneter wurde damals in kaltem Kalkül zum Parteifeind Nummer eins erklärt und rausgeschmissen. Die Juso-Mehrheit, aber auch andere Linke in der SPD reagierten mit Austritten und einem Aufschrei von Wut und Enttäuschung. Das Wort „Spaltung" kam auf.

Auch Diether Dehm, der den „Dämmerschoppen" organisiert hat, ist damals, als Mitglied der „Falken", aus der Partei geflogen. Zwei Jahre hat er geklagt – eine „blöde Hochschaukelei", sagt er heute. Dehm, der sich zunächst als Liedermacher Lerryn versuchte, ist heute einer jener ebenso flotten wie politisch wachen Kulturmanager, die Anti-Atom-Rockfestivals und Friedensfeten organisieren. Den Texter solcher Bewegungshits wie „Aufstehn" und „Das weiche Wasser bricht den Stein"

Stamokap-Veteran Benneter (r.), Parteifr
Opfer grotesker Selbstüberschätzung?

hat es lange gereizt, in seiner Partei jene Zeichen in Taten umzusetzen, die Hunderttausende auf den Friedensdemos der letzten Jahre den „Bots" nachgesungen haben: „Komm, feiern wir ein Friedensfest und zeigen, wie sich's leben läßt".

Sicher ist keiner gewesen, ob sich die alten Kontrahenten, die eng zusammengerückt vor der knisternden Versammlung hocken, nicht an die Gurgel gehen würden: die „Angepaßten" von damals – Karsten Voigt und Heidi Wieczorek-Zeul neben Rudi Arndt – und die „Sektierer" und „eiskalten Dogmatiker" neben Dehm – Detlev Albers und eben Klaus-Uwe Benneter.

Am wenigsten noch war es von dem zu erwarten. Zwar hatte Benneter 1977 vielen aus der Seele gesprochen, als er die

...e gehoben"

...aten mit Stamokap-Veteranen

CDU/CSU als Klassenfeind deklarierte, in der DKP aber, als traditioneller Arbeiterpartei, nur einen politischen Gegner sehen wollte. Als Person aber ist der „Sonnyboy" Bennetter der Symbollast, die ihm aufgelegt wurde, nie gewachsen gewesen – damals nicht und auch nicht an diesem Abend, wo er sich – auch er ist wieder Genosse – als SPD-Mitglied ohne „innere Emotionalität" vorstellt.

Anders allerdings als vor zehn Jahren ist es ihm offenkundig gleichgültig, daß er für mehr herhalten soll, als er persönlich verkörpert. Denn es ist ja auch wahr, daß sein Ausschluß – von heute gesehen – „die unfreiwillige Geburtsstunde der Grünen symbolisiert", wie Detlev Albers später sagt, der Bremer Professor, der immer als der eigentliche Kopf der „Stamokap" galt.

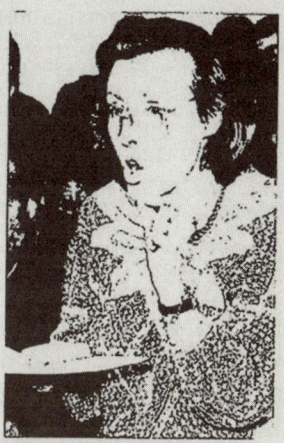

Ex-Juso Heidi Wieczorek-Zeul
Unterton von Verzweiflung

...freunde*

Die Grünen sitzen, obwohl kein Realo und kein Fundi im Raum sind, an diesem Abend als ständiger Selbstvorwurf der Sozis mit am Tisch. Doch es wird ein für Kenner der SPD und Beobachter der bitteren Gemetzel von damals erstaunlicher Abend. Bis Rudi Arndt warnen alle Redner in den dichten vier Stunden vor Wiederholungen: nur keine Grabenkämpfe mehr, nur nicht mehr diese Arroganz und Selbstgerechtigkeit, nur nicht mehr das Ausgrenzen und Verteufeln.

Da mag helfen, daß die „Bündnisfrage" mit dem Popanz DKP nicht die geringste Aktualität mehr hat. Es mag die Situation entschärfen, daß die SPD nicht mehr Regierungspartei ist und daß die meisten Streithähne von einst derzeit in der Programmkommission zusammenarbeiten. Es mag auch ein bißchen zu viel rot-grüne Romantik im Spiel sein, Träume von einem Bündnis „diesseits der Union", die in der Realität der Partei im Augenblick kaum eine Rolle spielen.

Aber daß „die SPD im Lernprozeß mit sich selbst ist" (Albers), daß die Genossen begriffen haben, was Voigt zum Abschluß formuliert: „Der Stil des Umgangs ist eine Frage der Substanz der SPD" – daran kann kein Zweifel bestehen.

Die linken Sozis wollen nicht alles als Schwachsinn erklärt wissen, was sie damals diskutiert haben. Fragen der Vergesellschaftung und das Verhältnis der SPD zum Staat werden sie auch künftig beschäftigen. Aber Theorie als Totschlaginstrument gegen Andersdenkende einzusetzen, das führt, beklagen alle, nicht nur zu persönlichen Verletzungen, zu Realitätsverlust und Verprellen von Anhängern. Heidi Wieczorek-Zeul: „Es ist ein Scheiß, so 'ne abstrakte Staatsdiskussion zu führen."

Inzwischen wissen die Ex-Jusos, daß die Stamokaps damals einer grotesken Selbstüberschätzung zum Opfer fielen. Auch die anderen allerdings, die „Angepaßten", fühlten sich übermäßig stark mit der Macht der sogenannten realistischen Mehrheit im Rücken und wurden zusätzlich hochgepustet von den Medien. Dehm: „Beide haben mit fremden Muskeln Gewichte gehoben."

Überzeugender als diese Distanzierung von damals aber ist die Praxis heute. Als Rudi Arndt – „Entschuldigt man, daß ich eure Erinnerungen gestört habe" – seine Papiere zusammenrafft und sich vorzeitig in Richtung Europa verabschiedet, geschieht Erstaunliches: Er kriegt zwar keinen Beifall, aber es pfeift auch niemand.

Wenigstens an diesem Abend scheint gelungen, was der Veranstalter im Sinn hatte: „Man muß den deutschen Linken das Deutsche austreiben."

---
* Karsten Voigt, Diether Dehm.

sondern auch in der kulturellen Betreuung der Friedensbewegung und anderer antifaschistischer Events. Die großen Kundgebungen im Bonner Hofgarten gegen die NATO gehörten ebenso dazu wie die Kampagne für die 35-Stunden-Woche der IG Metall. Ob sich am Ende also die Entscheidung für den DGB und die dahinterstehenden rechten SPD-Kreise gelohnt hat, mich für Recklinghausen abzulehnen, weiß ich nicht. Für mich wurde dieses Berufsverbot zum Happy End.

Kleine Schmonzette am Rande: wie unfähig Erich Honecker und sein engstes Umfeld, Erich Mielke und Günter Mittag, waren, im deutschsprachigen Raum und in dieser historischen Phase hegemonial zu wirken, zeigt die selbstgefällige Resonanz auf den Juso-Bundeskongress, auf die Wahl Benneters und auf Biermanns Auftritt dort. Biermann hatte sich damals mit dem Anliegen der deutschen Kommunisten und damit auch der SED in vollem Umfang solidarisch gezeigt und damit die Ausbürgerungsgründe zunächst Lügen gestraft. Der Juso-Bundeskongress hatte eine Mehrheit, die bereit war, gemeinsam mit Kommunisten gegen die Atomraketen und die Berufsverbote anzugehen. Egon Krenz empfahl darum in einem internen Papier der SED-Führung, von Seiten der FDJ bessere Beziehungen zu den Jungsozialisten aufzubauen. Honecker aber schmierte über Krenz' Empfehlung mit seinem dicken Füllhalter: »Ich empfehle die Beziehungen einzufrieren! E. H.«

Törichter ging es nicht, auch wenn unverbesserliche Politbüro-Nostalgiker Honecker bis heute wegen seines kühn vorauseilenden Blickes auf die späteren Idiotien des Liedermachers loben mögen. Biermanns Auftritt beim Juso-Bundeskongress war zwar die Widerlegung der Ausbürgerungs-Begründung, aber alles andere als ein »antikommunistischer Ausfall«, als welchen ihn Honecker-Getreue im Frühjahr 1977 intern bezeichneten.

4.
Rock gegen Rechts und Lieder im Park 1979/80

Wie komme ich zum Loblied auf den einzigen proletarischen Rocksänger in Südhessen, der nicht einmal Arbeiter war, sondern nur Kleinbürger, genauer gesagt: Kleinspediteur? Und wie sind die Rodgau Monotones, die damals längst ihre Vorbilder ZZ-Top in Sachen straighter Live-Rock eingeholt hatten, obwohl sie in ihrer Bescheidenheit dieses stets abgestritten hätten, als die Retter eines der legendärsten Frankfurter Ruhmesblätter zu würdigen? Wie überhaupt ist der Bogen zu schlagen vom geradlinigen Peter Osterwold zur verwinkelten, hakenschlagenden Frankfurter Polit-Szene?

»Rock gegen Rechts« begann 1979 mit der NPD, dem einzigen parteiförmigen Imitat, zu dem es die Altnazis nach 1949 über längere Zeit gebracht hatten. Als diese im Juni 1979 ihren Bundesparteitag mit dem Titel »Deutschlandtreffen« in Frankfurt am Main zelebrieren wollte, entstand innerhalb meines kleinen Freundeskreises im Club Voltaire die Idee, statt der üblichen tristen Antinazidemos ein Rockkonzert zu veranstalten, das derart viele Fans nach Frankfurt locken würde, dass die Polizeiführung die NPD-Inszenierung wegen nicht mehr zu beherrschender Lage in der Innenstadt absagen oder verbieten müsse. Wir Falken brachten einen Finanzantrag über 3000,– DM der SPD-nahen Kinder- und Jugendorganisation Stadtjugendring ein unter der Überschrift »Antinazi-Konzert«. Die Jungsozialisten wurden bei ihrer Mutterpartei entsprechend vorstellig. Für ein Verbot des »NPD-Deutschlandtreffens« wurde hinter den Kulissen auch mit CDU-Oberbürgermeister Wallmann und seinem Büroleiter Alexander Gauland ständig gerungen, der als NPD-Gegner auftrat und ein Verbot unterstützte. Auch die Neuentdeckung und Karriere einiger Bands zählten zu den Erfolgen dieses historischen Rockfestivals. Im Hessischen Rundfunk wurde einigen Künstlern der Weg geebnet, B-Promis der linken Szene und später auch im Deutschrock zu werden. Vieles von damals hatte ich völlig vergessen. Aber diverse Bücher (besonders aus England, zum Beispiel von Daniel Laqua) erinnern daran, dass ich zunächst weniger als Politfuzzi, sondern als Liedermacher Lerryn von den Spontibands »Straßenjungs« und »Octopus« angesprochen worden war, das Festival zu organisieren. Aus dem zuerst gewählten britischen Slogan »Rock against racism« machte ich kurzerhand »Rock gegen Rechts«. Ich hatte einen kleinen Orga-Apparat und aufgrund der Frankfurter Serie »Lieder im Park« für Hilmar Hoffmann wurden mir wohl genügend Kontakte zu anderen Bands zugetraut.

Die Gebrüder Engel gehörten dazu. Sie waren eigentlich identisch mit dem »Panikorchester«, der Begleitband von Udo Lindenberg. Dieser hatte sich bis zuletzt vorbehalten, am Rebstock aufzutreten, aber diese Entscheidung von Erfolgsaussichten des Festivals abhängig gemacht. Darum ließ er sich per Management ständig die neuesten Zuschauerzahlen durchsagen, bis er schließlich vor den 50 000 Menschen auf der Bühne stand. Kurz vor ihm traten die »Bots« aus Eindhoven mit »Was wollen wir trinken« auf. Bei ihrer Hymne »Aufstehn« waren dann tatsächlich die allermeisten vom Rasen aufgestanden. Einige Bilder zeigten, wie schwer es Udo Lindenberg hatte, nach den »Bots« noch halbwegs ein Star des Festivals zu bleiben.

»Rock gegen Rechts« 1979 (RgR) wurde so jedenfalls zu einem der größten Erfolge der Frankfurter Linken, ja zu einer Art Exportschlager in andere Städte. Im Jahr darauf sollte das Festival dann am Rebstockgelände wiederholt werden. Davon, 1980, eigentlich handeln meine Notizen. Und natürlich von Peter Osterwold.

Die Jusos hatten eine Rechtswende bei ihrer vorangegangenen Vorstandswahl und stellten diesmal 5000,- DM in Aussicht, jedoch unter der Bedingung, dass die DKP wegen der Biermann-Ausbürgerung nicht offiziell zu den Mitveranstaltern zählen dürfte. Somit setzte sich das Bündnis, das sich in den letzten Wintertagen wieder in den Räumen des evangelischen Stadtjugendpfarrers Martin Jürges (der samt seiner ganzen Familie am 28. August 1988 von einem brennenden Kampfbomberteil bei Ramstein getötet wurde) traf, viel stärker aus Initiativen zusammen, die von Dany Cohn-Bendit und Joschka Fischer beeinflusst wurden. Auf dem Papier war die Aufruferliste lang. Aber die Aktivisten, die stets zur Stelle waren, kamen mehrheitlich aus Häuserrat, Weiberrat, Sozialistischem Büro, dem Antiautoritären Kinderladen, dem spontibeherrschten ASTA, dem Sozialistischen Lehrerbund, dem Bund demokratischer Juristen, dem maoistischen KBW, dem Bund deutscher Pfadfinder und der Karl-Marx-Buchhandlung mit Joschka Fischer. Einige Organisationen bestanden nur aus zwei, drei Leuten, passten in eine Telefonzelle, riskierten aber »einen umso größeren Rand« und waren halt immer anwesend. Jusos, Cohn-Bendit, KBW, das Sozialistische Büro standen mit der Jüdischen Gemeinde und dem Club Voltaire in solchen Bündnissen nur dann gemeinsam, wenn es gegen die DKP ging, die nur Beobachterstatus genießen durfte; »wegen der Menschenrechte in der DDR«. Ansonsten: das übliche linke Gezänk war allgegenwärtig. Daneben waren im RgR-Bündnis: die Gewerkschaftsjugend, die DKP-nahen SDAJ und VVN, die Falken, die Feuilleton-Maoisten vom Kommunistischen Bund, die Pfadfinder und Jungdemokraten nebst noch kleineren Organisationen.

Nichts – kein NPD-Aufmarschplan, keine Polizeistrategie, keine Werbung und keine Finanzfrage für das diesjährig logistisch noch aufwändigere Mammutkonzert mit seinen steten technischen Unüberwindbarkeiten – interessierte die Juso- und Sponti-Häuptlinge so sehr wie die Einfluss-Eindämmung der DKP. Selbst nichtfestgelegte Kollegen im Hessischen Fernsehen gewannen den Eindruck, das Festival werde für die Spontis und Fischers häuserbesetzende »Putzkolonne« (Putz war ein Frankfurter Synonym für Straßenschlacht) zum Anlass, um vor aller Öffentlichkeit ihre Gesellenprüfung in gewitztem Antikommunismus abzulegen.

So wurde die SDAJ dazu verdonnert, wie die großen Parteijugendorganisationen eine ebenso hohe vierstellige Summe einzulegen, wobei jedem klar war, dass die SDAJ über keinen öffentlichen Zuschuss des Stadtjugendrings verfügte. Dies war reine Schikane, um die SDAJ auszubooten. Schweren Herzens willigte der Vertreter des Landesvorstands, Manfred Schweiker, am Ende dennoch ein.

Bei der dritten Sitzung des RgR-Bündnisses überraschte der Vertreter des Häuserrats mit der Erkenntnis, dass die SDAJ, die die Ansteck-Buttons zu pressen übernommen hatte (mit einer Graphik, die Jutta Ditfurth wunderbar eigenwillig entworfen hatte), diese in der DDR hatte anfertigen lassen. Woher diese Erkenntnis stammte, blieb im Nebel. Als es dafür keinen Beweis gab, äußerte jemand aus Fischers und Cohn-Bendits Marx-Buchhandlung den Vorwurf, die Buttons würden in Nachtarbeit von DKP-Kindern und -Jugendlichen mit einer manuellen Buttonmaschine zu Tausenden gepresst. So stand es dann auch in der *Frankfurter Rundschau*, mit der Anklage, ich hätte die Kommunisten bei der Kinderarbeit gedeckt. Und zwar, um weitere 12 Pfennig am Materialpreis zu sparen und damit deren SDAJ-Geldeinlage bezahlen zu können. Ein Juso trat als Zeuge auf und behauptete, ein entsprechendes Gespräch zwischen den SDAJ-Funktionären Dieter Jöster, Manfred Schweiker und mir im DGB-Jugendclub belauscht zu haben.

Dies war einer der sich später häufenden Momente, in denen, weiß der Teufel wie, eine ziemlich geheime Info ausgerechnet zu den Spontis oder einem bestimmten Flügel der Jusos und dann zur Presse gelangt war. Der Hintergrund war ein anderer: Ich hatte mich mit den beiden Kommunisten getroffen, um einen Weg zu finden, trotz der Schikanen im

Antinazi-Bündnis bleiben zu können. Dies war aber nicht im DGB-Jugendkeller, sondern im Büro des Frankfurter DGB-Sekretärs, Friedel Hahn, der gegen Antikommunismus an unserer Seite war. Jedenfalls hatte Manfred Schweiker dort gesagt, dass wohl sämtliche kommunistischen Familien Frankfurts im Volleinsatz seien, um das gigantische Pensum an 30 000 Buttons per Handarbeit zu packen. Die ganze Sache hatte etwas von Aschenbrödels Tauben. Friedel Hahn hatte noch beim Rausgehen schelmisch mit dem Zeigefinger gewarnt, sie sollten bloß nicht zu Kinderarbeit greifen. Wie dieses Wort dann den Raum verlassen und in die linksliberale *Frankfurter Rundschau* gelangen konnte, blieb schleierhaft.

Jedenfalls stellte der ASTA plötzlich einen Ausschlussantrag gegen die SDAJ, der dann durch die linkssozialdemokratischen Falken abgeschwächt werden konnte. Thomas Kieseritzky und Detlef zum Winkel (KB) hatten sich der Stimme enthalten. Am Ende musste die SDAJ den durch ihre »Kinder- und Nachtarbeit« an den Buttons eingesparten Betrag ebenfalls in die Bündniskasse spenden, was sie für ein Jahr finanziell ziemlich ausbrannte. Cohn-Bendit hatte nach der Diskussion noch gefeixt, die SED würde der SDAJ den Schaden aus der Portokasse bezahlen.

Das Bündnis verkaufte später für 5 DM diese Buttons als ihre Einnahme, die zwar den formal freien, aber moralisch doch verbindlichen Zugang für Festivalteilnehmer auf das Rebstockgelände sichern sollten. Die Festivalbuttons wurden nicht nur im Club Voltaire, sondern ziemlich überall in Frankfurt verkauft und es gehörte einfach zum guten Outfit, einen zu tragen.

Aber noch immer bin ich nicht bei Peter Osterwold angelangt, dessen Erscheinung 1980 das Symbol des typischen Frankfurter Linksrocks werden sollte. Die Spontis, womit ich doch die erste Einführung gefunden hatte, weil denen die Rodgau Monotones damals nahestanden, waren zwar eine starke Kraft im Bündnis »Rock gegen Rechts«, aber hatten dennoch keine absolute Mehrheit, um die jungen DKP-Kommunisten ganz aus dem Bündnis zu kippen. Weil der DGB dazu nicht umzubiegen war, erntete sein Sekretär Friedel Hahn bei Cohn-Bendits Spontis die Bezeichnung »SED-Stalinist«. An den Theken des Clubs Voltaire sowie der Sponti-Kneipen machten also immer neue Meldungen die Runde, wie die Kommunisten die Kaperung der Festivalleitung von »Rock gegen Rechts« erschleichen würden. Gegen diese feindliche Übernahme durch die KP standen aber heldenhaft Arm in Arm Juso-Führer und Spontis – die fünf Jahre später mit identischem Personal als rotgrüner Magistrat Frankfurt regieren und dann leider auch der CDU unter Petra Roth überlassen sollten. Im Antikommunismus waren Fischer und die Jusos kreativ, stark und treu vereint. Im Kampf gegen Rechtskonservative fiel ihnen weit weniger Gewitzheit ein.

So war fast jeder Vorschlag der SDAJ von vornherein abgelehnt. Nur Jürgen Engel von den Grünen mühte sich ab und an um Kompromisse. Um der SDAJ die Unterstützung der Falken zu erschweren, nannte Joschka Fischer Letztere in einem Spontiplenum »SED-Fellow travellers«, weil sie mit der SDAJ gestimmt hatten. Was prompt auch so in der *Frankfurter Rundschau* zitiert wurde. Wieder war ich der Hauptfeind. Im Pflasterstrand wurde offen zu meiner Verprügelung aufgerufen: »Lerryn, Du Drecksau, irgendwann läufst du in eine volle Kelle!« Als dies dann in der Nacht nach dem Festival geschehen und mir vor meiner Wohnung ein Mikroständer ins Gesicht geschlagen worden war, triumphierte Cohn-Bendits Pflasterstrand über »des Bänkelsängers blutige Nase«. Joschka Fischer hatte vorher in einem Spontiplenum dazu aufgerufen, den Klabautermann Diether Dehm und seine DKP-Traveller zu stoppen. Den Begriff muss er so wunderschön gefunden haben, dass er ihn noch Jahrzehnte später im *Spiegel*, in der *taz* und in seiner Biographie verwendet hat. Die ZEIT nahm »Klabautermann« dann 2018 mit meinem fotografisch verzerrten Foto in die Überschrift eines Porträts über mich.

Für mich war Joschka Fischer immer nur eines: ein Terrorist. Nicht nur damals mit seiner Putzgruppe, sondern auch mit seinen Bomben auf Belgrad. Das antideutsche Kampfblatt

»jungleworld« kommentierte und zitierte Fischers Selbsterkenntnis sogar in Bezug auf zwei Kindermörder (bis heute ohne rechtliche Einschränkung): Fischer »bekannte: »Es ist unser und mein dunkelstes Kapitel, ich weiß oder ahne es besser nur, weil ich da selber wahnsinnige Angst vor bestimmten Sachen in mir habe, Bartsch und Ilonka sind Extremfälle, aber irgendwo hängt das als Typ in mir drin.« Einfache Mörder genügen dem Flagellanten nicht: »Stalin war so ein Typ wie wir, nicht nur, daß er sich als Revolutionär verstanden und gelebt hat, sondern er war im wahrsten Sinne des Wortes eben auch ein Typ.« Ein Typ. Ein echter Mann. Frau traute ihm nicht ... Während in der Szene der Frust herrschte und manch ein Kind aus Perspektivlosigkeit gezeugt wurde, vertrieb sich Fischer schlecht gelaunt die Zeit als Taxifahrer, klaute Bücher, probierte Drogen, schwärmte für den ideologischen Wegbereiter der NS-Faschisten, Ernst Jünger, den er 1982, als Jünger den Goethepreis der Stadt Frankfurt erhalten sollte, gegen Kritik in Schutz nahm und zum »Geheimtip der Linken« erklärte. »Die [Spontis] sagen, Jünger sei zwar ein Faschist, ein Denunziant usw. gewesen, aber: Hand aufs Herz, wie hätten wir gehandelt?« (jungleworld, 39, von 1998). Immerhin: als Fischer die deutsche Luftwaffe losschickte, verkrochen sich die Serben in die selben Luftschutzkeller in den selben Arbeitervierteln, die schon Ernst Jünger und sein Fliegerheld Göring als Ziele ausgedeutet hatten. Von einer möglichen Verbindung Joschka Fischers zum Mord an Heinz Herbert Karry, des jüdischstämmigen, antifaschistischen hessischen FDP-Ministers, wurde in den Leitmedien jedenfalls, nach Fischers Einsatzbefehl an die deutsche Luftwaffe gegen Jugoslawien 1999, immer weniger geschrieben. Gesammelte Drohpotenziale in Skandalakten können halt, nicht erst seit Trump, einem »echten Mann« und Bundesminister den rechten NATO-Weg weisen. Wonach selbst aggressivste Geheimdienste zum festen Kumpel Mephisto werden. Aber zurück zu »Rock gegen rechts«:

Als wir Falken, VVN, DGB-Jugend und SDAJ damals zur Minderheit im Bündnis geworden waren, trafen wir uns separat zu Vorabsprachen. Auf der Tagesordnung für das nächste Bündnis stand unter TOP 6 »Statements in den Umbaupausen«. Wir hatten für den ersten Festival-Tag sieben Umbaupausen ausgerechnet und es waren von den Spontis dafür sieben spontinahe Redner vorgeschlagen, von einem Gymnasiumsvertreter über das Lehrlingskollektiv, das Andreas Baader einst gegründet hatte, bis hin zu den Hausbesetzern von der Siesmayerstr. 6. VVN mit ihrem Sprecher Kurt Weber, Falken mit ihrem Vorsitzenden Rüdiger Deissler, DGB-Jugend mit Roland Frischkorn und SDAJ mit Manfred Schweiker verabredeten dagegen, von den sieben Rednern wenigstens zwei alte kommunistische Widerstandskämpfer der VVN auf dieser Antinazi-Veranstaltung sprechen zu lassen. Genau dagegen konzentrierte sich fortan die gesamte Kreativität der Spontis. Denn Emil Carlebach, jüdischer Widerstandskämpfer, der in den letzten 10 Tagen des KZ Buchenwald unter einer Planke des Lagerfußbodens versteckt worden war, hatte einen guten Ruf. Er hatte einst die *Frankfurter Rundschau* gegründet und war mit dem Herausgeber Karl Gerold irgendwie befreundet. Und auch der andere Rednervorschlag, Peter Gingold, jüdisches Mitglied der französischen Resistance, durfte nach Auffassung von Cohn-Bendit und Fischer keinesfalls in den Genuss des Rederechts vorm riesigen Rock-Publikum kommen: Es waren ja nicht sie, »diese DDR-Phrasendrescher«, sondern die Rock-Bands, die im Schweiße ihres Angesichts das Frankfurter Rebstockgelände füllen würden. Falken und SDAJ einigten sich in diesem Vorgespräch dann darauf, dass Thomas Ewald von den Falken Emil Carlebach und Peter Gingold (dessen Tochter die erste berufsverbotene, kommunistische Lehrerin war) vorschlagen würde. Wir konnten uns zwar eigentlich nicht vorstellen, dass es eine Mehrheit in einem antifaschistischen Bündnis geben könnte, einen jüdischen Widerstandskämpfer, der mehrfach sein Leben gegen die echte Naziherrschaft aufs Spiel gesetzt hatte, als Redner abzulehnen, waren aber bereit, im Notfall auf Carlebach zu verzichten, um wenigstens Gingold durchzubringen.

Aber die Spontis, als hätten sie erneut Infos aus unserer durchaus konspirativen Sitzung, landeten einen verblüffenden Coup, mit dem niemand gerechnet hatte. Ein Fischerministrant, ganz in schwarzem Leder mit einer Kette Dosenbier, was dem Rest sagen sollte »Wir haben getankt; wir schießen erst und reden dann! Passt auf, wir können jederzeit ausrasten, und wer uns widerspricht, kann sich leicht einen Rempler fangen«, begrüßte in großmütiger Jovialität alle, auch die SDAJler und die beiden VVN-Vertreter, die der DKP angehörten, obwohl deren Parteinahme ja offiziell nirgends auftauchen durfte. Dann beantragte er plötzlich, auf sämtliche Redner zu verzichten, auf Spontis wie auf Kommunisten. Ein Vertreter der Gewerkschaftsjugend rief dazwischen: »Dann können wir uns das ganze Festival ja schenken. Ohne irgend etwas Politisches zu sagen ...« Fischers Adjutant hatte, wie sein Meister, die Augen überrascht aufgerissen und hob betont schüchtern die Meldehand. Der Diskussionsleiter vom ASTA übersprang sofort die Redeliste und erteilte ihm als Übernächstem bereits das Wort, obwohl er sich erst als Sechster gemeldet hatte.

Andere Stimmen, die Autorität ausstrahlten, ruhten laut und natürlich tief im Sprechenden. Joschka hingegen, wenn er laut wurde, bekam eine lächerliche, halbhoch plärrende Stimme, die er sofort zwischen Kehlkopf und Bronchien drosselte und von dort aus gurren ließ, als müsse er sich ständig räuspern. Janis Joplin und Gianna Nannini gaben ihrer Stimme mittels dieser heiseren Bröseltechnik einen Sexappeal. Boris Becker hat sich einige Jahre nach seiner Wimbledon-Kindkaiserzeit mit überhängender Kinnlade knarrende Ääh-Laute eine selbstgewiss lässige Laid-back-Pose erwirkt, vor der viele Interviewer in Habachtstellung gingen. Aber niemand hat seine eigentlich unauffällige Stimme aus der Tiefe unterm Zäpfchen in eine solche majestätische Aura hochgeknurrt und gegurrt wie Joschka Fischer. Sein clever mutierter Antikommunismus war in der Stadt der Frankfurter Schule herrschender Konsens, und mit seinem Kettenhundegeknurre, wozu er die Lefzen hängen ließ und die Augenbrauen hochriss, gab er seinem Mainstream die martialische Bedrohlichkeit, die ihn damals schon für Höheres auszeichnete.

Aber warum bin ich wieder von den in schwarzer Schokolade geölten Stimmbändern des Sängers Peter Osterwold abgekommen? Um mich, viel zu lange, mit der Kunststimme des Joschka Fischer aufzuhalten? Zu meiner Entschuldigung: sehr indirekt hatten ja Fischers Redebeiträge auch mit Peters Gesang zu tun. Wo er nicht selbst auftauchte schickte er seinen direkt gebrieften Adjutanten, ein täuschend ähnliches Imitat, das wohl später im Ministerium sein Pressesprecher wurde. Dieser begann mit einer List: »Bei einigen hier hatte ich bereits im letzten Jahr den Eindruck, dass sie ›Rock gegen Rechts‹ eigentlich nur instrumentalisieren und für sich selbst veranstalten wollen.«

Drei Vasallen starteten den ersten Beifallsklopfimpuls, aber dafür war es noch zu früh, denn des Meisters Imitat hatte ja noch kaum ein Register gezogen, also blieben die Klatscher nur Präludium. »Das Festival ist aber für Menschen da. Und zwar, mit Verlaub ...« (nun knarrte seine Stimme wie ein ganzer Wachhundkäfig) »für Menschen, die mit unserem Antifaschismus, mit den klugen Büchern, die wir vielleicht ... Ich sage, vielleicht ... gelesen haben ...« (ein erneuter Beifallsimpuls einte jetzt schon die gesamte Abordnung des ›Schwarzen Blocks‹, alias schwarzlederne Putzkolonne, die gekommen war, um Andersdenkende einzuschüchtern). »Wir machen doch dieses Konzert für Leute, die noch nicht überzeugt sind und nicht für die Funktionäre ...« (Nun brandete der Beifall breiter auf.) »Außerdem bitte ich doch, mit Verlaub ...« (wieder ließ er fast die Stimme im Knarren untergehen, während er mit den gespreizten Fingern der linken Hand in die Luft griff, als wolle er jemanden beim Haarschopf fassen, sie dann zur Faust ballte und in der Luft mächtig zittern ließ, als solle hier ein Ergriffener zum Wohle der Allgemeinheit durchgeschüttelt werden, womit er sich ungeheure Entschlossenheit verlieh) »... Rücksicht auf das zentrale Subjekt der Geschichte zu nehmen« (nun nahm er Maß gegenüber der SDAJ) »und das ist, mit Verlaub, nicht die Vorhaut der Arbeiterklasse, die sich zurückzieht, wenn's ernst wird (pflichtschuldiges Gelächter vom treuesten Vasallen Joschka Fischers Johnny Klinke), sondern das sind unsere Rockbands, ohne die wir hier Kaiser ohne Land wären, ohne die wir vom Rebstockgelände in den kleinsten Raum des Clubs Voltaire umziehen könnten und die alle ja für Rock gegen Rechts ganz ohne Gage auftreten. Die Bands, mit denen Joschka geredet hat, waren da ziemlich eindeutig. Die haben gesagt, mit Verlaub, das heißt doch Rock gegen Rechts und nicht Schwätzen gegen Rechts!«

Das saß, und der Gemeindesaal im Stadtjugendpfarramt johlte. Dennoch war die Mehrheit nur knapp dafür, sämtliche Reden zwischen den Umbaupausen der Bands abzusagen, nämlich mit 11 gegen 7, und auch nur, weil die Jungdemokraten noch vermittelnd eingebaut hatten, dass »Durchsagen« durchaus auch etwas länger ausfallen dürften, worauf Klinke kompromisslern musste: »Wenn so einer nach 20 Semestern Antifaschismus sich ausnahmsweise auch mal kurz fassen kann, dann ja!«

Bevor ich nun endgültig zu Peter Osterwold komme, möchte ich noch einen Gedanken vortragen zu diesem Sieg des post-Adenauerschen Neo-Antikommunismus. Was ist eigentlich der Antikommunismus? Dass Thomas Mann ihn »Grundtorheit der Epoche« genannt hatte, erklärte noch nicht das Epochale dieses Antikommunismus in seinen inneren Bestandteilen! Und wie konnte so etwas Kleingeistiges wie der Hass auf Kommunisten zum Grundkonsens einer so leistungsfähigen Gesellschaft wie der westdeutschen werden? Sodaß darauf gemeinsam alte SS-Nazis mit Gemsbart, die jeder in seiner Jugend gut ein Dutzend Juden erschlagen hatten, sich genauso verständigen konnten wie die Fischergang, die später Israel für untouchable erklärten. Emil Carlebach, die Verkörperung dessen, was Goebbels als »jüdisch-bolschewistische Weltverschwörung« verschrien hatte, und den wir genau darum als Redner beim Festival wollten, hatte zeitlebens Hass aus unterschiedlichen Quellen zu spüren bekommen.

Aber was hatte die DKP getan? Sie hatte sich erdreistet, die tristen, veralteten Gemäuer der DDR für die irdische Ausgabe des leuchtend roten Heldenparadieses einem ewig jungen Aufbegehren anzudienen, hatte die unbefleckten Träume linker Revolutionäre und die Idylle jener, die endlich vom Gauleiter zum American Way of Life aufgestiegen waren, mit der Sowjetmacht konfrontiert. Der speziell links-designte Antikommunismus von Fischer & Co. vermochte also beide, befleckte Altnazis und unbefleckte Menschenrechtler, partiell zu einen. Und die, die ihre Träume von der Klassenlosigkeit gegen die DDR-Realität abgrenzten, und die, die die herrschenden Klassenverhältnisse in der BRD für ihr abwechslungsreiches Wohlbefinden insgeheim hochschätzten. Antikommunismus ist in dieser Zeit zu einer rosa-grünlichen Staats-Religion geworden, die Leute die Ärgerlichkeiten im Hier und Jetzt besser ertragen lässt; besonders im Abgrenzen zu jenem, in den historischen Erdendreck gefallenen Engel namens DDR. Wo hehre Träume vom reinen Sozialismus nicht zum Kleingedruckten in Tarifverträgen und Sozialstaat oder zum konkreten Schul- und Gesundheitssystem in der DDR zuneigten, konnte man unangefochten links bleiben. Franz Josef Degenhardt im »Wildledermantelmann« und Dieter Süverkrüp mit »Bleimse mir doch weg mit ihrem Scheissvietnam« haben diesen linken Antikommunismus in wunderbaren Liedern gegeißelt, wie schon unsere Wehrmachtsväter wollten »wir« die Sowjetunion einreißen, um die Menschen dort »vom Stalinismus zu befreien«. Und so kam es zu dem Beschluss, die beiden kommunistischen Widerstandskämpfer Emil Carlebach und Peter Gingold nicht beim Festival reden zu lassen. (Cohn-Bendit schlug stattdessen vor, einer »namhafte« Band den Redebeitrag zu überlassen, die so ähnlich hieß wie »Radfahrer-Absteigen«, was aber auch keine Mehrheit fand.)

Jeder kann ermessen, wie weit diese Erkenntnis noch entfernt war vom Auftritt jenes proletarischen Rocksängers, dessen Songs sehr praktisch die Heiterkeit einer anderen Welt spiegelten. Darum überspringe ich die Zeit dazwischen und lasse endlich das Festival beginnen, zu dem – laut Polizeibericht – 40 000 Menschen am Rebstockgelände erschienen. Die Ordner stellten Falken und SDAJ gemeinsam und standen unter meiner Leitung.

Emil Carlebach und Peter Gingold diskutierten irgendwo randständig am Stand der VVN. Wer dort vorbei ging, hörte das permanente Duett des Carlebachschen Baritons und des Gingoldschen Altsopran, die so völlig unterschiedlich klangen, wie die beiden Widerstandskämpfer selbst waren. Der Gingoldsche Vortrag war den Jugendlichen mehr zugewandt, indem er kleine Abenteuer malte, gelegentlich auch Frivolitäten einspickte. Dem Carlebachschen ging es schneller ums Wesen des Faschismus, der an der Staatsmacht den schlimmsten Flügel des Finanzkapitals verkörperte, wohin auch Gingold gelangte, wenngleich sein Widerstandskampf in der Resistance in offenen Tälern und Bergen der Provence eine andere Farbenfüllle bereithielt als die Jahre in jenem zentralen KZ für die »vorwiegend nicht rassistischen, sondern politischen Gefangenen«: in Buchenwald. Auf dessen Gelände unterhalb der Weimarer Goetheeiche hatte Emil Carlebach bei Gedenkfeiern jedes Jahr im April, zum Tag der Selbstbefreiung – und oft geduldiger, als es seine Art war – Fragen beantworten müssen, die aus der berühmten Verfilmung von Bruno Apitz' Roman »Nackt unter Wölfen« auch gegen den »verordneten DDR-Antifaschismus« gestellt worden waren. Seine eigenen Erlebnisse waren dabei stets zu kurz gekommen.

Kommt jetzt Peter Osterwold endlich auf die Bühne? Nein, denn zunächst spielten die »Crackers« und eine Band aus dem Norden Deutschlands. Dazwischen sangen die »Gebrüder Engel« einen scharfen Song gegen die *Bild* (»Klau, lies und kotz«). Eine Schülerband sang einen Refrain, der noch bis heute Fischer und Cohn-Bendit im Ohr klingelt: »Karrieristen aller Länder – verschweinigt euch!« Und:

»Wir sind von gleichem Holze
sind gar von gleichem Scheit
wir sind von gleichem Stolze
wir sind vom gleichen Neid«.

Die Crackers lieferten soliden Rockpop. Eine psychedelische Band aus dem Norden, »Amondüül« oder »Embryo«, summte mit geschlossenen Augen und qualmenden Riechhölzern irgendwas wie bengalische Wiegenlieder zu zwei Blockflöten, einer Drehleier und sogar so was wie einem quergeblasenen Sauerampferhalm.

Um es jetzt genau zu sagen, Peter Osterwold sang erst am zweiten Tag des Festivals. Am Abend sickerte die Nachricht durch, der Schwarze Block habe ein weiteres Haus besetzt. Selbstverständlich sahen Cohn-Bendit, Fischer und seine Vertreter in der Festivalleitung den Moment gekommen, uns mit der klaren und unabweisbaren Forderung zu konfrontieren, den Hausbesetzern jetzt doch das Mikrofon für längere Reden zu überlassen. Manfred Schweiker vom SDAJ-Landesvorstand führte mit hängenden Schultern, stockend, kleinlaut den Beschluss von vor Tagen ins Feld, was nur zu einem wüsten Ausschütten von Spott über ihn und den Kleinmut der DKP führte. Er wolle doch nicht ernsthaft behaupten, prustete Fischers Adlatus Klinke, ein lahmer und völlig inaktueller Theorievortrag von irgendeinem Altmarxisten hätte zu dem Publikum, das doch nur wegen Rockmusik hierher gereist sei, irgendeine sinnliche Verbindung. Die Hausbesetzung aber – die sei brandaktuell!

Aber, und da klang er schon bedrohlicher: »Stellen wir uns nur mal vor, die Leute hier erführen morgen früh von den wahren streetfighting men, immerhin auch ein Titel der Stones, und der Straßenschlacht in der Siesmayerstrasse oder im Gruneburgweg nur aus den Medien und es käme raus, dass DKP und Falken die Info heute unterdrückt hätten. Nur weil so ein DDR-Freak nicht hatte reden dürfen. Häää? Da sähen wir doch alle geküsst aus. Also, Bühne frei für die Hausbesetzer!«

Von hinten hatte einer der streetfighting men mitgehört und kreischte: »Wir haun euch euer ganzes Scheißfestival zu Klump, wenn ihr uns nicht hochlasst. Habt ihr das kapiert, ihr Bürokratenärsche?« Da aber den Jusos und der Gewerkschaftsjugend ziemlich flau wurde bei dem Gedanken, den Schwarzen Block auf die Bühne zu lassen und das vor ihrer jeweiligen Organisationsleitung am Montag vertreten zu müssen, ging alles nicht so spontan, wie es Klinke gern gehabt hätte. Der Jusovorsitzende, der beileibe keine Rede eines Kommunisten auf der Bühne gewünscht hatte, sprach Cohn-Bendit direkt an: »Ein Aufruf der Hausbesetzer überschreitet unser breites Bündnis und zerbricht es! Bedenk doch, dass Hausbesitzer Ignatz Bubis auch zu den Aufrufern von ›Rock gegen Rechts‹ zählt. Der ist nicht nur hier als Vorsitzender für die jüdische Gemeinde, sondern ist auch Vorsitzender der Haus- und Grundbesitzervereinigung.« Cohn-Bendit sah seine Front bröckeln. Mit den Jusos wollte er es sich nicht ganz verscherzen. So erhielt der Vorschlag zunächst keine spontane Mehrheit hinter der Bühne.

Detlef zum Winkel vom Kommunistischen Bund betätigte sich als Vermittler: »Wir geben ihnen exakt 3 Minuten, ohne Aufruf zur Gewalt.« Der Jusovorsitzende Jan von Trott: »Nee, ganz ohne Demoaufruf! Was anderes halten wir hier gar nicht durch. Wir können doch nicht das Festival zu einer Demo zum besetzten Haus umfunktionieren.« Glücklicherweise keifte der nicht stimmberechtigte Hausbesetzer mit schwarzem Motorradhelm von hinten: »Ey, Alter, fick dich. Entweder wir rufen zur Demo auf, oder der Vorhang fällt. Euer Rockgewichse könnt ihr sowieso vergessen. Meinste, wir lassen die Bullen prügeln und ihr macht hier zur selben Zeit euren Schlagerscheiß?«

Damit verstärkte sich aber die Mehrheit gegen die Hausbesetzer nur noch, und Cohn-Bendit wollte sich verabschieden zu einer Strategiebesprechung im »Walter-Kolb-Keller« mit einem finsteren »Morgen sehen wir weiter. Glaubt bloß nicht, damit kommt ihr durch.« Woraufhin der Jusovorsitzende Jan von Trott ihm weinerlich mit ausgebreiteten Armen und schief gelegtem Kopf wie Don Camillo vor dem großen Holzkreuz zulispelte: »Das sind aber immerhin demokratische Mehrheiten, du, das müssteste doch wenigstens respektieren.« Da sprang der Hausbesetzer auf die Bühne, exakt zwischen zwei Songs der bengalischen Wiegenliederband aus dem Norden, und schrie mit sich überschlagender Stimme ins Mikro: »Ey, Leute, die KP-Ordner, DDR-geschultes Personal und so, wollen Hausbesetzer, die heute von den Bullen in der Siesmayerstraße zusammengedroschen worden sind, nicht auf die Bühne lassen. Leute, das finden wir scheiße, echt zum Kotzen. Morgen um 10 Uhr besetzen wir hier die Bühne! Macht alle mit.«

In den vorderen fünf Reihen gab es stürmischen Beifall, weiter hinten wurde weiterhin gekifft, Federball gespielt oder es wurden unbeeindruckt Räucherstäbchen und anthroposophische Literatur verkauft. Woraufhin er, von einem Bühnenordner verfolgt, mit seinen atemberaubenden schwarzen Schaftstiefeln von der Bühne sprang und die Fäuste schwingend in die hinteren Reihen seiner Kumpanen tauchte.

Ganz so spontan kam hier niemandem diese Hausbesetzung vor. Auch diese Interventionen schienen gut im Vorhinein geplant. Da beschloss die Festivalleitung, ebenfalls eine Strategieberatung einzuberufen, mit SDAJ und Falken, die unter der Ordnerleitung von Oswald Haydt und Rüdiger Deisller die Bühnenwache gestellt hatten. Um Punkt 21 Uhr waren 35 Mainzer und Frankfurter Falken, 20 Kollegen der hessischen Gewerkschaftsjugend, sogar 6 Frankfurter Jungsozialisten und etwa 20 SDAJler zusammengekommen. Sogar ein paar Band-Roadies waren mit Ordnerbinden ausgestattet. Die Mehrheit beschloss, die Bühne die Nacht über mit einer Notbesetzung von 10 Mann zu bewachen und am nächsten Tag ab 9 Uhr einen verschärften Ordnerring um die Bühne zu ziehen.

Der Leser dieser Erzählung wird erneut feststellen, wie weit sich das Geschehen, und damit auch ich, wieder vom Gesang des Peter Osterwold entfernt haben. Aber jetzt darf ich insofern vertrösten, als uns nur noch wenige Handlungen von seinem Auftritt auf der Bühne und in der Geschichte trennen. An jenem Wochenende brannte das SPD-Parteihaus, und eine Frontfensterscheibe des DKP-Büros in der Holzhausenstraße ging zu Bruch.

Am nächsten Morgen gegen halb 11 tauchten aus dem Gras des Rebstockgeländes die ersten Gestalten, zum Teil schwankend und mit Bierflaschen, in voller schwarzer Montur auf und bewegten sich wie die Untoten im Stummfilm »Nosferatu« auf die Bühne zu. Als sie über die Abstellgitter zu klettern begannen, traten die Ordner in Aktion und drängten sie zurück, wobei jede Handbewegung eines Ordners von hysterischen Hilfeschreien des Schwarzen Blocks begleitet war.

Nach einigen Minuten war der Schwarze Block vor den Gittern und verlegte sich darauf, im Publikum, das auch erst allmählich und nur teilweise mit ganz geöffneten Augen aus seinen Zelten gekrochen und eingetrottet war, nach Verstärkung zu verlangen, die aber weitgehend ausblieb. Erneut sammelte sich der Schwarze Block auf der Wiese. Nicht alle konnten sich des vergangenen Nachtkonsums wegen auf den Beinen halten, waren aber gleichwohl bemüht, einen rücksichtslosen Eindruck zu verbreiten. Doch waren die Festival-Ordner auch nicht gerade von schlechten Eltern. Wie wabernde Wellen schwankten sie immer wieder auf die Gitterständer zu, wurden zurückgedrängt, ließen sich kreischend und malerisch wieder zurück ins Gras fallen, erhoben sich, um erneut auf die Bühne zuzuwanken.

In diesem Moment schrie jemand vom Soundturm: »Die Bühne brennt!« Das brachte Unruhe in die vor und hinter den Gittern postierten Ordner. Und in der Verwirrung kam ein kleiner Trupp der Hausbesetzer auf die Bühne, auf der gerade die leidlich bekannte Band »Embryo« psychedelische Klänge »gegen Rechts« absonderte.

Und tatsächlich: Die Bühne qualmte am hinteren Eck. Wie am Schnürchen geschah das Weitere. Der »Embryo«-Sänger unterbrach sofort sein vermeintliches Musikstück: »Wir haben hier einen Genossen, der euch etwas sagen will, was wir von der Band Embryo (wobei er eigentlich noch die Platten-Bestellnummer hätte hinzufügen können) für total wichtig halten!«

Der Lederjackenmann hielt den schwarzen Motorhelm vom gestrigen Abend in der Hand und schrie ins Mikro, und siehe da, die Spontiführer waren nun auch alle zur Stelle. Der Hausbesetzer bat um Verstärkung: »Ey, Leute, kommt alle vor. Wir demonstrieren bis zum Polizeipräsidium und holen die Genossen aus'm Knast, und dann geht's weiter zur Fischerfeldstraße, wo nicht nur eine gewisse Regierungspartei ...«

In diesem Moment waren zwei Ordner bei ihm, der Lederjackenmann gellte sofort los und schrie um Hilfe, woraufhin sich die psychedelische Band umgehend schützend um ihn gruppierte. Der »Embryo«-Sänger war geübter als der Hausbesetzer und eroberte das Mikro zurück: »Hallo Leute, was hier los ist, ist der nackte Terror. Embryo hat soeben beschlossen, keine Musik mehr zu machen, bis der junge Mann hier seine Rede gehalten hat. Ich gebe ihm jetzt offiziell als ›unseres‹ siebten Bandmitglied das Mikro. Und jetzt will ich doch mal sehen, ob sich die Prügler vom DKP-Ordnungsdienst an unser neues Bandmitglied wagen.«

Während die Ordner den Bühnenraum leidlich noch hielten, war die Bühne schon teilweise in der Hand der Spontis. Embryo zog sich konsequent zurück ins Cateringzelt und sorgte beim Abgang dafür, dass der Bühnenaufgang von den 20 Spontis hinter der Bühne in Beschlag genommen werden konnte. In diesem Moment versuchte sich Emil Carlebach als Schlichter auf diesem Bühnenaufgang hochzuarbeiten. Die schwarzbelederte Fischer-Führung sah ihn und deutete mit Fingern auf den alten Mann. Wenige Augenblicke lang schrien drei oder vier Hausbesetzer auf ihn ein, wobei dieser keine Antwort schuldig blieb. Da, plötzlich, hielt er sich am Kopf, während Blut auf sein Hemd tropfte, und er fiel die Treppe halb hinunter, wozu der Schwarze Block auf der Bühne Beifall spendete.

Die Situation war kritisch. Vorne die anstürmenden und immer wieder zurückgedrängten Spontis und hinter der Front ein Spontitrupp aus Cohn-Bendits Leuten. Und überall diskutierende Menschen, die das Für und Wider der Umfunktionierung des Rock-gegen-Rechts-Festivals durch die Hausbesetzer erörterten. Aber die große Mehrheit des Publikums bekam die Konfusionen an der Bühne kaum mit, hielt das Ganze nur für eine der überlangen Umbaupausen und erwartete klare Signale. Da begannen die »Rodgau Monotones« ihren Soundcheck, allerdings lustlos und unentschlossen, weil überhaupt nicht klar war, ob ein Auftritt nicht der schiere Verrat am ausgerufenen Streik der »Embryos« sei. Die Zigtausend weiter hinten blieben eher friedlich und abwartend, auch als Pfiffe gellten, um die Ordner zu entmutigen, die immer noch leidlich den Bühnenraum »hielten«.

Es wurde eine offene, wenngleich kippende Situation für alle, die das Festival fortsetzen wollten. »Altamont« rief da zum ersten Mal jemand von den Musikern. Auch als der Hausbesetzer wieder ans Mikro ging: »Leute, was hier abgeht, ist der reine Terror. Die DKP und die Scheißsozis prügeln hier die Hausbesetzer, die gestern schon von den Bullen zusammengedroschen worden waren. Kommt vor und besetzt die Bühne.« Nur wenige folgten ihm, während seine Stimme sich überschlug, das Mikro rückkoppelte, weil er zu nahe an die Lautsprechertürme geraten war, aber die Situation für die knapp 100 Ordner vor der Bühne war nun nicht mehr lange haltbar.

Ich habe einen Mitschnitt, in dem Peter Osterwold im Hintergrund mit Emil Carlebach spricht. Ohne dass allerdings irgendwie klar wurde, wo und wie er sich einsortieren würde in die gespaltene Gemengelage um die Bühne herum. Peter Osterwold hat für einen Weißen eine ziemlich schwarze Stimme, mit der er ähnlich John Cougar Mellencamp singt. Aber immer bleibt es die völlig eigenständige, unkopierte Stimme Peter Osterwolds von den »Rodgau Monotones«, die er wie eine sehr lange Angel unter die Leute wirft. Und mit der er selbst die konsonantischen Ecken der deutschen Sprache hindurch leichtfüßig bleibt, geradeaus und immer genau den Ton trifft. Alle anderen, die ich bis dahin auf Deutsch hatte singen hören, hatten die unrockige deutsche Sprache hilfsweise auf Englisch phrasiert oder wie Lindenberg mit »britisch-undeutschen« Phrasierungen näselnd ausgefüttert an Stellen, an denen das Deutsche die erste Silbe betont (LIEben), aber der englische Pop die zweite (to LOVE). Das Englische fließt zwischen der Melodie, das Deutsche zwängt sich bei vielen Sängern schwer durch die Bluenotes. Niedecken von BAP zum Beispiel war auch darin taktisch clever und bestand auf dem Kölner Dialekt, der nah am Angelsächsischen und noch näher am Niederländischen gestrickt ist. Für deutsche Rocker jedenfalls ist diese Unwägbarkeit der deutschen Phonetik ein echtes Problem beim Singen. Nur nicht für Peter Osterwold, der im südhessischen Dialekt oder hochdeutsch singen mag, sich also der ganzen Gefahr des eckigen Deutschen aussetzt und das Problem leicht und auf wundersame Weise umgeht. Das hat seinen tiefen Grund darin, dass er unumwunden Rock 'n' Roll macht. Er taktiert nicht in der Phrasierung, weil ihn das gar nicht interessiert, sondern singt drauf los. Peter Osterwold empfand politische Zusammenhänge mehr, als diese zu analysieren, lernte Leute anhand deren Gesichtern, Gesten und wenigen Worten kennen und war auch privat eine Stimmungskanone. Dazu hatte er die schönste Frau der südhessischen Rockszene, die er sich sogar »Püppi« zu nennen traute, was ihm dann auch alle nachsprachen, gleichgültig, ob es aus den Triefaugen emanzipationsüberwachender Pharisäerinnen des Weiberrats im Kolbkeller strafende Blicke hagelte. Später ist Peters Stimme mit »Erbarmen zu spät, die Hesse komme« berühmt geworden. Bis dahin hatte er nur den südhessischen Hit »Ei Gude, wie?« in der Tasche gehabt. Immerhin wurden die Monotones so berühmt, dass jede unsoziale Handlung des kleinunternehmerischen Spediteurs Peter Osterwold in der Frankfurter Ausgabe der *Bild* gestanden hätte. Was aber nie der Fall war. Ein Beleg dafür, dass in der kleinen Transportfirma der Osterwolds ein faires, soziales und kollegiales mittelständisches Betriebsklima herrschte und wahrscheinlich noch herrscht.

In diesem Moment lag also das gesamte Festival in der Hand dieses Menschen, eines freundlichen Biertrinkers mit einem Instinkt für Gerade und Ungerade. Er trat auf die Bühne in die Ecke, deren Brand mittlerweile gelöscht war, wo inzwischen Spontis und der Frankfurter Gewerkschaftsvorsitzende Friedel Hahn mit Peter Gingold und Emil Carlebach in ein heftiges Gespräch geraten waren, und der DGB-Vorsitzende bat Peter für einen Augenblick an die Seite. Dem war das alles sehr unangenehm – sollten die Monotones zwischen die politischen Mühlräder rutschen? Ich rief ihm zu: »Eine Straßenschlacht – und Rock gegen Rechts ist tot.« Darauf er: »Und was hat das jetzt mit mir zu tun?« Ich erwiderte: »Peter, ich bitte dich. Fangt an. Macht Musik, damit wir die Bühne wieder frei kriegen von den Schwätzern«. Sein Gesicht taute auf: »Schwätzer bist du selbst«, lachte er, »und außerdem weißt du, dass die Monotones überhaupt keine KP-Sympathie ham, sondern eher auf Dany stehn. Da müsste ich sie ganz schön überfahren.« Es blieb mir nichts, als »Bitte tu's!« zu sagen, denn eine Diskussion in der Band hätte den kritischen Moment viel zu lange hinausgezögert, die Ordnerkette hielt auch kaum noch, und wahrscheinlich hätte sich Cohn-Bendit, wenn er das mitbekommen hätte, sofort in die Band eingemischt. Shit happens, und das Notwendige setzt sich im Zufall durch.

»Geh einfach jetzt ganz spontan ans Mikro und mach den Spontibeschluss wahr, dass jetzt abgerockt wird und nicht geschwätzt, ich fleh dich an!« rief ich noch mal.

Peter starrte auf einen Bühnenmonitor, dann schüttelte er den Kopf, dann sah er den Juso-Vorsitzenden an, der wieder die Arme hängen ließ. Cohn-Bendit ahnte, was vorging, und machte sich aus seinem Pulk in unsere Richtung los. Es gab also nur noch Sekunden. Und in diesem Augenblick sprang triumphierend der Hausbesetzer vom Vortag auf Emil Carlebach zu, der ein Papier im Nasenloch trug, und kreischte ihn an: »Siehste jetzt, du KP-Arschloch, was ihr angerichtet habt. Jetzt blutste! Hättet ihr uns lieber gleich drangelassen.«

Peter sah das, schaute dem Schreihals plötzlich direkt in die Augen, und sein trauriges Lächeln sagte: »Du hast gewonnen!« Dann ging er zum Mikrofonständer, hob ihn über den Kopf, ging weiter nach vorne bis an den Bühnenrand und fragte mit seiner geilen Stimme ins Publikum den Satz, welcher der Titel der nächsten »Rodgau-Monotones-LP« werden sollte: »Wollt Ihr Mussikk oder was?«. Woraufhin aus dem Publikum ein vieltausendköpfiges »Jaaa« erscholl. Auch wenn ich ab da der Hauptfeind der Spontis war, wochenlang als Inkarnation des »Ordnerstalinismus« durch die grünen Spontiblätter lief: der Auftritt der Monotones wurde zum unübertroffenen Highlight in der deutschen Rockgeschichte.

Cohn-Bendits Pflasterstrand

DER UNMÖGLICHE KANDIDAT: Dr. Diether Dehm, 40, strebt in die große Politik. Für die Frankfurter SPD könnte der rastlose Linksaußen bald zum Problem werden.

PORTRAIT

Die Diether Dehm-STORY

Von Gerd Koenen

"Ei Diether, du Stasi-Agent, wo haste dann des ganze Geld neigesteckt?« Von links und rechts ehrlich anteilnehmendes Schulterklopfen für den SPD-Bundestagskandidaten Diether Dehm bei einer Geburtstagsfeier für die 90jährige Kommunistin und Antifaschistin Lore Wolf. Eine wunderbar vive alte Dame, die ihren Diether in die Arme schließt und auch den »PflasterStrand«-Autor nicht ungeküßt läßt.

Selbstgebackene Kuchenpakete werden hereingetragen, Kaffeeduft liegt über der Szene, Guitarren werden gestimmt. Weit über hundert sind es schließlich, die sich versammelt haben. Ausgerichtet hat die Feier der DKP-Unterbezirk. Gekommen sind alle, die der VVN, »Vereinigung der Verfolgten des Naziregimes«, die Treue halten. Graue Köpfe überwiegen, aber auch ein paar Jüngere darunter. Einer von ihnen ist Diether Dehm, der seit seinem 15. Lebensjahr der VVN angehört — und auch jetzt nicht austreten wird, seit das offene Geheimnis amtlich bestätigt wurde, daß die VVN (auch er) vom alten DDR-Regime mitfinanziert wurde. Denn die hier, sagt er mir in scharf-bekenntnishaftem Ton, »die hier sind die besseren Deutschen«.

Fotos: Horst Eigen (l.), Poly-press (r.)

Früher nannte er sich »Lerryn« und sang Stamokap-Protestlieder, heute ist er Frankfurter Bundestags-Kandidat und einer der letzten Marxisten in der SPD.

Die Rede, die Dehm als Bundestagskandidat an die Versammlung richtet, steht denn auch ganz im Zeichen eines globalen »Wir« contra »Sie«. Angesichts der Hetzjagd gegen ihn und seine Familie habe man ihn aus Kreisen seiner lieben Parteifreunde gewarnt, hier heute aufzutreten. Aber so weit dürfe der Wahlopportunismus nicht gehen. Und dann legt der Kandidat in einem kurzen, provokativen Rundumschlag sein aktuelles Weltbild dar — das für einen Sozialdemokraten einigermaßen befremdlich wirkt:

Wir, liebe Kolleginnen und Kollegen, Genossinnen und Genossen, wir sind wirklich nicht Sieger, sondern Verlierer ... Von Nicaragua bis Osteuropa feiert die Kapitalverwertungslogik, so scheint es heute, einen gigantischen Triumphzug ... Diese Kapitalverwertungslogik hat an zwei Weltkriegen profitiert, sie hat Hitler an die Macht finanziert. Heute zwingt sie per Kredit und Rohstoffpreisverfall der armen Völker, ihre Regenwälder zu verscherbeln, und das kommt bei uns als Ozonloch wieder an. So tritt zur militärischen Vernichtungsdrohung und zur antidemokratischen Vernichtungsdrohung nun auch noch die ökologische Vernichtungsdrohung ... Die Orkane dieses Winters waren ein Fanal. Wir ha-

April 1990 PFLASTERSTRAND 37

PORTRAIT: DIETHER DEHM

Beim SPD-»Bundeskongreß Selbständiger« 1988

ben laut Brundtland-Bericht noch höchstens 30 bis 35 Jahre Zeit. Und ausgerechnet dieses Prinzip der Kapitalverwertung, das dabei ist, die Menschheit auszulöschen, wird nun wahrscheinlich auch noch in den sogenannten freien Wahlen in Osteuropa triumphieren ... Aber das bedeutet nur, daß die Alternative, die Rosa Luxemburg schon formuliert hat, sich schärfer denn je stellt: Entweder Kapitalverwertungslogik oder eine solidarische Wirtschaftsplanung, die die Nachgeborenen mit einschließt. Entweder Aufstieg zum Sozialismus — oder Untergang in der Barbarei ...

Begeistert anerkennendes Schulterklopfen nachher über derartige Verbalradikalität, die man sich als Kommunist schon gar nicht mehr traut. Und noch mehr Stasi-Flachs. Als wir gehen, singen alle noch einmal mit: »Wenn wir schreiten Seit' an Seit', und die alten Lieder klingen ...« Vier ältere Männer mit Quetschkommode und Guitarre geben zünftig den Marschrhythmus vor: »... mit uns zieht die neue Zeit, mit uns zieht die neue Zeit.«

Diether Dehm erträgt die Verdächtigung einer »Jugendsünde« als Stasi-Mitarbeiter — die der Urheber des Gerüchts, der Journalist Peter Roth, und

> ☭ Der Agitator: Dehms Sozialismus-Begriff ist konservativ bis zum Opportunismus. Mit der SED war er nicht immer in allen Punkten einverstanden. Aber zur Not hat er sich entsprechend arrangiert.

seine eifrige Kolporteurin, die designierte CDU-Gegenkandidatin Steinbach-Hermann, laut einstweiliger Verfügung des Landgerichts nicht mehr wiederholen dürfen — mit dem trotzigen Stolz eines Vielgeschmähten. Er weiß und sagt es auch, daß diese Fama in einer gewissen Szene schon längst herumlief.

Genauer gesagt, seit 1986, als nach längeren Verhandlungen mit führenden Ostberliner Kulturfunktionären ein Konzert mit Klaus Lage und ein paar anderen aus dem Stall des Plattenverlegers und Konzertmanagers Dehm beim FDJ-»Liedersommer« in Ostberlin ausgehandelt wurde. Dafür mußte man — als Vorbedingung — den überängstlichen Erbhofverwaltern des Ost-Proletariats die Zusicherung geben, der »BAP-Schock« von 1984 werde sich nicht wiederholen. Die BAP-Musiker hatten damals bei ihrer DDR-Tournee ein neukomponiertes Lied mit gewissen satirischen Anspielungen singen wollen und, nachdem das nicht gestattet wurde, die Tournee spektakulär abgebrochen.

Für Klaus Lage also wurde 1986 die strikte Einhaltung »seines ganz normalen Programms« vereinbart. Robert Weißenberger, der damals Dehms Konzertagentur managte, die »Kulturladen GmbH«, findet das auch heute durchaus richtig. Was übrigens nicht verhinderte, daß es beim Konzert im Ostberliner Eisstadion dennoch zu einem schreckensvollen Zwischenfall kam, als 15 000 Jugendliche nicht aufhören wollten zu rufen: »Wir wollen Klaus« (nämlich Klaus Lage), was sich verdächtig nach »Wir wollen raus« anhörte. Woraufhin die 1 000 Stasi-Beamten plus Volksmiliz in Alarmbereitschaft versetzt werden mußten, bis sich die Menge schließlich beruhigte ...

AM ENDE WURDE DAS KONZERT bei der FDJ-Führung denn doch als bedeutender Erfolg in der Jugend- und Kulturpolitik eingeschätzt. Und so schloß sich alsbald eine zweite Reise Dehms und seines Kulturladen-Teams an — welches der geglückten Verlauf seinerseits als einen »Durchbruch« (R. Weißenberger) auf den östlichen Markt ansah. Wenn nicht aus kommerziellem Interesse, so doch zumindest aus politischen und Publizitätsgründen. Diesmal gab es regelrechte Spitzengespräche mit der FDJ-Führung, am Kamin des Hotels gleich neben dem KZ Buchenwald. Hauptgesprächspartner bei alledem war ein alter Bekannter und häufiger Besucher von Diether Dehm: der frühere Politbarde Hartmut König (»Sag mir, wo du stehst«), der es in den 80er Jahren zu einer Art Generalmusikmanager der FDJ und in der Götterdämmerung des Regimes sogar zum stellvertretenden Kultusminister gebracht hatte — mit einer Option auf den Posten selbst, falls Egon Krenz sich doch noch der chinesischen Lösung angeschlossen hätte. Heute wohnen die beiden Frührentner in einer Art WG in Niederschönhausen am Park zusammen. Herr König (für einen Wolf Biermann geradezu der Inbegriff all dessen, was er am DDR-Regime verachtete) ist telefonisch leider nicht zu sprechen. Er weilt geschäftlich in München.

Bei all diesen Reisen und Gesprächen war der Journalist Peter Roth dabei, der Diether Dehm schon aus den Tagen der Bornheimer und Bergen-Enkheimer Jugendcliquen kannte. Ende der 60er, Anfang der 70er Jahre hatte er mit ihm zusammen noch harten linken Lehrlings-Beat gespielt und genoß daher eine Vertrauensstellung, die er nachher (mit Insider-Berichten) journalistisch nutzte. Und damit könnte man es bewenden lassen.

Wäre 1986 nicht auch das Jahr, in dem eine zehn Jahre alte Zusammenarbeit zwischen Diether Dehm und Wolf Biermann jäh abgebrochen wird. Dehm hatte 1976 das große Konzert von Wolf Biermann in Köln, gleich nach seiner Ausbürgerung, organisiert. 1982 hatte er ihn nach langen, zähen Verhandlungen sogar für sein junges Platten-Label »Musikant« gewonnen. Und jetzt, kurz nach diesen FDJ-Kabalen im Herbst 1986, brach Biermann jegliche weitere Zusammenarbeit ab. Mit einer Schroffheit, die bis heute gilt: »Über Diether Dehm sage ich jetzt und in Zukunft kein Wort. Diether Dehm gibt es für mich nicht.«

Diether Dehm macht aus all seinen frühen KP- und SED-Kontakten auch nicht den geringsten Hehl. Na sicher, 1967, als Sprecher des Unabhängigen Sozialistischen Schülerbundes in Frankfurt, hat er für den Druck des illegalen KPD-Programms einen Tag im Knast abgesessen. Aber klar, es war, damals 1967, kein anderer als der spätere Frankfurter DKP-Vorsitzende Rudi Maurer, der ihm geraten hat, mit seinen Auffassungen lieber in die SPD zu gehen. Mit 16 war er das erste Mal in der DDR, und später, als stellvertretender Vorsitzender der Frankfurter Jusos bzw. der Hessischen Falken, noch mehrfach. Ich frage, ob es denn dabei nicht zu den obligatorischen Anwerbungsversuchen gekommen sei? – »Sagen wir mal so: Wenn du da drüben bist, weißt du ja nie, wer dir gerade gegenübersitzt. Aber ich glaube, daß die schon aufgepaßt haben, nur solche Leute anzuwerben, die in ihr Bild von konspirativer Arbeit reingepaßt haben. Und ich bin so ein öffentlicher und impulsiver Mensch, daß sich bei näherem Hinsehen selber Anwerber mit Schaudern abwenden muß, deshalb wohl fand da auch nichts statt.«

Der Sunnyboy aus Bornheim: Dehms stärkste Waffe im politischen Kampf ist sein alerter Charme. Sein größtes Handicap ist seine unmäßige Eitelkeit.

DAMALS, IN DEN 70ER JAHREN, war Diether Dehm noch »Lerryn«, der schneidige Protestsänger, der die Stamokap-Theorie in Vers & Ton faßte: »Was freut sich da das Kapital / bleibt ungeschoren noch einmal / darf still wie's will die Fäden zieh'n / solang wir nur die Marionetten sind. / Doch die Herren der Marionetten / sind dieselben unserer Ketten ...«. Ich sehe ihn vor mir, wie er auf der Maidemonstration 1974 im Blauhemd seinen Jungscharen vorausschritt, die Klampfe umgehängt wie eine Kalaschnikow und das Mega in der geballten Faust. Allerdings schon ganz vorne, gleich hinter der Demonstrationsleitung. Ein Ordnungsfaktor gegen solche »Chaoten« wie uns, die weiter hinten marschierten.

Ich frage: Und wie bist du damals damit umgegangen, als du gemerkt hast, mit welchem Schlag von Leuten du es drüben bei der FDJ zu tun hattest? – »Na ja, das ist eine politische Frage. Wenn du danach gehst, darfst du gar nicht in die DDR fahren.« — Aber du sagst ja auch heute noch: WIR haben verloren. Es gibt ja für dich immer noch dieses große WIR. – »Sagen wir so: Es gibt einen polyzentrischen Marxismus mit unterschiedlichen Schwerpunkten, unterschiedlichen Ökonomiekonzepten und unterschiedlichen kulturellen Strategien. Und dieser Marxismus hat insgesamt verloren im Moment. Jedenfalls mache ich mir diese Niederlage auch zu eigen.« — Aber wieso um Herrgotts willen Niederlage? Das waren doch lange überfällige, erzreaktionäre Regimes, die zusammengebrochen sind: Honecker, Husak, Ceaucescu ... Was heißt denn da Niederlage? – »Weil die Kapitalverwertungslogik uns nur noch 35 Jahre Zeit läßt, bevor die Weichen endgültig auf ökologischen Untergang gestellt sind auf dieser Welt. Weil die Menschen in Australien schon Sonnenbadeverbot haben. Weil in Japan schon ein UVC-Plexiglas hergestellt wird, damit die Kinder auch künftig im Freien spielen können. Weil das mit den Ölteppichen und den Müllverbrennungsanlagen immer weiter geht, weil, weil ...« — Unterschätzt du nicht erheblich den Beitrag des Sozialismus zur Verwüstung des Erdballs? – »Dabei muß man diese Niederlage im-

Bei der Arbeiterenobilität, 1989
Foto: Monika Müller

PORTRAIT: DIETHER DEHM

mer mit einbeziehen. Sie verstellt zunächst auch Möglichkeiten eines ökologisch umgestalteten Sozialismus. Und schließlich: der Sozialismus ist ja nicht ökonomisch beherrschend gewesen auf dieser Welt. Beherrschend war die Kapitalverwertungslogik.«

Mit Diether Dehm kann man stundenlang irgendeine Sorte von »theoretischer Debatte« führen wie einst im Mai. Die Welt als solche interessiert ihn weniger, jedenfalls nicht über seinen engsten Umkreis hinaus. Er reist überhaupt nicht gern in die weite Welt, »schon gar nicht über'n großen Teich«, wie er sagt, ins Reich des Bösen. Spannender ist für ihn allemal das ideologische Abbild im eigenen Kopf. Wenn es um den Stamokap (staatsmonopolistischen Kapitalismus) geht, ist seine Rede von feierlichst illustrer Antiquiertheit, so als wäre die Zeit stehen geblieben. Dieses Spiel bekommt er niemals satt. Gramsci, Otto Bauer, Bucharin, Brecht, Togliatti, Bloch und nochmals Gramsci ... Pro Diskussionsstunde mindestens zehn Klassiker-Zitate. Aber wie wird man damit SPD-Kandidat?

Der arme D.D. (der als Dichter kein B.B. wurde) liebt es, sich als den linksavantgardistischen Außenseiter zu stilisieren, der freilich gerade darin Avantgarde à la Gramsci ist, daß er links und trotzdem populär zu agieren weiß. Er kandidiert ja nicht eigentlich für die SPD, sondern für die »Marxisten in der SPD«. Dennoch war es nicht irgendein OB Volker Hauff, der ihn als seinen Nachfolger im Wahlkreis 140 (Frankfurt Ost) vorschlug und dem Dehm sei »ein gescheiter und quirliger Mensch«. Auch der altgediente Stadtverordnete Karl-Heinz Berkemeier gegen Dehm kandidieren wollte, sei ihm aus der Partei »teils mit drohendem Unterton« bedeutet worden, »die Finger davon zu lassen«. So Berkemeier in einem Offenen Brief zur Rücknahme seiner Kandidatur.

Klar ist: Dehm will für eine ganze Ära Lafontaine als Medien- und Kulturpolitiker nach Bonn. Für den Oskar hat er (trotz ein paar theoretischer Differenzen, die aber durch die ungehemmte Bewunderung für den Populisten Lafontaine aufgewogen werden) schon häufig Wahlkampf-Veranstaltungen mit Kulturprominenz organisiert. Wie überhaupt für die ganze alte Tante SPD, zu deren 125. Geburtstag im Jahr 1988 Dehms alte Bots-Hymne sogar die Weihe einer neuen Parteihymne erhielt. Statt »Brüder zur Sonne, zur Freiheit« heißt es nun: »Das weiche Wasser bricht den Stein ...«

Das könnte als Motto über seiner ganzen Karriere stehen — einer verblüffenden, aber auch sehr eigentümlichen Erfolgsstory. 1975 wechselt der Falken-Barde Lerryn (»Lehrlinks Machtgebeat«) zur Empörung seiner Freunde vom DKPnahen pläne-Verlag zum kapitalstarken EMI Electrola-Konzern. Dort produziert er eine immer noch scharf linkspädagogische, aber musikalisch nicht untalentierte Platte mit dem bescheidenen Titel »Lerryn — Der Sänger mit den besseren Liedern«. Die Kritiken sind meist wohlwollend, teils sogar enthusiastisch (wie die im »Vorwärts« von

DEHM UND SEINE KÜNSTLER: *Hier mit Heinz-Rudolf Kunze, dem er einige Hits schrieb*

★ Der Schlagermacher: die neue SPD-Hymne stammt von Dehm. Ebenso Lages »Zoom — Tausendmal berührt«. Die Ökopax-Bewegung ließ die Kassen klingen.

Hilmar Hoffmann). Die Platte verkauft sich trotzdem nicht (genau wie die nächsten beiden). So wird aus dem erfolglosen Sänger »Lerryn« der erfolgreiche Konzertveranstalter, Kulturmanager, Text- und Musikautor Diether Dehm. Und Hilmar Hoffmann ist sein erster Patron. Er übernimmt 1976 Dehms Idee der »Lieder im Park«, aus denen binnen kurzem eine Frankfurter Institution wird.

Ein charakteristischer Zug der Dehm'schen Karriere tritt hier früh hervor, den er später zur Perfektion entwickelt: nämlich daß man ihn auf allen Seiten zugleich findet. Er ist der Kulturpolitiker, der ein Konzept entwickelt. Er ist der Kulturmanager, der es durch eine seiner Firmen (zum Beispiel die »Kulturladen«-Agentur) umsetzt. Er ist es, der die progressiven Künstler in Initiativen und Großaktionen organisiert, von »Rock gegen rechts« über »Pampa Power« bis »Künstler in Aktion«. Er schreibt ihnen die passenden Texte, manchmal auch Musiken, und läßt dabei kein Thema anbrennen, von Umwelt über Rüstung bis zu echten Frauenthemen (unter dem Pseudonym »Dora Dee« für die Sängerin Anne Haigis). Danach vermarktet er diese Lieder über das von der EMI-Electrola als weltgrößtem Plattenkonzern ihm eigens übertragene Plattenlabel mit dem treudeutschen Titel »Musikant«. Schließlich hilft er ihnen, ihre (auf dem Höhepunkt der Ökopax-Bewegung reichlich geflossenen) Einkommen steuersparend in Immobilien oder sonstwie anzulegen.

Daß es bei Dehm selbst — als Veranstalter, Plattenproduzent, Texter, Arrangeur, Marketingstratege etc. pp. — ein gutes Jahrzehnt lang in den Kassen nur so gerauscht hat, ist klar. Schätzungen von Branchenkennern wie: »Allein für die goldenen Klaus Lage-Titel 7 bis 8 Millionen« erklärt er für weit, weit übertrieben. Und verweist auf den mißgünstigen Sozialneid in der Frankfurter Szene, der denn auch schwer zu bestreiten ist. Dem er selbst freilich mit rasch wechselnden, manchmal handgefertigten Edelkarossen und feinen Stöffchen am Leibe immer auch Zucker zu geben weiß. In Wahrheit dürfte ihm die Aura von Mißgunst, die ihn umweht, zugleich auch als Energiespender für seine workaholic-mäßige Aktivitätswut dienen.

Was seine Neider und Kritiker wirklich meist nicht verstehen, ist, daß die private Geldscheffelei hier höchstens Mittel und keinesfalls Zweck ist. Was Diether Dehm sich da aufgebaut hat in anderthalb Jahrzehnten, ist in der Tat eine Karriere und Position vom Stamokap-Typus. Diese Theorie, die ja vor allem auf die unmittelbare Verflechtung von Staat und Ökonomie hinausgeht, hat ihm ganz unmittelbar als Anleitung zum Handeln gedient — ergänzt um Gramscis Theorie von der »kulturellen Hegemonie«. Diether Dehm hat darüber eine ganze Doktorarbeit geschrieben, die 1984 als Buch erschien. Günther Wallraff hat dafür ein Vorwort gezeichnet (nicht unbedingt verfaßt), in welchem die strategischen Leitgedanken zusammengefaßt werden:

»Gramsci plädiert dafür, nach der Bürgerkriegsphase des Sozialismus im Osten zunächst im Westen den Aufbau einzelner ›kultureller Kommandohöhen‹, die Neutralisierung gegnerischer und die Übernahme fremddokkupierter Stellungen (z.B. das Volkslied) in den westlichen Ländern zu eröffnen ...« Aus dieser halbmilitärischen Lagebeurteilung zieht Dehm die entsprechend martialische Schlußfolgerung: »Jede Volksliedstrophe muß zurückerobert, mit musikalischer Kleinarbeit, textlicher Änderung, neuer Singhaltung vom braunen Okkupationsgehabe gelöst werden.«

Es mag sich unwahrscheinlich anhören: aber die Karriere des Dr. Diether Dehm folgt genau dieser Maxime. Sie eben ermöglicht den dialektischen Umschlag von einem kaum verständlichen, mühsam marxisierenden Kauderwelsch in eine linksgrün angetörnte Populärsprache, die (anders als die graue Theorie) einmal wirklich »die Massen ergreift«. Die »neue Singhaltung« ist unbedingt deutschsprachig, gerne auch in Mundart, möglichst ein bißchen witzig und mit Gefühl, aber wiederum nicht ungesund erotisch oder gar dekadent, sondern für Frieden und Fortschritt eintretend. »Und es hat Zoom gemacht ...« Dehm-Texte sind in jedem Ohr, Dehm-Platten in jeder Sammlung. Der neu-sozialdemokratischen Kulturstil, seit man sich der »Bewegung« geöffnet hat, ist so sehr von ihm geprägt, daß man geradezu von einer »Verdietherdehmisierung« der SPD-Kultur sprechen könnte. Mit »Künstler in Aktion« hat Dehm in der Tat eine Art Hegemonie der links-grün orientierten Musiker etabliert. Jedes große Politspektakel, jedes Parteijubiläum, jede Jugend-, Frauen- und Gewerkschaftsfete ist fast automatisch immer auch eine Werbung für seine Titel und seine Sänger. Und so spielen Staat, Bewegung, Partei und Dehm'sche Betriebe in der glücklichsten Weise zusammen. That's Stamokap!

Wie gesagt, es geht hier nicht um lautere Geschäfte. Es geht um die Beschreibung eines Karriere mit mehrfach geknüpften sozialen Netz und handfesten politischen Verbindungstauen. Da ist der Franz (Steinkühler) und dort der Karsten (Voigt), hier der Peter (Glotz) und dort die Linda (Reisch) ... Politik in der zweiten Person. Der dritte Mann heißt immer Diether, der unermüdlich am Ausbau seines politisch-ökonomischen Verbindungsnetzes arbeitet: Hier eine Geldeinlage in die »AZ« oder in die »Brotfabrik«, dort eine offene Option (nach langem Vertragspoker) auf einen Gesellschafteranteil beim neuen Privatradio FFH. Dort das vorsichtige Interesse am »PflasterStrand« einzukaufen, wenn er nur ein bißchen deutlicher sozialistische Tendenz zeigen würde; und dort der Versuch, beim Projekt einer neuen, bundesweiten linken Wochenzeitung mitzumischen.

Aber aus dem ganzen Musikgeschäft, sagt Diether Dehm, sei er nun im Begriff auszusteigen, um ganz in die große Politik zu gehen. Seine Geschäftsanteile am Label »Musikant«, an der »Kulturladen«-Musikagentur und an seiner dritten Firma, der »Arts and Promotion GmbH«, habe er sämtlich verkauft. An Christa Desoi; seine Lebensgefährtin und Mit-Geschäftsführerin? Nee, also, das braucht er nicht offenzulegen. Auch nicht als SPD-Kandidat mit »gläsernen Taschen«.

Im ehemaligen Hauff-Wahlkreis muß Diether Dehm drei Prozent gegen die CDU aufholen. Er will beweisen, daß das geht: links, radikal und populär zugleich. Eine linke Strategie über die Stammtische und die Vereine hat er sich auf die Fahne geschrieben. Das Vorbild dafür ist er selbst, nämlich in seiner Eigenschaft als langjähriger Funktionär des proletarischen Frankfurter Sportvereins, des FSV, in dem sein Vater, der legendäre Oberliga-Fußballer Otto Dehm, auch als Vizepräsident gewirkt hat. »Aber ich bin auch Ehrensenator im Karnevalsverein geworden, hab' Büttenreden gehalten, zum Beispiel gegen den Hubschrauberlandeplatz der Amis in Bonames, für Wohnungen statt US-Militäreinrichtungen in Frankfurt. Das wurde mit Zwischenbeifall bedacht.«

Als zentrales Wahlkampfthema hat Diether Dehm sich einen brisanten Problemmix vorgenommen: die Verknüpfung der Wohnraumnot mit dem Abzug der Amerikaner aus Frankfurt. Daß aus solchem Linkspopulismus im Handumdrehen ein kruder Linksnationalismus wird, bestreitet er zwar nachdrücklich. Aber in einer Hausgazette »AZ« gab er gleich nach seiner Nominierung das Leitmotiv vor:

»Wer keinen Ausländerhaß will, der muß sich sämtlichen amerikanischer Sonderrechte in der Bundesrepublik entledigen. Sonst wird sich gegen das Privileg ein Zorn entwickeln, der sehr chauvinistisch werden kann. (...) Wir sind überall gegen Ghettos. Und hier nehmen wir hin, daß es ein Amerikanerghetto gibt. (...) Die Amerikaner schotten sich ab und benehmen sich in diesem Land, wie sie sich in keinem anderen Land der Welt benehmen würden. Nicht in Spanien, nicht in Griechenland. Ihre Hubschrauber betanken sie auf offener Wiese, unsere TÜV- und Flugraumvorschriften interessieren sie einen Dreck. Wir werden immer noch behandelt als Besetzte und nicht als souveräne Partner.«

Wer Republikanern und NPDlern das Wasser abgraben will, lenkt es gerade auf ihre Mühlen. Unversehens tritt an dem scheinbar so weltläufigen Kulturmanager Dehm ein neuer sozialer Charakterzug hervor: der des Bernemer Bubs, der es zu was gebracht hat. Wenn er im dicken Mercedes, Audi oder neuerdings BMW beim Vereinslokal vorfährt, steht er inmitten anderer dicker Karossen. Was ihm die feine kleinlich neiden mag — hier unter

den Bornheimer, Enkheimer oder Fechenheimer Installateurmeistern und Bekleidungshausbesitzern ist es ein bewundertes und notwendiges Statussymbol. Hier also schmiedet Diether Dehm das breite, volkstümliche anti-monopolistische Bündnis, von dem die alten Stamokap-Ideologen stets nur geredet haben.

Ja, es ist ein breiter Spagat, den er da macht. »Wie er da vorfährt, im Mercedes, am Sozialbaublock Keplerstraße: Von jedem etwas. Arbeiterkind, doch jetzt, mit 39, schon › ausgesorgt‹ — auch für meine Kinder«. »Wie er die Klamotten zusammenrafft aus dem Kofferraum ... (und) auf Schlagzeilenlänge verkürzt, die verschiedensten Einsichten herumwirbeln läßt: Genial. Nur: Mancher wird kaum folgen können.« So die »Frankfurter Rundschau« vom 5. Juli 1989 unter dem Titel »Heiliger Zorn bei frischem Wasser« — Claudia Michels bei Diether Dehm.

Bei soviel hochnotpeinlicher Bewunderung ist der Autorin ein kleiner Widerspruch nicht aufgefallen: Mercedes und Sozialbauwohnungen könnten für einen SPD-Kandidaten, der sich der Wohnungsnot zum Zentralthema erkoren hat, denn doch schlecht zusammenpassen. Fraglich genug, ob Diether und Christa (seine Lebensgefährtin, auf deren Namen die Wohnung nach wie vor läuft) damals im Jahr 1980 wirklich noch arme, junge Hascherln waren, als sie mit Wohnberechtigungsschein der Stadt Frankfurt einzogen. Aber abgesehen davon, daß ihr Jahreseinkommen heute die zulässige Grenze von 21 600 Mark pro Person definitiv überschritten haben dürfte, wohnt Christa Desoi mit den Kindern seit längerem im eigenen Haus in Bad Homburg. Und von Diether Dehm ist bekannt, daß er wenigstens vier bis fünf Häuser in Frankfurt und zwei außerhalb als Miet-, Einkommens- und Abschreibungsobjekte unterhält. Es mag unsentimentale Gründe haben, wenn er die kleine 2-Zimmer-Wohnung in der Keplerstr. 33 (Miete pro qm 6 bis 7 DM) noch einer staunenden Claudia Michels als »seine Wohnung« vorführen kann. Nur: es ist eine unter mehreren.

Der Geschäftsführer der Frankfurter Wohnungsgenossenschaft, Herr Seitz, der durchaus im Bilde ist, sagt auf die konkrete Nachfrage, ob sozialwohnungstechnisch einer der notorischen Fälle von Mißbrauch von Sozialwohnungen vorliege, lakonisch: »Mißbrauch, sicher.«

Diether Dehm ist ein Mann mit vielen Widersprüchen, das ist wahr. Man kann ihn auf seine Weise faszinierend finden. Aber es scheint doch, daß die Frankfurter SPD sich mit diesem Kandidaten ein erhebliches Problem eingebrockt hat. ◀

1 Daniel Laqua, Rocking Against the Right: Political Activism and Popular Music in West Germany, 1979–1980, History Workshop Journal, Volume 86, Autumn 2018, Pages 160–183, https://doi.org/10.1093/hwj/dby020
D018
2 »Lerryn – oder des Bänkelssängers blutige Nase«, Pflasterstrand 85, 1980, pp. 18–19.
D016 + D017
3 DER SPIEGEL 37/2009. http://www.spiegel.de/spiegel/print/d-66803916.html
4 taz, 23.09.2005. http://www.taz.de/!541437/
5 Hockenos, Paul. 2007. »Joschka Fischer and the Making of the Berlin Republic. An Alternative History of Postwar Germany.« Oxford University Press

5.
1990: Erika Steinbach und *Forbes* entlarven mich als Ostspion

Am 17. März 1990 erschien eine kurze Meldung in der auch nur sehr kurz am Markt befindlichen deutschen Ausgabe des US-Magazins *Forbes* bei *Burda*, ich sei Ost-Spion und würde in den nächsten Tagen enttarnt werden. Diese Meldung schlug bei meinen linkeren Freunden in der SPD wie eine Bombe ein, sorgte dort ebenso schnell für Distanzierungen wie bei meinen parteirechten Gegnern für Freudengrinsen. Ich war gerade als Bundestagskandidat im Frankfurter Wahlkreis nominiert worden.

Geschrieben war der Beitrag von meinem Schulfreund Peter Roth, der als freier Journalist nicht sonderlich lukrative Aufträge bekam und darum bei mir oft um exklusive Interviews mit Rockstars gebeten hatte. Er war auch der Schwager meines Freundes Jörg Bombach, mit dem ich schon zu Schülerzeiten in verschiedenen Rockbands auf der Bühne gestanden hatte und der später für die ARD meine neue Quizidee als Showmaster umgesetzt hat. Außerdem war Jörg Radio-Starmoderator bei HR3 und hatte da auch meine Titel gespielt. Unter Berufung auf diese alte Seilschaft hatte Peter Roth im Jahre 1988 gebeten, bei der Tournee beim Grenzübertritt mit Peter Maffay und anderen Künstlern nach Ost-Berlin dabeisein zu dürfen. (Auf Peter Roth berief sich

"Stasi am Main" schlägt Wellen
CDU-Stadtverordnete gegen Dehm als Bundestagskandidat

Die CDU-Stadtverordnete und Fraktionsassistentin Erika Steinbach-Hermann hat die Frankfurter SPD-Vorsitzende Anita Breithaupt aufgefordert, für die SPD einen neuen Kandidaten für den Bundestagswahlkreis 140 zu benennen.

Der Direktkandidat der Sozialdemokraten in diesem Frankfurter Wahlkreis und damit Nachfolger von Volker Hauff ist der Musikmanager Dieter Dehm, der vor einigen Wochen von einer Wahlkreisdelegiertenkonferenz seiner Partei nominiert wurde.

Die CDU-Politikerin beruft sich auf eine 15-Zeilen-Notiz im neuen Wirtschaftsmagazin „Forbes". Unter der Überschrift „Stasi am Main" wird ohne Angaben von Quellen oder Zusammenhängen und ohne Autorenzeichen in einer Personalien-Rubrik behauptet, Dehm sei einst Mitarbeiter des Staatssicherheitsdienstes der DDR gewesen und habe sich exzellenter Kontakte zu führenden Jugendfunktionären und dem späteren DDR-Staatsratsvorsitzenden Egon Krenz gerühmt.

Erika Steinbach-Herrmann: „Es ist schier unerträglich, daß mit Dieter Dehm ein Mann in den Deutschen Bundestag einziehen soll, der einstmals Stasi-Mitarbeiter war."

Der Begriff Stasi sei nicht nur in der DDR Synonym für Menschenrechtsverletzung und Unterdrückung. Und an die Adresse von Frau Beithaupt: „Wenn es Ihnen und Ihrer Partei nicht gelingt, sich von einem solchen Mann zu trennen, gehe ich davon aus, daß Ihre Partei mit Dehm eines Sinnes ist." Obwohl Erika Steinbach-Hermann hauptamtliche Mitarbeiterin der parlamentarischen Geschäftsstelle der Frankfurter CDU ist, äußerte sie sich in diesem Fall als Stadtverordnete. Die Fraktion der Christdemokratischen Union hat das Thema nicht aufgegriffen.

Dieter Dehm bezeichnete die Behauptungen als absurd. Er habe juristische Schritte gegen das Magazin eingeleitet und bestehe auf einer Gegendarstellung des im Burda-Verlag erscheinenden Magazins. Dehm verfügt nach eigenen Angaben über Informationen, nach denen der Journalist Peter Roth hinter der Meldung steckt. Roth, der im Impressum von „Forbes" als Mitarbeiter genannt wird, habe zu Zeiten der Honecker-Regierung eine Gruppe von Künstlern — unter ihnen die Rock-Band BAP, Katja Ebstein und Klaus Lage — bei einer DDR-Reise begleitet. Dabei sei selbstverständlich auch, mit DDR-Funktionären gesprochen worden. Dehm, der die Gruppe begleitete, sagte in diesem Zusammenhang unter Hinweis auf zahllose Kontakte westdeutscher Künstler, Kulturmanager oder Politiker in den vergangenen Jahren: „Mit wem denn sonst?" Zu einer weiteren Reise sei Roth trotz dessen Anfrage nicht mehr eingeladen worden. cg

FORBES 3/90

STASI AM MAIN

Die revolutionäre Wende in der DDR bringt auch manchen Westdeutschen in arge Bedrängnis. So

Karriereknick durch Jugendsünden: SPD-Wahlkämpfer Diether Dehm.

auch den hoffnungsvollen Aufsteiger Dr. Diether Dehm, 40. Der einflußreiche Musikmanager, Immobilienbesitzer und Genosse aus Frankfurt hatte beste Aussichten, im ehemaligen Wahlkreis 140 des Frankfurter Oberbürgermeisters Volker Hauff für die SPD in den Bonner Bundestag gewählt zu werden. Doch jetzt holt die Vergangenheit den rhetorisch gewandten Songschreiber ("1001 Nacht, und es hat Zoom gemacht") ein: Dehm war dereinst Stasi-Mitarbeiter. Vor der Wende schien dieses unrühmliche Kapitel für den linken Sozi kein Problem; er rühmte sich offen exzellenter Kontakte zu führenden FDJlern um den mächtigen Egon Krenz.

Der erste Stasi-Anlauf 1990 zum Bundestagswahlkampf

übrigens auch viel später, 1995, das Bundesamt für Verfassungsschutz, als es den Generalbundesanwalt aufforderte, mich umgehend verhaften zu lassen, weil ich als KGB-Agent kurz vor der Umsiedlung nach Russland sei. Aber da war Peter Roth schon an einer für mich jedenfalls rätselhaften Krankheit gestorben, kurz nachdem er mich um einen Gesprächstermin zur aufklärenden Offenlegung all dieser Skurrilitäten und »Verbesserung unseres Betriebsklimas« gebeten hatte.)

Sofort nach der *Forbes*-Lektüre hatte ich den Autor der Meldung angerufen, und Peter Roth erklärte kleinlaut, sich doch irgendwie erinnern zu können, daß ich im Beisein von Maffay und anderen Künstlern 1988 am Grenzübergang Bornholmer Straße gesagt hätte, meine Stasi-Freunde würden uns schon schnell über die Grenze bringen. Ich fragte ihn, ob er übergeschnappt sei, und rief: »Mensch, wir waren doch von der Staatsführung eingeladene Gäste!?« In der Tat waren wir im Sommer 1988 in wenigen Minuten durch den Kontrollpunkt der Staatsgrenze an der Bornholmer Brücke. Peter Maffay musste eigentlich, außer ein paar unterschriebenen Autogrammkarten, gar nichts vorzeigen.

Im Telefonat schickte Peter Roth mit brüchiger Stimme hinterher, er habe aber auch darüber hinaus von einem Überläufer der Stasi, der in Kirndorf säße, über geheime Kanäle Informationen zugespielt bekommen, laut denen ich tatsächlich für die Stasi diesen Grenzübertritt organisiert haben soll. Irgendwann werde er mir alles mal erzählen. Er habe das veröffentlichen müssen, heulte er fast. Ich wollte mir den Kerl nicht länger anhören und beendete das Gespräch. Für Wirbel und einige Skandalisierungen in Westdeutschland sorgte, dass ich im Sommer 1988 am Rande einer Konferenz der DDR »Für ein atomwaffenfreies Europa« tatsächlich neben Katarina Witt ein FDJ-Mammut-Konzert mit Bryan Adams, Heinz Rudolf Kunze, Bots und anderen moderiert hatte. Mein damaliger Frankfurter SPD-Vorsitzender Fred Gebhardt berichtete mir, er sei vom Verfassungsschutz angesprochen worden: Ich hätte dies im Auftrag der Stasi getan.

Einen Tag darauf erklärte meine ebenfalls frisch nominierte Gegenkandidatin der Frankfurter CDU und Bundesvorsitzende der Vertriebenen (die dann von Joschka Fischer im Wahlkreis mit entsprechenden Erststimmenergebnissen gegen mich versorgt wurde), nun sei ich als Ostspion enttarnt und müsste meine Nominierung gegen sie sofort niederlegen. Das war dreist. Die dünne »Beweislage« von Peter Roth reichte dazu unmöglich aus. Sie musste von »dritter Seite« irgendwas Ungeahntes in die Hinterhand zugespielt bekommen haben. Später stellte sich heraus, daß sie auf einen zarten Hinweis des Geheimdiensts einfach zu früh vorgeprescht war, aus Angst, ich könne den Wahlkreis doch direkt gewinnen. Der eigentliche Schlag gegen mich war in der Gauck-Manipulations-Behörde noch »in Arbeit«. Biermann war 1990 noch nicht bereit, öffentlich zu lügen, und die Akten-Manipulateure bei Gauck suchten verzweifelt in Mikrofilmen nach einer Quittung über 500,- DM, die ich 1978 von einer Abteilung VIII des DDR-Sicherheitsministeriums für Berichte über Biermann ausgehändigt bekommen haben sollte. Aber diese Quittung konnte es gar nicht geben, a) weil gegen mich als Streiter für Biermann, Bahro und Jürgen Fuchs da bereits ein DDR-Fahndungsbefehl der Hauptabteilung X des Sicherheitsministeriums lief, b) weil es keine Berichte von mir über Biermann bei Gauck gab und gibt, c) weil ich diese 500,- DM nie gesehen habe.

Von da an fragte ich 1990 bis 1994 in jedem Jahr bei »Gauck« nach, ob irgendwelche Verdachtsmomente gegen mich als Ostspion vorliegen würden. Jahr für Jahr antwortete die Lügen-Behörde schriftlich, es läge nicht das Geringste gegen mich vor. Auch als sie bereits Medien mit ausgesuchten Aufzeichnungen von Leuten aus dem FDJ-Zentralrat versorgt hatte, die gleichzeitig über mich für die »Sicherheit« Berichte geschrieben hatten. Selbst als rauskam, wie umfänglich ich selbst »vom Osten« observiert und alle meine Aussagen pro Biermann, Bahro, Fuchs usw. aufgezeichnet worden waren und als mich darum der frühere hessische Innenminister »Stasi-Opfer« nannte, wurden diese entlastenden Dokumente von »Gauck« über Jahre zurückgehalten.

Mein Presseanwalt Krause-Palfner mahnte Frau Steinbach ab und sie erklärte umgehend, sie werde die Unterlassung akzeptieren. Peter Roth erklärte mir später, sie sei vom westdeutschen Geheimdienst ebenso hängen gelassen worden wie er. Von welchem, sagte er nicht dazu. Auch *Forbes* musste den Stasi-Vorwurf widerrufen. Aber das alles war nur ein Präludium. Am Spionage-Gift wurde weiter gemixt. Die Stiftung der Deutschen Bank unter Frau Kopper-Seebacher-Brandt überwies 300 000 DM an eine »Forschungsgruppe SED-Unrecht« unter Jochen Staadt, einen konvertierten Pol-Pot-faszinierten Kettenhund im Gauckschen Zwinger, um in den nächsten drei Jahren etwas Wirkungsvolles zusammenzustellen. Das kam dann vier Jahre später als Diether Dehms Akte-reloaded, obwohl die Stasi selbst 1980 alle Schriftnotizen über mich geschreddert hatte, seit ich von ihr 1978 zum DDR-Staatsfeind gestempelt worden war. Das in *Forbes* war nur ein vorschneller Anlauf.

6.
Als ich die Prostituierte in Joschka Fischers Schatten erschoss

Um Dir, LeserIn, gleich mal den Atem zu rauben, das berühmte »Celler Loch« in der Celler Haftanstalt beziehungsweise deren Außenmauer, welches angeblich der Verfassungsschutz in die Luft hineingebombt haben soll, um einen V-Mann aus dem dortigen Knast zu holen, war in Wahrheit durch mich gesprengt worden!!! Und zwar im Geheimauftrag der Stasi, um listig die Schuld auf den bedauernswerten westdeutschen Geheimdienst zu wälzen. Für meine Heldentat wurde ich vom Ministerium für Staatssicherheit ausdrücklich gelobt. Übrigens: lange vor der Wende. Stasi-Chef war Egon Krenz (viele unterliegen der Fake-News, es sei Erich Mielke gewesen, aber die spätere *taz*-Chefin Elke Schmitter belehrte uns nach der Wende: es war in Wahrheit Krenz!).

Was nun tut der wahre Chef der Stasi, Egon Krenz? Er schreibt einen Dankesbrief an seinen zuverlässigen, treuen und listigen Ostspion, natürlich mich. Und er schickt den Brief nach Westdeutschland. Womit tut er das? Er nimmt eine Briefmarke der DDR-Post mit dem Bild von Honecker, klebt diese auf das Kuvert und wirft ihn in einen Briefkasten. So wird mir dieser Brief von meiner Mitarbeiterin auf den Schreibtisch gelegt. Was tue ich nun, trunken von Schmeichelei und Geltungssucht, mit diesem Dankesbrief von meinem Spionage-Chef Egon Krenz? Was würden Sie, lieber Leser*In, denn dann tun? Na klar, Sie gehen zu Ihrer Lieblingsnutte. Und da auch ich, wie viele Frankfurter Stalinisten, einen eigenen Puff besaß, rase ich dorthin und zeige ihr den Brief. Während ich noch vom Jubelkoma benommen auf ihrem Freudenbett liege – was tut derweil meine Lieblingsnutte? Sie kopiert heimlich den Brief. Und warum? Um mich damit fürderhin zu erpressen. Aber: was tue ich? Wiederum klar: ich erschieße sie. Und wo, liebe Leser*In, erschießt man seine Lieblingsnutte am besten (es gab in Frankfurt dafür nur wenige, lauschige Plätzchen)? Ein bevorzugter aber war der Bürgersteig vor Daniel Cohn-Bendits Lieblingskneipe Orpheo (auch da hatte die Autorin trefflich recherchiert, weil ich mit Cohn-Bendit ja gemeinsam auf der Odenwaldschule gewesen war, wenngleich ich nie im Orpheo war). Dort aber saß oft auch Joschka Fischer, die *Pflasterstrand*-Redaktion, die mich mehrfach auf dem Titelblatt hatte und per Zufall und zu meinem Pech auch die Privatdetektivin Viola Schatten, die gleichzeitig einen Autorenvertrag bei dem renommiertesten deutschen Taschenbuch-Verlag »Fischer« hatte. Und die bringt mich nun hinter Schloss und Riegel. Zwar heiße ich jetzt aus presserechtlichen Gründen Detlev Mangell, beherrsche die Frankfurter SPD und Bordelle-Landschaft wie ein Mafioso, rieche süßlich, habe aber »1000 mal berührt« geschrieben, Katarina Witt gemanagt und Konzertevents wie »Lieder im Park« veranstaltet. Dies ist die realistische Geschichte, die die spätere *taz-Kultur*-Chefin Elke Schmitter auf Druckfahne bringt. Dieser als Actionthriller verkaufte Schlüsselroman, der sich so spannend liest wie eine Parteitagsrede von Rudolf Scharping (Matthias Beltz in der »ZEIT« vom 12. Juli 1991: »Langweilig wie Eierlikör«) war getitelt mit: »Dienstag war die Nacht zu kurz« (ein Schlüsselroman ist übrigens etwas, was listig eine reale Dokumentation zugrundezulegen vorgibt und durch trickreiche Gesetzesumgehung nicht die wahren Namen nennt, aber die Nase der Weltöffentlichkeit auf ein wirkliches Verbrechen zu lenken versucht).

Der Cheflektor des Fischer-Verlags, Veit Heinichen, war dazu zusätzlich als Rechercheur in Autorenpartnerschaft mit Elke Schmitter zum Künstlernamen »Viola Schatten« zusammengewachsen, deren Sprachtalent womöglich zum Kanarienvogel-Domptieren reicht, aber nicht dazu, Vorstellungen in Schrift und Form festzuhalten, weshalb sie danach Chefredakteurin der *taz* und dann für ganze 11 Monate Kulturressort-Leiterin des *Spiegel* werden konnte. Heinichen glaubte, den Bogen namens »Spannung« in seinen Romanen durch prominente Namen ersetzen zu können. Darum hatte er alle Gerüchte, die es in Frankfurt über mich in Zeitungen zu lesen gab, per Fotokopie der Frau Schmitter zur Verwurstung zugefaxt. Und als echter Marketingprofi wusste er auch, auf welchem innerparteilichen Kriegsfuß mein SPD-Oberbürgermeister von Schoeler mit mir stand. Darum leitete er die Druckfahne zwei Wochen vor der Veröffentlichung an das entsprechende Büro im Frankfurter Rathaus »Römer«. Dort schien man auch der Meinung zu sein, daß es ein »Schlüsselroman« sei, man mich, den Nuttenmörder stoppen und gleichzeitig damit mein parteifeindliches Protestgekreische gegen die verdienstvolle Deutsche Bank zum Verstummen bringen müsse. Also brachte, wie später zwei *Bild*-Redakteure eingestanden, der offizielle Fahrer des Frankfurter Oberbürgermeisterbüros die Druckfahne schnurstracks in die Redaktion der *Bild*-Zeitung nach Neu-Isenburg. Dort kratzte man sich gleich zweimal am Kopf: Was wollte die Dichterin Viola Schatten damit sagen? Und warum gab der Frankfurter Oberbürgermeister der Sache einen solch hochoffiziellen Spin? Da musste was dran sein! Ein Mitarbeiter fand auch einen entsprechend dazu zeitlich passenden Prostituiertenmord im Archiv. Also erschien auf der Titelseite der *Bild*: »Römer zittert: Enthüllungsgeschichte!?« Dazu kam gleich zwei Seiten später der zweite Artikel: »Frankfurter Politiker ein Mörder?«

Dann wurde ich in einem dritten Beitrag öffentlich gefragt: »Sind Sie ein Mörder, Herr Dehm?« Meine Tochter kam weinend aus der Schule: »Papa, die sagen alle, du hast

ZEIT ONLINE

Mord vor dem Ofeo

Wie eine fiktive Geschichte in der Buchstadt sorgt

12. Juli 1991, 8:00 Uhr

AUS DER ZEIT NR. 29/1991

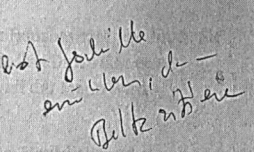

Ein kühler Abend, eine schöne Frau, da knallen Schüsse... Frankfurt schreckt auf: Ein Kriminalroman, gerade erschienen, wirft ein neues Licht auf die Szene der Klugen und Reichen. Der Kabarettist Matthias Beltz, Gründer des „Vorläufigen Frankfurter Fronttheaters", erzählt die Sommerlochmordgeschichte.

Von Matthias Beltz

Alle Jahre wieder beginnt im Juli die Mordsgaudi. Mit dem Fall Sedlmayer, einem menschenverachtenden Skandalstück, hat München sich im letztjährigen Sommerloch präsentiert und treibt damit auch heuer wieder Medienpolitik. Anders wirft sich da Frankfurt ins Rennen. Auch wir haben jetzt einen Mord und eine kleine innerstädtische Tratsch- und Klatschskandalgeschichte. Ja, der Fall ließe sich exemplarisch abhandeln unter den kulturkritischen Powerparadigmen „Skandal und Stadtkultur", „Trivialkultur und Mediengesellschaft" oder „Marxismus, Karriere und trotzdem gute Laune". Aber wir wollen nicht abhandeln, sondern informieren und ohne Infamie andeuten.

Erstens: Was war los? Im Oktober 1990, kurz nach der Buchmesse, geht eines Abends Marizza Kühl quer über die im Stadtteil Bockenheim gelegene Hamburger Allee, um sich im Szene-Lokal „Orfeo" mit der Privatdetektivin Ruth Maria von Kadell zu treffen. Ein Auto braust herbei, es fallen Schüsse, Frau Kühl stirbt, Frau von Kadell, ebenfalls zur Verabredung unterwegs, atmet tief durch und löst wenig später den Fall. Ihr Bruder hatte sie beauftragt, Antiquitätendiebe und -schieber zu ermitteln. In diesem Zusammenhang war die forsche Detektivin auf Frau Kühl gestoßen, die aber noch in einer anderen Bredouille steckte. Im Bahnhofsviertel wohnend (aha – Kriminalkultur im weiteren Sinne!), hat sie Ärger mit ihrem Hausbesitzer und früheren Freund,

Mein »Freundfeind« Matthias Beltz

der sie aus der Wohnung schmeißen will (typischer Hausbesitzer, ekelhaft). Sie aber hat Material gegen ihn in der Hand und erpreßt ihn. Drum läßt er sie erschießen. Aber die Privatdetektivin ist schlauer, und der Mann wird verhaftet.

Das ist die Frankfurter Sommerlochmordsgeschichte. Natürlich fand sie nicht statt. Sie ist fiktiv: ein im Juni erschienener Kriminalroman von Viola Schatten. Armes Frankfurt, nicht einmal ein richtiger Mord. Alles, was diese Stadt auszeichnet, ist fiktiv – von den Bewegungen an der Börse über die Kritische Theorie hin zum rot-grünen Bündnis – ein Meer aus Fiktionen.

Doch diese künstlichen Gebilde haben es in sich. So auch unser Krimi, dessen Täter schlicht Detlev Mangell heißt und ein großer Dummschwätzer und Blödkopf ist. Die pikante Pointe besteht nun nicht in der sträflichen Denunziation des Mörders durch die Krimiautorin, sondern in der Tatsache, daß wir es hier mit einem Schlüsselroman zu tun haben.

Detlev Mangell ist ganz offensichtlich Diether Dehm, Musikagent, Texter und SPD-Bundestagskandidat, kurz ein Frankfurter Überregionalmensch. Natürlich führt der Schlüsselroman auch allerhand anderes Personal aus Verlagen, Antiquitätengeschäften und Kneipen nur spärlich verschlüsselt vor. Schon im Frühjahr 1990 ließ Viola Schatten ein Buch los mit dem Titel „Schweinereien passieren montags"; der neue Krimi heißt „Dienstag war die Nacht zu kurz", und in beiden treten Menschen aus dem Suhrkamp-Verlag, Volker Hauff und sein Assistent Jan van Trott auf, obwohl sie in Wirklichkeit schon wieder abgetreten sind, denn in Frankfurt wurde inzwischen für Oberbürgermeister das Rotationsprinzip eingeführt. Was da verschlüsselt durch den Krimi geistert, ist so langweilig wie Eierlikör – wenn Diether Dehm nicht wär!

Zweitens: Orpheus in der Unterwelt. Am 4. Juli schrieb *Bild*: „Das BKA hat's ermittelt, Frankfurt ist die Hauptstadt des Verbrechens." Die Schlagzeile auf der Titelseite der Frankfurtausgabe aber lautete: „Sedlmayer. 2. Täter lacht in der Sonne. Die liebe Polizei machte es möglich."

Die Aufgabe des Gewaltverbrechens ist es, eine Meldung in der Informationsgesellschaft zu sein. So schrieb *Bild* schon Anfang der siebziger Jahre, Frankfurt sei die Stadt der „Mörder, Marxisten und Millionäre". Das sollte abstoßend klingen, führt heute aber zu einer fast mythischen Begebenheit. Denn Diether Dehm *ist* Marxist und Millionär, also fragte ihn die *Bild*-Zeitung öffentlich nach Erscheinen des Krimis: „Sind Sie ein Mörder, Herr Dr. Dehm?"

Der Angesprochene fand das traurig. „Töten ist eine Gestalt unseres wandernden Trauerns", heißt es in Rilkes Sonetten an Orpheus. Und an anderer Stelle: „Ein für alle Male ists Orpheus, wenn es singt." Dehm hat unter dem Pseudonym „Lerryn" selber Platten besungen, ja, er war Liedermacher der frühen Stunden, und eine seiner LPs wurde angekündigt mit dem Motto „Der jemanden umgebracht?« Und es folgten ein paar Tage mit engagierten Bürgeranrufen aus der Anonymität, Drohbriefen, vorübergehendem Polizeischutz und so weiter. Nach einer gewissen Schockstarre sandte mein Anwalt Heinz Düx eine Beschwerde an den Deutschen Presserat und ein Unterlassungs- sowie Gegendarstellung-Begehren an die Frankfurter Gerichtspressekammer. Es war die elfte Klage, die Heinz Düx für mich persönlich, aber auch für Katarina Witt (laut BILD: »SED-Ziege«, »Aushängeschild der Diktatur«) gegen »Springer« am Laufen hatte. Vier von diesen Presseklagen quälten sich bereits in die zweite Instanz oder zum Hauptverfahren.

Mein »Freund-Feind« aus dem Walter-Kolb-Haus, dem Club Voltaire und der Gaststätte »Pizza-Peter« in der Glauburgstraße, der bekannte Kabarettist Matthias Beltz, höhnte in der ZEIT »MORD vorm ORPHEO« (Beltz in ZEIT 1991, Mord vor dem Orpheo, https://www.zeit.de/1991/29/mord-vor-dem-orpheo).

Selbst der konservativen *FAZ* war die *Bild* eindeutig zu ruppig. Nach anfänglichem Rumgeeiere solidarisierten sich CDU-Politiker und Grüne und hernach sogar die südhessische Zeitung meiner eigenen Partei (»Der Sozialdemokrat«).

Die *FAZ* war auch auf Distanz zum Boulevard gegangen:

Die *Bild* stand ziemlich doof da. Ein neuer Prozess zum »Prostituierten-Mörder« war gegen *Bild* hinzugekommen. Aber die Juristen in der Partei waren geteilter Meinung, ob die *Bild* in den Augen der Richter nicht doch den fiktiven Charakter des Romans ausreichend herausgestellt hätte. Der Justiziar der Stadt Frankfurt warnte meinen Anwalt sogar, sich nicht zu sicher zu sein: »Vor Gericht und auf hoher See bist auch du in Gottes Hand! Die Frankfurter Justiz besteht ja auch nicht eben nur aus Freunden des Doktors Diether Dehm.« Aber wir reichten Klage ein, wogegen der Springer-Konzern eine sogenannte Schutzschrift hinterlegt hatte, was unweigerlich zu einer mündlichen Verhandlung führte. Die gewann ich zwar, aber Springer begehrte eine Hauptverhandlung in zweiter Instanz. Die kam aber erst nach den Sommerferien.

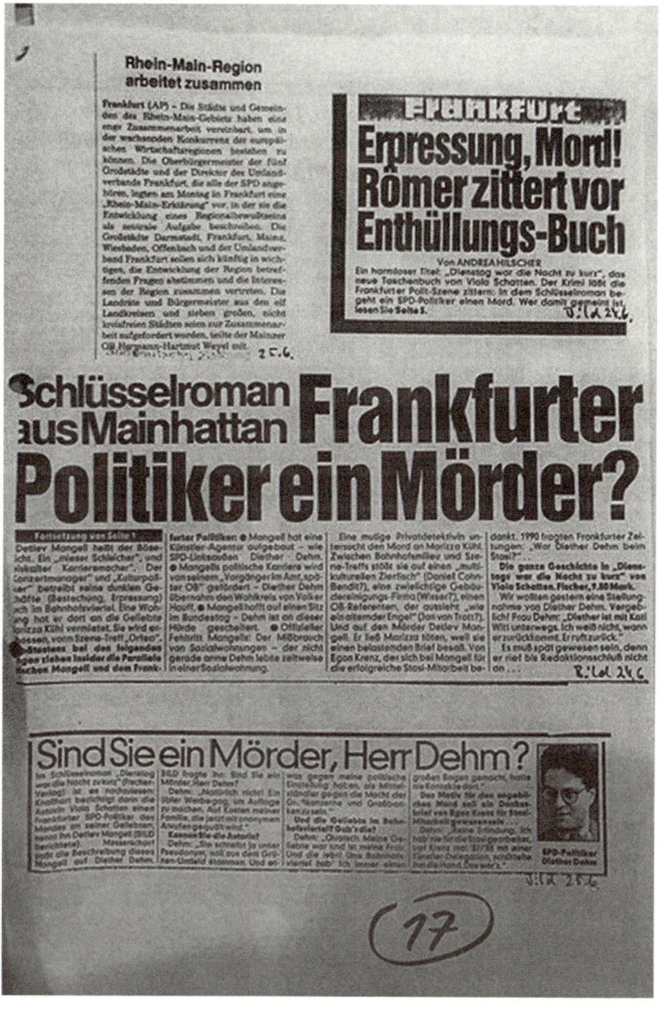

Rhein-Main-Region arbeitet zusammen

Frankfurt (AP) – Die Städte und Gemeinden des Rhein-Main-Gebiets haben eine enge Zusammenarbeit vereinbart, um in der wachsenden Konkurrenz der europäischen Wirtschaftsregionen bestehen zu können. Die Oberbürgermeister der fünf Großstädte und der Direktor des Umlandverbands Frankfurt, die alle der SPD angehören, legten am Montag in Frankfurt eine „Rhein-Main-Erklärung" vor, in der sie die Entwicklung eines Regionalbewußtseins als zentrale Aufgabe beschreiben. Die Großstädte Darmstadt, Frankfurt, Mainz, Wiesbaden, Offenbach und der Umlandverband Frankfurt sollen sich künftig in wichtigen, die Entwicklung der Region betreffenden Fragen abstimmen und die Interessen der Region zusammen vertreten. Die Landräte und Bürgermeister aus den elf Landkreisen und sieben großen, nicht kreisfreien Städten seien zur Zusammenarbeit aufgefordert worden, teilte der Mainzer OB Herman-Hartmut Weyel mit.

25.6.

Frankfurt

Erpressung, Mord! Römer zittert vor Enthüllungs-Buch

Von ANDREA HILSCHER

Ein harmloser Titel: „Dienstag war die Nacht zu kurz", das neue Taschenbuch von Viola Schatten. Der Krimi läßt die Frankfurter Polit-Szene zittern: In dem Schlüsselroman begeht ein SPD-Politiker einen Mord. Wer damit gemeint ist, lesen Sie Seite 3.

Bild 24.6.

Schlüsselroman aus Mainhattan Frankfurter Politiker ein Mörder?

Fortsetzung von Seite 1

Detlev Mangell heißt der Bösewicht. Ein „mieser Schleicher", und eiskalter „Karrieremacher". Der „Konzertmanager" und „Kulturpolitiker" betreibt seine dunklen Geschäfte (Bestechung, Erpressung) auch im Bahnhofsviertel. Eine Wohnung hat er dort an die Geliebte Marizza Kühl vermietet. Sie wird erschossen, vorm Szene-Treff „Orfeo". Erstaunlich bei den folgenden Fragen ziehen Insider die Parallele zwischen Mangell und dem Frankfurter Politiker: ● Mangell hat eine Künstler-Agentur aufgebaut – wie SPD-Linksaußen Diether Dehm. ● Mangells politische Karriere wird von seinem „Vorgänger im Amt, später OB" gefördert – Diether Dehm übernahm den Wahlkreis von Volker Hauff. ● Mangell hofft auf einen Sitz im Bundestag – Dehm ist an dieser Hürde gescheitert. ● Offizieller Fehltritt Mangells: Der Mißbrauch von Sozialwohnungen – der nicht gerade arme Dehm lebte zeitweise in einer Sozialwohnung.

Eine mutige Privatdetektivin untersucht den Mord an Marizza Kühl. Zwischen Bahnhofsmilieu und Szene-Treffs stößt sie auf einen „multikulturellen Zierfisch" (Daniel Cohn-Bendit?), eine zwielichtige Gebäudereinigungs-Firma (Wisser?), einen OB-Referenten, der aussieht „wie ein alternder Engel" (Jan von Trott?). Und auf den Mörder Detlev Mangell. Er ließ Marizza töten, weil sie einen belastenden Brief besaß. Von Egon Krenz, der sich bei Mangell für die erfolgreiche Stasi-Mitarbeit bedankt. 1990 fragten Frankfurter Zeitungen: „War Diether Dehm beim Stasi?" ...

Die ganze Geschichte in „Dienstag war die Nacht zu kurz" von Viola Schatten. Fischer, 9.80 Mark.

Wir wollten gestern eine Stellungnahme von Diether Dehm. Vergeblich! Frau Dehm: „Diether ist mit Kalli Witt unterwegs. Ich weiß nicht, wann er zurückkommt. Er ruft zurück."

Es muß spät gewesen sein, denn er rief bis Redaktionsschluß nicht an ...

Bild 24.6

Sind Sie ein Mörder, Herr Dehm?

Im Schlüsselroman „Dienstag war die Nacht zu kurz" (Fischer-Verlag) ist es nachzulesen: ... Autorin Viola Schatten einen Frankfurter SPD-Politiker des Mordes an seiner Geliebten, nennt ihn Detlev Mangell (BILD berichtete). ... die Beschreibung dieses Mangell auf Diether Dehm.

BILD fragte ihn: Sind Sie ein Mörder, Herr Dehm?

Dehm: „Natürlich nicht! Ein übler Werbegag, um Auflage zu machen. Auf Kosten meiner Familie, die jetzt mit anonymen Anrufen ... wird."

Kennen Sie die Autorin?

Dehm: „Sie schreibt ja unter Pseudonym, soll aus dem Grünen-Umfeld stammen. Und ... was gegen meine politische Einstellung haben, als Mittelständler gegen die Macht der Großkonzerne und Großbanken zu sein."

Und die Geliebte im Bahnhofsviertel? Gab's die?

Dehm: „Quatsch. Meine Geliebte war und ist meine Frau. Und die lebt! Ums Bahnhofsviertel hab' ich immer einen großen Bogen gemacht, hatte nie Kontakte dort."

Das Motiv für den angeblichen Mord soll ein Dankesbrief von Egon Krenz für Stasi-Mitarbeit gewesen sein ...

Dehm: „Reine Erfindung. Ich hab' nie für die Stasi gearbeitet. ... Krenz ... mit einer Künstler-Delegation, schüttelte ihm die Hand. Das war's."

SPD-Politiker Diether Dehm

Bild 25.6

17

BILD 24. 6. 91

Sie nutzen unser soziales Netz aus und nehmen junge[n]
Mercedes vor der Tür

Unser soziales System steht kopf:
Über 500 000 Gutverdiener sitzen
in billigen Sozialwohnungen, auf
die junge und bedürftige Familien
in Notquartieren dringend warten

Ein Bericht von Jürgen Damsch

Jochen Burckschat lebt auf großem Fuß und liebt das Abenteuer: Im Urlaub Großwildjagd in Afrika und Schlittenhundrennen in Alaska. Zu Hause, in Berlin, fährt er mal sportlich BMW, mal offen im VW oder – ganz „Stenz" – im Benz.

Der Mann weiß, was er will: vor allem das Beste. Bescheiden ist der Junggeselle nur, wenn es ums Wohnen geht. Da spart er – aber auf Kosten der Steuerzahler.

Unternehmer und Millionenerbe Burckschat wohnt in einer öffentlich geförderten Sozialwohnung, 60 Quadratmeter. Miete: 80 Mark.

Immerhin: Die Maisonettewohnung in der Nithackstraße in Berlin-Charlottenburg ist hell und luftig. Von der Terrasse blickt Burckschat direkt auf das Charlottenburger Schloß. So schön kann Sozialbau sein.

Jochen Burckschat, der Mann mit den exklusiven Hobbys, ist Fehlbeleger. Ein Reicher in einer billigen Wohnung. Einer von 130 000 in Berlin.

Fehlbeleger, was ist das eigentlich? Das sind Menschen, die in einer Sozialwohnung leben, aber längst keinen Anspruch mehr darauf haben. Weil der Staat ihnen nicht kündigen kann, zahlen sie eine Abgabe von höchstens zwei Mark pro Quadratmeter und Monat.

Burckschat zahlt den Höchstsatz. Wie 86 000 andere Berliner auch. Seine Miete erhöht sich dadurch auf 600 Mark. Auf dem freien Markt kostet solch eine luxuriöse Galeriewohnung mindestens doppelt soviel. Die Differenz zahlen wir, die Steuerzahler. Monat für Monat.

Der Fall Burckschat und seine pikanteste Facette: Letztes Jahr hat der Endvierziger von seinem

Transparente gegen Wohnungsnot in Hamburg. Über eine Million Menschen warten in No[t...]

[Jo]chen Burckschat, Fehlbeleger mit dicker Brieftasche in Berlin. Das Hotel (Bild ganz rechts) er 1990 geerbt. Die Dach-Sozialwohnung (rechts) hat ihm Wohnungsamt vor 14 Jahren beschafft.

QUICK

Quick 1991

...milien Wohnungen weg
...aber Sozialwohnung

n auf eine billige Wohnung. Sie können die ständig steigenden Mieten auf dem freien Markt nicht mehr bezahlen

Vater ein Hotel geerbt. 196 Betten in bester City-Lage. Eine Millionen-Immobilie. Heute ist das Hotel ein Wohnheim für Menschen, die auf eine Wohnung warten. Eine Goldgrube.

Für jedes Bett zahlt das Berliner Sozialamt Tag für Tag 32,45 Mark an Burckschats „Xenia GmbH". Für ein Bett, einen Schrank, einen Tisch und einen Stuhl über 1000 Mark pro Kopf und Monat. Das ist doppelt soviel wie Burkschat für seine Sozialwohnung-Miete zahlen muß.

Bei Vollbelegung können so im Jahr über zwei Millionen Mark zusammenkommen.

Der Fall Burckschat. Ein krasser Fall. Ursula (39) und Klaus Schürmann (42) sind dagegen Otto-Normal-Fehlbeleger.

Der Berliner Polizeikommissar und die Verwaltungsangestellte verdienen je rund 5000 netto im Monat, zahlen für ihre moderne Dreizimmer-Sozialwohnung (99 Quadratmeter) 1061 Mark Miete. Frau Schürmann: „Wir ziehen hier im Leben nicht mehr aus. Wir wären doch dumm. Auf dem freien Markt würden wir für die gleiche Miete nur eine halb so große Wohnung bekommen."

Kraß oder normal – ungerecht ist die Sache allemal. Nach Schätzungen des Deutschen Mieterbundes sind von derzeit rund fünf Millionen Sozialwohnungen fast eine Million von gutverdienenden Mietern blockiert.

In Zeiten der Mietenexplosion ist eine preisgebundene Sozialwohnung zu einer Art Vermögenssparen geworden. Und je größer der Unterschied zwischen freien und Sozialmieten auseinanderklafft, desto weniger Fehlbeleger räumen natürlich ihre Wohnung.

Mitte der Achtziger wechselten jährlich noch zwölf Prozent der Sozialmieter auf den freien Wohnungsmarkt. Heute sind es in den Großstädten nur noch fünf Prozent.

Berlins Finanzsenator Elmar Pieroth (CDU) fordert deshalb eine drastische Anhebung der Fehlbelegungsabgabe. Er sagt: „Wer in einer mietpreisgebundenen Wohnung für 1000 Mark wohnt, die auf dem freien Markt 2500 Mark kosten würde, der soll, wenn er zu den Besserverdienenden gehört, in Zukunft auch 2500 Mark zahlen."

Wer viel verdient, soll auch viel zahlen. Ein guter Ansatz, aber ...

Rudolf Altmann (50) ist ein CSU-Mann. Vorsitzender des 6. Münchner Stadtbezirkes. Ein angesehener Mann in der Partei. Hauptberuflich ist er Personalrat im Münchner Kreisverwaltungsreferat. Verantwortlich für 3000 städtische Angestellte.

Polizeilich gemeldet ist Altmann in der Luisenstraße 47 in
Bitte umblättern

Rudolf Altmann ist Personalrat im Münchner Kreisverwaltungsreferat. Seine öffentlich geförderte Sozialwohnung (rechts) hat er stillschweigend untervermietet. Jetzt ermittelt das Wohnungsamt gegen ihn

Dämpfer für „Bild"
Gericht schützt Dehm gegen Falschmeldungen

Daß Diether Dehm ein Mörder sei, diesen Verdacht wird die „Bild"-Zeitung nicht mehr verbreiten, weder wörtlich noch sinngemäß. Dehm, Frankfurter Musikmanager, Mitglied des SPD-Unterbezirksvorstandes und der Arbeitsgemeinschaft der Selbständigen in der SPD, hat's jetzt vom Axel-Springer-Verlag schriftlich.

„Innerhalb von neun Wochen", so Dehm, „hat es ,Bild' immerhin auf sieben Hetzartikel gegen mich gebracht". Die Zeitung habe „meine Familie durch die Mangel anonymer Drohbriefe gedreht und mit miesen Schnüffelmethoden in Zusammenarbeit mit einer schmierigen Frankfurter Detektei eine derartige Menge an Lügen über mich verbreitet, daß ich mich nun umfangreich juristisch zur Wehr setzen mußte". Mit Erfolg: Das Landgericht Frankfurt untersagte „Bild" eine ganze Reihe von Falschmeldungen und Verdächtigungen.

Neben der Mörderstory darf auch nicht mehr die Geschichte vom roten Millionär in der Sozialwohnung verbreitet werden. Selbst das Wort von der „Millionärsfamilie" darf nicht mehr auf die Dehms gemünzt werden. Außerdem muß das Springer-Blatt in einigen eher unwichtigen Punkten klein beigeben, beispielsweise darf es nicht mehr schreiben, das Ehepaar Dehm habe in Hünfeld einen Bauernhof erworben.

Dem diffamierten Sozialdemokraten haben die Schriftsteller Günter Wallraff und Jürgen Roth, der DGB-Kreisvorsitzende Dieter Hooge und die Vorsitzende des Evangelischen Regionalverbands, Esther Gebhardt, mit Solidaritätserklärungen den Rücken gestärkt. Der Frankfurter SPD-Unterbezirksvorstand hat sich in einem Beschwerdebrief an den Deutschen Presserat gewandt. Dessen Spruch ist im September zu erwarten. A.S.

…M ZU GLAUBEN, ABER WAHR: Der unbekannte Herr links neben Dieter Dehm, dem ehemaligen Liedermacher »Larryn« und heutigen Bundestagskandidaten der SPD, ist Showmaster Hans Joachim Kulenkampff. Das Bild zeigt ihn bei den Proben zu der Fernsehsendung »Eine Welt für Kinder« zugunsten der SOS-Kinderdörfer, die Dehm für die ARD realisiert hat. Sie wird am Samstag, 16. Dezember, um 20.15 Uhr ausgestrahlt. (FNG/eb/T)

Hessische SPD-Zeitung »Sozialdemokrat«

Sozialdemokratische Partei Deutschlands

SPD Frankfurt, Fischerfeldstraße 7-11, 6000 Frankfurt am Main 1

An den
Deutschen Presserat
Wurzerstraße 46

5300 Bonn 2

Fischerfeldstraße 7-11
6000 Frankfurt am Main 1
Telefon (069) 29 98 88-0
Telefax (069) 28 00 18

25. Juni 1991
SP-so

Sehr geehrte Damen und Herren,

ich möchte Sie hiermit bitten, beiliegenden Artikel aus der Bild vom 24.6.1991 im Presserat zu bewerten.

Wenn Frankfurter Kommunalpolitik einen Kriminalroman inspiriert, ist das eine mehr oder weniger amüsante Sache.
Wenn eine Tageszeitung daraus einen Schlüsselroman macht, wäre dies noch zu ertragen.
Jenseits der Grenzen fairer Berichterstattung ist aber eine Darstellung, die das Medium einer Buchbesprechung dazu nutzt, einen aktiven Politiker wie z.B. Diether Dehm mit Zuschreibungen in Verbindung zu bringen, die in einer direkten Berichterstattung ungestraft nicht behauptet werden dürfen. Besonders unerträglich ist, daß eine Identität von Romanfigur und Diether Dehm in einer Weise hergestellt wird, daß dieser als Schwerverbrecher öffentlich abgestempelt wird.
Besonders durch die Formulierung der Überschrift "Römer zittert vor Enthüllungsbuch" wird unterstellt, die Fiktion würde Reales enthüllen.
Mit der Überschrift auf Seite 3 "Frankfurter Politiker ein Mörder?" wird außerdem der Eindruck erweckt, Mörder sei nicht die Romanfigur, sondern die lebende Person. Zudem suggeriert "Schlüsselroman" eine Verschlüsselung von Realität.

Ich hoffe, daß Sie dieser Art Berichterstattung Einhalt gebieten.

Mit freundlichen Grüßen

Sieghard Pawlik
- Vorsitzender -

Anlage

| Postgiro:
Frankfurt am Main
(BLZ 500 100 60)
Konto-Nr. 145 490-608 | Bankkonten:
Bank für Gemeinwirtschaft
Frankfurt am Main
(BLZ 500 101 11)
Konto-Nr. 1071 936 900 | Stadtsparkasse
Frankfurt am Main
(BLZ 500 501 02)
Konto-Nr. 123 703 | Frankfurter Sparkasse v. 1822
Frankfurt am Main
(BLZ 500 502 01)
Konto-Nr. 346 055 |

Eines Tages kam meine Sekretärin morgens in mein Büro geplatzt: »Am Telefon ist die *Bild*-Chefredaktion!«
»Die Frankfurter?«
»Nein, die Richtige. Die in Hamburg.« Ich war verdutzt und ließ durchstellen. Am Telefon war die Sekretärin des damaligen Chefredakteurs: »Hans-Hermann Tiedje möchte Sie gerne sprechen. Passt cs Ihnen gerade?« Nach meinem »Ja« knackte es und es gab erst mal eine Pause. Dann knarrte die hanseatische Metallkehle des als kommunistenfressende Rabauker berüchtigten Schicksalsmachers mit der Lizenz zum unverblümten Sprechen: »Mojen, Sie haben ja enorme Steher-Qualitäten, Herr Doktor Dehm!«, begrüßte er mich. Ich erwiderte kurz, angestrengt leise und locker, um das Zittern zu dämpfen: »Man tut, was man kann ... und muss.«
»Also, um es gleich offen raus zu sagen. Uns sind hier ein paar Böcke passiert. Also ... Sie können mein Angebot annehmen oder ausschlagen und müssen auch nicht gleich antworten. Aber für Sie liegt ab jetzt jederzeit am Frankfurter Flughafen ein Pauschalticket nach München. Ich hole Sie, wann immer Sie möchten, am Flughafen dann zum Oktoberfest ab und ... vor 24 Uhr ... das schwöre ich Ihnen, haben wir einen westfälischen Frieden ... Oder sagen wir: wenigstens einen Nichtangriffspakt für die nächste Zeit.«

Ich beriet mich mit meinem Team und Anwalt. Einerseits standen die Chancen nicht ganz schlecht, die meisten Gerichtsverfahren erfolgreich durchzustehen. Andererseits bedeuteten sämtliche Konflikte mit der (besonders in Sportfragen übermächtigen) BILD-Zeitung letztendlich, diese auch auf dem Rücken der 24-jährigen Katarina Witt auszutragen.

Meine Agentur-Partnerin Katarina Witt hatte als eine der wenigen erfolgreichen DDR-Sportlerinnen die Skandalisierungs- und Vernichtungsstrategien der antikommunistischen Medienjagd einigermaßen heil überstanden. Dutzende andere, wie Heike Drechsler, Gaby Seifert, Christiane Sommer, Kristin Otto, Ingo Steuer usw. usw. waren nach der »Wende« mit Vorwürfen aus Stasi-, Doping-, Steuerhinterziehung- und DDR-Staatsnähe an- oder abgeschossen worden. Sollte ich die junge Frau echt in diesen hochintriganten Presse-Krieg treiben? Mit offenem Ausgang? Mich hatte es gereizt und ich hätte ihn auch durchgestanden. Aber Katarina, die zwar für Frieden und soziale Gerechtigkeit eingetreten und damit von ihren SED-Oberen auch instrumentalisiert worden war, und die fortan mit Partei-Politik wenig am Hut haben wollte, war eine solche Fortführung des Medienkrieges nach Einschätzung meines Teams nicht weiter zumutbar. Also flog ich nach München. Am Flughafen holte mich, wie versprochen, Hans-Hermann Tiedje ab, den ich bis dahin nur aus dem Fernsehen gekannt hatte. Ein Mann der Marke Westernheld, der mit im Mundwinkel hängendem Zigarillo, breitbeinig federnd, vor einem Bankturm geknorzt hätte: »Bist umzingelt, Hochhaus. Zieh blank!«.

Wir landeten in einer Box in einem blau-weiß-rot gesprenkelten Oktoberfestzelt. Nach superkurzem Smalltalk kam der *Bild*-Chef zur Sache: »Also, ich mache Ihnen jetzt ein Angebot. Und bei mir läuft das so wie auf dem Hamburger Fischmarkt. Wenn es auf sowas den Handschlag gibt, dann steht das. Ohne Vertun. Durch dick und dünn. Wehe nur jedem, der sich dann in die Büsche schleicht. Mir können Sie alles nachsagen, ich bin ein Schwarzer durch und durch. Aber mein Wort hab ich noch nie gebrochen!« Der Mann machte echt Eindruck, und es gelang mir nicht, meinen Hass auf den Springer-Konzern auf ihn überzuwälzen.

»Wollen Sie meine Version vom Westfälischen Frieden hören?« »Sonst säße ich ja nicht hier!« »Sehr gut, sehr gut, so wurden Sie mir beschrieben. Ein Roter, aber mit Rückgrat! Also, wir stellen jeden Angriff auf Katarina Witt sofort ein und sie wird, wenn sie möchte, unsere Korrespondentin bei allen künftigen Winterspielen, Olympia, Eis-Kunstlauf und dem ganzen Set. Denn davon versteht sie was. Im Unterschied zu politischen Schlangengruben. Zweitens übernehmen wir alle, wirklich sämtliche, rechtlichen Kosten der bisherigen Konflikte, auch die von Ihnen. Dann, wenn Sie die Prozesse beendet haben. Drittens schreiben Sie zwei Artikel über sich selbst für die Deutschland-Ausgabe der *Bild*. Also

1990: Boulevard nennt und kennt Scharping nicht

Presse

Pest und Cholera

Hat das Boulevardblatt *Bild* seinem ärgsten Kritiker, Günter Wallraff, heimlich „eine Art Stillhalteabkommen" angeboten?

Wie kam die Wahrheit in die *Bild*-Zeitung? „Alles unwahr", tönte das Lautsprecher-Blatt im Februar in einer Schlagzeile. Darunter durfte sich der Enthüllungsautor Günter Wallraff, 49, gegen Stasi-Vorwürfe in eigener Sache zur Wehr setzen: Er habe in der DDR, so zitierte die rechte Zeitung den Linksjournalisten, „einige Male Archive genutzt. Ich wußte nicht, daß das Stasi-Archive waren".

So weit, so gut für den schärfsten aller *Bild*-Kritiker, der sich vor 15 Jahren in die hannoversche Regionalredaktion der Boulevardzeitung eingeschlichen und, als Reporter unter dem Tarnnamen Hans Esser, das *Bild*-System der „alltäglichen Lügengeschichte" für sein Enthüllungsbuch „Der Aufmacher" ausgespäht hatte. Merkwürdig war nur, daß *Bild* die Herkunft der Wallraff-Verteidigung gegen die Stasi-Beschuldigungen verschleierte.

„Günter Wallraff bestritt gestern alle Vorwürfe: ‚Alles unwahr'", hieß es in der *Bild*-Ausgabe vom 12. Februar lediglich; „der Schriftsteller weiter: ‚Ich hatte verschiedene Kontakte in die DDR'" – aber eben keine Stasi-Verbindungen, wie er beteuerte. Was fehlte, war der Hinweis, ob Wallraff das alles selbst zu *Bild* gesagt hatte.

Letzte Woche hat Wallraff das Dunkel über der Quellenlage gelichtet: Der Reporter, der *Bild* für das „Aufputschen gegen Minderheiten, Schüren von Haß und Angst" verantwortlich macht, hatte erstmals seit anderthalb Jahrzehnten *Bild*-Kontakte – und zwar auf allerhöchster Ebene.

Chefredakteur Tiedje (1991): „Schwarze Seele"

Wallraff als Bild-Reporter Esser (1977)
„Quasi als Gegenleistung"

Woher bloß wusste der Spiegel von meiner Wallraff/Tietje-Vermittlung?

171

> Telefax, Nr. 0228-167875
>
> Bundeshaus
> Herrn
> Hans-Jochen Vogel
>
> ich vertrete Herrn Dr. Dehm-Desoi und seine Ehefrau anwaltlich. Er hat mich gebeten, Sie auf einen CDU-freundlichen Artikel in der Quick über Sozialbauwohnungen hinzuweisen. In diesem Artikel werden Falschbehauptungen erhoben. Vor einiger Zeit hatte bereits die BILD-Zeitung Frankfurt diese Falschbehauptungen veröffentlicht, mit der Folge, daß wir dagegen gerichtlich vorgegangen sind. Das Landgericht Frankfurt hat am 18. 7. 1991 in dem Urteil 23 O 242/91 der BILD-Zeitung untersagt, derartige Behauptungen aufzustellen, da alle aufgestellten Behauptungen nachweislich falsch waren. Demgemäß haben wir auch jetzt gerichtliche Schritte gegenüber der Quick angedroht. Wir dürfen entsprechendes Schreiben nebst den Gegendarstellungen der Mandanten zur Kenntnisnahme beifügen.
>
> Mit freundlichen Grüßen
>
> (Dr. Dux)
> Rechtsanwalt
>
> Anlagen

Damit die eigene Partei mal dem Gegner nicht glaubt

einfach frei raus, was Sie für ein toller Hecht sind. Diesen Beitrag werde ich maximal verbessern, aber nur zu Ihren Gunsten. Der läuft unter meiner Redaktion. Und der rückt Ihr ramponiertes Bild etwas gerade, zumindest bei der *Bild*-Gemeinde.«

Dies war eines von den Angeboten, bei denen man sehr schwer »Nein« sagen kann. Ich sattelte aber doch noch drei Punkte drauf: »Ich möchte auch, dass es einen Wiedergutmachungsartikel über Kati gibt ...«

»Halten Sie mich für bescheuert? Das alles ist längst in der Mache. Wir wollen doch unsere künftige Star-Reporterin aufbauen! Das wird ab jetzt unser Sportchef persönlich machen. Katarina Witt wird zur Silvesterausgabe der *Bild* der Titel, als ganzseitiges ... verstehen Sie ...« Er hob die beiden Hände einen halben Meter übereinander, »ganzseitig als Foto! An jedem Kiosk in Ost und West. Also: was noch?«

»Na ja, dass die ständigen Gifteleien gegen mich in Ihrer Frankfurter Redaktion auch beendet werden.«

»Wissen Sie eigentlich, dass die *Bild* Frankfurt fast nur aus Dehm-Fans besteht und ich bisher den Chef Horst Cronauer sogar mit Gewalt von einem Wahlaufruf für die SPD abhalten musste?« Er grinste breit: »Also, was ist der dritte Punkt?«

»Okay, ich will zwei Tage in Hamburg als Gast Ihre Redaktion von innen kennenlernen, Mäuschen will ich da spielen, 'ne Art Feind-Beobachtung. Und ich will, wenn er es auch will, eine offene Aussprache zwischen Ihnen und Günter Wallraff über offene Fragen aus dem Wallraff-Buch ›Der Aufmacher. Der Mann, der bei der *Bild* Hans Esser war‹.«

»Und an dem Sie mitgeschrieben hatten und für das Sie für Wallraff die Lesungen organisierten. Ich weiß sogar, dass Sie am Kapitel über den Frankfurter Vampir mitgefummelt haben. Sehen Sie: Wir betreiben nämlich auch Feind-Beobachtung, und ich kenne sogar eure dämliche *Bild*-killt-Kampagne! Okay, ist aber auch genehmigt. Dann habe ich aber auch zwei Vorschläge ...« Ich versuchte, wie ein ganz harter Zocker auszusehen: »Bitteschön!«

»Also, keine Bedenkzeit, hier ist meine Hand. Sie schlagen ein, und der Deal gilt. Aber halt, wenn Sie einschlagen, bin ich der Hans-Hermann und du heißt Diether.«

Also hatten wir lange vor Mitternacht den berühmten Handschlag, waren per Du und es begann eine wundersame, antagonistische »Beziehung« zwischen dem *Bild*-Feind und dem *Bild*-Chefredakteur. Dies hielt noch eine Zeit über Tiedjes Kündigung bei der *Bild* hinaus, die die CDU-Spitze zwei Jahre später betrieben hatte. Immer wieder erzählte er von den neuerlichen Konflikten, die sich Tiedje – bei »ein wenig« Selbstüberschätzung – mit der Bundesregierung geliefert hatte. (Das Bonner Bundesfass lief über, als die *Bild* einen liegenden Helmut Kohl als »Der Umfaller« getitelt und den Kanzler der Steuerlüge bezichtigt hatte.) Die beiden Wiedergutmachungs-Artikel über mich erschienen verabredungsgemäß:

Obwohl wir uns über den Deal und seine Vertraulichkeit verständigt hatten, muss davon später auf merkwürdige Weise etwas, sagen wir: »durchgesickert« sein. Denn als auch Günter Wallraff dann »IM Walküre« in Stasi-Verdacht gezogen worden war und die *Bild*-Zeitung sich von all den rechten Medien als einzige an Wallraffs Seite stellte, verdächtigte der *Spiegel* mich, dies gefingert zu haben:

Mit Horst Cronauer, dem tatsächlich linksliberalen Chefredakteur von der *Bild*-Hessen, kam es zu einer regelrecht freundschaftlichen Beziehung, sodass ich fortan zu öffentlichen *Bild*-Disput-Podien (auch zur ersten Begegnung mit meinem späteren Freund Peter Gauweiler) eingeladen wurde. Es gab in den nächsten zwei Jahren mit der *Bild*-Hessen zwar nicht weniger Konflikte, aber der Ton änderte sich und selbst beim heftigen Stasi-Konflikt mit Steinbach war die *Bild* ein paar Prozent fairer und differenzierter als der *Spiegel*, der *Focus*, die *Frankfurter Rundschau* und Cohn-Bendits »Pflasterstrand«.

Während der beiden Tage »Mäuschen spielen in der Hamburger *Bild*-Chefredaktion« und den dortigen Redaktions-Konferenzen habe ich mehr gelernt als in allen linken Redaktionen – Vorwärts, die tat, *taz*, UZ und so weiter –, für die ich bis dahin je geschrieben hatte. Denn die *Bild* hat eine Besonderheit. Die redaktionellen Artikel selbst gehen der Konferenz eigentlich am Arsch vorbei. Sie hat vor allem eine »Schlagzeilen-Konferenz«. Deren Kärrnerarbeit konzentriert sich ausschließlich auf die verkürzte Darstellung (etwas, was Linken aufgrund halbverdauter Themen bislang wesensfremd scheint), also nur auf die Schlagzeilen. Aber so konnte ich mich selbst in der *Bild* verewigen: damals nämlich drohte gerade ein monströser Fels in den Vierwaldstättersee zu stürzen und ganze Dörfer zu überschwemmen. Da fragte Tiedje in die routinierte Redaktionsrunde, ob jemand eine Schlagzeile

Die zwei Wiedergutmachungsartikel in BILD

dafür parat hätte. Mir kam meine Reimerfahrung zugute und ich rief dazwischen: »Der Horrorfels im Lande Tells«. So habe ich bis heute mein Copyright bei der *Bild*.

Katarina Witt wurde fürderhin Star-Kolumnistin bei der *Bild* für die Olympischen Spiele und Weltmeisterschaften auf dem Eis. Die widerlichen Angriffe waren ein für alle Mal beendet. Da auch Günter Wallraff ein offenes Gespräch mit Tiedje führen konnte, darf folgendes Gesamtresümee gezogen werden: Ich hatte zuerst einige Ärgernisse durchzustehen, 12 Gerichtsprozesse gegen Springer, gegen miese Artikel. Katarina hatte einiges auszuhalten. Es gab die »Gegen-*Bild*-Stelle« von Günter Wallraff und mir – auch mit anwaltlicher Hilfe für *Bild*-Opfer. Mit einem Wort: Man hatte sich jahrelang mit dem Medien-Goliath angelegt, aber der Kampf mündete in einen nicht-faulen Kompromiss, der dann tatsächlich zwei Jahre hielt. In Wahrheit enden ja eigentlich alle politischen Konflikte in einem Kompromiss, in dem sich situative Kräfteverhältnisse, auch danach, dechiffrieren lassen.

7.
1990–94, der Bundestag und die »Skandal-AG«

Im Jahr 1990 – Oskar Lafontaine war Kanzlerkandidat der SPD – war ich, nach heftigen Auseinandersetzungen mit dem früheren Juso-Bundesvorsitzenden und NATO-Befürworter Karsten Voigt und dessen KombattantInnen innerhalb der rechten Jusos und des neoliberalen SPD-Flügels, zum ersten Mal für den renommierten Bundestagswahlkreis 140 in Frankfurts Osten nominiert worden. Vor mir waren die beiden Bundesminister Hans Matthöfer und Volker Hauff dort tonangebend gewesen. Die Befürworter der NATO-Raketen legten sich gegen mich zunächst nicht so ins Zeug. Sie vertrauten darauf, dass die Grünen unter Joschka Fischer mir keinesfalls Erststimmen überlassen würden. Lieber sollte die CDU-Rechtsaußen Erika Steinbach (damals noch Steinbach-Hermann) den Wahlkreis gewinnen als jemand, der mit den bei den Grünen verhassten Kommunisten Bündnispolitik betrieb. Und auf der SPD-Landesliste war nur für einen Mann aus Frankfurt Platz: den allmächtigen Wieczorek-Kumpel Karsten D. Voigt.

Zum Kandidaten der Grünen, Dietrich Wetzel, hatte ich eine lange und gute Beziehung. Beim »Pizza-Peter« gestand er, nur auf der Grünen-Landesliste abgesichert worden zu sein, nachdem er »der Grünenführung um Joschka fest versprochen hatte, mit dem Dehm im Wahlkreis 140 keinen Deal zu machen«.

Das alles war mir aber vor der Nominierung bereits klar. 1994, als ich erneut von der SPD-Basis für den Wahlkreis nominiert worden war und als die »Parteilinke« Wieczorek, begleitet von einer plötzlich hellwachen rechten Medienkampagne mich, ihren »Stamokap-Gegner«, wieder auf einen aussichtslosen Platz brachte, war die Situation im traditionell linken Wahlkreis 140 etwas anders: Joschka Fischer war nun in den Ring gegangen und gleichzeitig Listenführer der Grünen. Er war also hundertprozentig sicher im Bundestag. Eine Wählerinitiative aus Gewerkschaftern, Künstlern und Umweltpfarrern rief ihn zunächst intern und später öffentlich auf, die CDU-Parteirechte Steinbach durch ein Erststimmenabkommen zu verhindern. Dafür bot die Initiative sogar an, für Fischer-Zweitstimmen zu werben. Aber Joschkas Hass auf marxorientierte Linke war damals bereits größer als alles, was er gegen rechts vorgab. Er ließ über die Grüne Jugend die Absage verkünden und gab für sich ein zweistelliges Erststimmenergebnis aus, sodass rein rechnerisch Erika Steinbach-Hermann den Wahlkreis einfach gewinnen musste. Bundestagspräsident Fred Gebhardt kommentierte dies 1985: »Joschka Fischer hat die Steinbach also in den Bundestag gebracht.

Der Wahlkampf fand mit Scharping an der Spitze statt, und auch die SPD in Südhessen machte gerade keine allzu gute Figur. Aber ich versuchte das Aussichtslose. Durch meine Arbeit im Verwaltungsrat des Fußballsportvereins FSV Frankfurt, in dem mein Vater Spieler und stellvertretender Vorsitzender gewesen war, hatte ich auch zahlreiche CDU-Mitglieder, die für meine Erststimme warben – nicht für die Vertriebenen-Präsidenten Steinbach –, unter anderem der Vorsitzende der hessischen Schausteller Edgar Drexel und der Vorsitzende der christlichen Arbeitnehmerschaft Oskar Pfreundschuh (CDU). Zahlreiche Künstler traten auch für meine Kandidatur ein und auf. So konnte ich wenigstens erreichen, einen Nachrückplatz auf der Landesliste zu bekommen, die mich dann später tatsächlich in den Bonner Bundestag brachte.

1992 war Hans-Hermann Tiedje als *Bild*-Chefredakteur geschasst worden und der »Westfälische Burgfrieden« zerbröselte, wenngleich er für die von mir betreute Katarina Witt weiterhin Bestand hatte. Tiedje wurde kurz darauf Chef der RTL-Late-Night-Show mit Thomas Gottschalk und fragte mich, ob ich für diese und Thomas Gottschalk Texte und Show-Einlagen mit Gummipuppen von Helmut Kohl und Norbert Blüm schreiben könnte. In dieser Zeit hatte ich auch für die »Hurra-Deutschland«-Puppen in Alfred Bioleks Firma für die ARD geschrieben.

Als der Tag näher kam, in den Bundestag nachzurücken und damit für eine Neunominierung im Wahlkreis 140 bessere Ausgangskarten für die nächste Landesliste und das Direktmandat zu bekommen, nahmen die medialen Angriffe plötzlich in einer ungeahnten Schärfe Fahrt auf.

Eines Mittags rief zunächst nur ein Redakteur vom *Focus* an und fragte, ob ich noch in meiner früheren Wohnung in der Keplerstraße 33 gemeldet sei. Meine Firma und Wohnung lagen schon lange in Erlenbach, und ich hatte lediglich der Wohnungsgenossenschaft eine Nachfolge-Mieterin aus meinem politischen Freundeskreis empfohlen, also längst keinen Mietvertrag mehr für die winzige Zwei-Zimmer-Wohnung, in der ich früher als Studierender mit meiner Freundin gewohnt hatte, bis unser zweites Kind auf die Welt kam.

Der neue Standort von Firma und Wohnung war auch deswegen günstig, weil mein Kooperationspartner und Freund Fritz Rau in unmittelbarer Nähe residierte. Dies alles teilte ich dem *Focus*-Rechercheur mit. Am Tag darauf erschien im Focus, in der *Frankfurter Rundschau*, der *Bild*, der *FAZ* und mehreren Regionalzeitungen die Überschrift: »Millionär wohnt in Sozialwohnung«. *Focus* trieb das Ganze auf vier illustrierten Seiten auf die Spitze und zeigte einen Münchner Sozialhilfe-Empfänger, der keine Wohnung bekommen hatte. Neid und Ärger wurde nicht auf ein Zuwenig an Sozialwohnungen in deutschen Großstädten, sondern auf meine Familie und mich gelenkt.

Von einem Ortsverein aus dem neoliberalen SPD-Flügel wurde sofort ein Parteiordnungsverfahren eingeleitet, die öffentliche Aufforderung an mich, für kein Mandat mehr zur Verfügung zu stehen. Besonders die *Frankfurter Rundschau* als linksliberale Zeitung heizte hier kräftig mit.

Heinz Düx und ich gingen den mittlerweile gewohnten Weg über die Pressekammer des Landgerichts Frankfurt und erwirkten innerhalb kürzester Zeit mehrere Richtigstellungen, die aber nur teilweise in der Partei Widerhall fanden. Irgendwas bleibt halt immer kleben, und es wurde sogar öffentlich geargwöhnt, ich hätte in der Keplerstraße noch eine zweite Wohnung (obwohl ich diese seit Jahren nicht mehr betreten hatte).

Mussten der *Focus* und andere Medien also herbe Niederlagen einstecken, so spitzte man in der Zeit, in der ich erneut für den Bundestag nominiert werden wollte – nun ja, immerhin als SPD-MdB –, noch andere Pfeile für den Skandal-Köcher. Jemand fand eine Gesetzespassage des Hessischen Kommunalwahlgesetzes, laut der ich meinen ersten Wohnsitz falsch angegeben hätte und deswegen als ehrenamtliches Stadt-Regierungsmitglied von Frankfurt sofort zurückzutreten hätte. Auch dieser Skandal konnte abgewischt werden.

Mitten im Bundestagswahlkampf wurde dann meine Firma von der Polizei umstellt, ein *Bild*- und ein *FAZ*-Fotograf waren von der Staatsanwaltschaft widerrechtlich zu dieser Hausdurchsuchung hinzugeladen. Angeblich hätte ich gemeinsam mit dem Intendanten Professor Kelm und dem Unterhaltungschef des Hessischen Fernsehens, Jochen Filser, eine heimliche schwarze Kasse für rote Film-Projekte an der CDU-majorisierten Sender-Revision vorbei geschmuggelt. Das hieß dann »Beihilfe zur Veruntreuung von 100 000 DM Gebührengelder«.

Da diese Vorwürfe bereits seit Monaten im CDU-geführten Landesrechnungshof herumgewabert hatten, bat ich einen Freundeskreis zusammen, um all die Karten gemeinsam auf den Tisch zu legen und auszuwerten. Mit dabei waren der Sprecher des traditionalistischen Nieder Kreises in der SPD Fred Gebhardt, der Fraktionsvorsitzende Günter Dürr im Römer, der anwaltliche Mitstreiter Heinz Düx, der

Mit Fischer und Steinbach im Frankfurter Clinch

So brachte Fischer die Steinbach in den Bundestag

HR-Abteilungsleiter »FriFra« Sackenheim und der linke Landtagsabgeordnete Erich Nitzling. Wir nannten uns scherzhaft »Skandal-Arbeitsgruppe«, trafen uns mehrfach und gingen die Artikel der letzten Jahre nach »Skandalisierungspotenzialen« durch, versuchten die verschiedenen Angriffe und Verteidigungslinien einzuschätzen, um mit verteilten Rollen reagieren zu können.

Das Vertrauen dieses kleinen Kreises war zusammengeschweißt worden durch den früheren SPD-Oberbürgermeister, Volker Hauff. Dieser hatte mit einem Projekt, bei dem er den traditionellen Schlachthof in Frankfurt abreißen und durch eine Luxus Wohnanlage am Main ersetzen wollte, die SPD-Traditionalisten, Jusos und andere SPD-Linke gegen sich aufgebracht. Sowohl der Tatbestand, dass die Tierschlachtung damit überwiegend ein Privileg großer Landwirtsbetriebe werden sollte, als auch die geschätzte Miethöhe der künftigen Wohnanlage, welche die Wuchermieten weiter befeuern würde, brachte den offenen Zwist des Magistrats, dessen Anhänger später auch alle bei Gerhard Schröder und dessen Orientierung am oberen Mittelstand standen (und die hatten sich in Frankfurt als Strömung gegen alle Strömungen gegründet und »offene Runde« genannt), und der beiden anderen Flügel in der Partei. Besonders wütend waren die gewerkschaftlich-traditionalistischen Ortsvereine, inklusive

Staatsanwalt bei Stadtrat Dehm: Haus durchsucht

Der Hessische Rundfunk, sein Ex-TV-Unterhaltungschef Jochen Filser, Verschwendung, schiefe Millionendeals: Rutscht jetzt auch SPD-Politiker und Show-Tausendsassa Diether Dehm in den großen Sumpf? Letzten Mittwoch Durchsuchung bei Dehm. Die Staatsanwaltschaft ermittelt wegen Untreue.

Es geht wohl um einen hr-Filser-Auftrag von 1989. 100 000 Mark für vier *detaillierte* Entwürfe einer großen Samstagabend-Show fürs Erste - zu liefern von Dehm und einem "Kreativ-Team." Vorwurf des Landesrechnungshofes 1992: Geliefert worden seien nur *grobe Ablaufskizzen*.

Jetzt die Durchsuchung. Dehm zu BILD: "Jahre später im Bundestags-Wahlkampf – das ist Wahlhilfe für die CDU." Zu damals: "Mitten in den Arbeiten teilte man mir mit, die ARD wolle keine Samstagabend-Show mehr vom hr. Da stellte ich in Absprache mit Filser, die Arbeit ein – lieferte - nachweislich ohne Honorar – zwei komplette Exposés fürs dritte Programm."

Bild v. 22.07.94

Hausdurchsuchung bei Dehm
Ankläger ermitteln gegen SPD-Politiker wegen Untreue

lat. FRANKFURT. Die Frankfurter Staatsanwaltschaft hat gegen den ehrenamtlichen Stadtrat und SPD-Bundestagskandidaten Diether Dehm ein Ermittlungsverfahren wegen Untreue zum Nachteil des Hessischen Rundfunks (HR) eingeleitet. Dies hat gestern die Sprecherin der Behörde, Oberstaatsanwältin Hildegard Becker-Toussaint, auf Anfrage bestätigt. Schon am Mittwoch vergangener Woche habe bei Dehm eine Hausdurchsuchung der Staatsanwaltschaft stattgefunden, berichtete Becker-Toussaint.

Dehm, der sich zur Zeit in Italien im Urlaub befindet, ließ über seinen Rechtsanwalt Heinz Düx mitteilen, die Staatsanwaltschaft habe bei ihm Beweismaterial gegen den ehemaligen Unterhaltungschef des HR, Jochen Filser, gesucht und drei Dokumente mitgenommen. Es handele sich bei dem Ermittlungsverfahren um „alte Kamellen, die nun pünktlich zum Wahlkampf hervorgeholt werden".

Diether Dehm

Obwohl die Staatsanwaltschaft Herr des Ermittlungsverfahrens ist, richtete Dehm Vorwürfe gegen den Präsidenten des Landesrechnungshofs Udo Müller. Dieser habe das Verfahren in Gang gesetzt und wolle sich mit einer „billigen Retourkutsche" dafür rächen, daß er, Dehm, seine Amtsenthebung gefordert habe.

Schon vor zwei Jahren hatte der Landesrechnungshof einen Vertrag von 1989 zwischen Dehm und dem damaligen HR-Unterhaltungschef Filser kritisiert, nach dem der Manager bis Ende April 1990 vier „ausführliche Exposés" ausarbeiten sollte. Diese Exposés hätten „Ideen für eine massenattraktive, neue und konkurrenzfähige, möglichst live gestaltete Samstagabend-Unterhaltung aufweisen" müssen. Außerdem sei die Bildung eines Kreativteams gefördert gewesen. Dehm habe daraufhin mit „seiner Firma Arts und Promotions Organisation GmbH" einen Untervertrag geschlossen.

Insgesamt waren nach Meinung der Rechnungshof-Prüfer 100 000 Mark gezahlt worden. Die Behörde hatte in diesem Zusammenhang gerügt, daß die verlangten ausführlichen Exposés zum Teil nur „grobe Ablaufskizzen" gewesen seien. Der gezahlte Betrag sei daher zu hoch gewesen. Weitere vertraglich vereinbarte Leistungen seien „nach Lage der Akten niemals erbracht" worden. Auch von der Tätigkeit des Kreativteams habe man wenig feststellen können.

Mit einer Klage auf Unterlassung und Schadenersatz vor dem Darmstädter Verwaltungsgericht reagierte Dehm auf die Rüge des Landesrechnungshofs. Damals gab Dehm an, er habe für seine Tätigkeit vom HR lediglich 23 000 Mark erhalten, er sei weder Besitzer noch Teilhaber der Firma „Arts und Promotions" gewesen, und es existiere bei ihm „nicht der Hauch eines Schwarzgeldkontos". Erst die zweite Instanz, der Hessische Verwaltungsgerichtshof, entschied im Mai 1993, daß der Rechnungshof „die Gegendarstellung Dehms zu seiner Prüfungsmitteilung über eine außerordentliche Prüfung beim Hessischen Rundfunk entgegennehmen und sie den Mitgliedern der HR-Aufsichtsgremien übermitteln muß".

FAZ v. 21.07.94

Stadtverordnetenvorsteher Hans Busch und Sozialminister Armin Clauss. Aber auch wir, die aus der früher außerparlamentarischen Linken gekommen waren, wurden medienöffentlich verspottet, nostalgisch an einem alten Frankfurt zu kleben, das es sowieso bald nicht mehr geben würde. Hauff und seine Anhänger bekamen in der *Frankfurter Rundschau* das sympathische Schild um den Hals gehängt, auf dem wechselnd »die Reformer« und die »Modernisierer der SPD« stand. Weil ich als erfolgreicher Jungunternehmer galt, konnte man mir nicht so ohne weiteres altmodische Ignoranz marktwirtschaftlicher Kenntnisse unterstellen. Als ich dann noch das »Sale and lease-back« beim Frankfurter Rathaus als unwirtschaftlich und sogar steuerbetrügend bezeichnet hatte, benannte mich die *Frankfurter Rundschau* um in »Salonbolschewisten« (das Rathaus war, einer Empfehlung der Deutschen Bank folgend, an einen privaten Investor verkauft, anschließend zurückgemietet und dabei wieder geleast worden. Wobei die SPD-regierte Stadt vom ebenfalls sozialdemokratisch regierten Land Hessen die Leasingraten steuerverkürzend gut- und abgeschrieben bekommen musste.).

Relativ schnell deutete sich an, dass diese Magistratspolitik und vor allem der Verkauf des Schlachthofs auf einem Frankfurter Parteitag keine Mehrheit bekommen würde. Der SPD-Fraktionsvorsitzende Günter Dürr, Stadtrat Fred Gebhardt und einige andere, darunter auch ich, waren von der *Frankfurter Rundschau* längst verdächtigt worden, mehr den ärmeren Wählerschichten im Frankfurter Westen (um die Farbwerke Höchst) »hinterher zu hinken«, aber die weltoffene Politik des Oberbürgermeisters für die jungen, neuen Mittelschichten vor allem im Frankfurter Westend, dem Nordend und Sachsenhausen, mit unseren Phrasen aus August-Bebel-Zeiten zu verprellen. In der Tat waren die Republikaner und andere Rechte in den sogenannten westlichen Vororten der Bankenmetropole prozentual immer stärker geworden, je mehr die SPD ihre Tuchfühlung dorthin preisgab. All diese Konflikte brodelten im Hintergrund, als es auf den Crash beim Parteitag zuging. Die Medien forderten von der murrenden Parteibasis Unterwerfung unter ihren Oberbürgermeister, allen voran: die *Frankfurter Rundschau*. Da trat Volker Hauff, für alle überraschend, nach kurzer Amtszeit als Oberbürgermeister zurück und nannte der Presse die Namen der Personen, die er dafür verantwortlich machte. »Die Königsmörder« hießen wir fortan. Das war dann schon kein Konflikt mehr, sondern ein von der Presse allmorgendlich angeheiztes Meucheln und Zurücktreten. SPD-Mitglieder wünschten einander in öffentlichen Sitzungen sogar den Tod.

Und in der Tat, da prallten zwei Welten unversöhnlich aufeinander. Auf der einen Seite die, die den Sozialstaat verteidigen und ausbauen wollten. Auf der anderen Seite jene, die eine moderne SPD der Zukunft in »progressiver Entstaatlichung« sahen (so nannten sie das, wie dann viel später die »Reformer und Modernisierer« in der PDS), mit Privatisierung und gezielten Kürzungen, etwa bei der traditionellen Vereinswelt und den »bildungsfernen« Arbeitslosen (hinsichtlich derer die Umfrage-Institute ein ums andere Mal versichert hatten, sie würden sowieso nie wieder wählen gehen).

Das Wort »Gentrifizierung« kannten wir damals noch nicht. Aber was der SPD-Vorsitzende und Planungsdezent Wentz und dessen Freund, der Oberbürgermeister Hauff, hier durchgezogen hatten, konnte nur bedeuten, dass die SPD bei den proletarischen Schichten weitere Wählereinbußen erleiden würde. Dass dies im Gerangel um Grüne- und FDP-Wählerschichten und Zuwächse bei den Mittelschichten niemals auch nur annähernd auszugleichen war, erwies sich bei jeder folgenden Wahl. Zwar erzwang Hauff mit seinem Rücktritt das luxuriöse Wohnprojekt per »Schlachthof-Abriss«, an dem auch sein Nachfolger Andreas von Schoeler im Kern festhielt, aber die Frankfurter SPD hat sich davon nie wieder erholt. Und auch die SPD-nahe Zeitung *Frankfurter Rundschau* geriet auf eine Art »geseiftes Brett nach unten«. Ihr Mitheizen beim Skandalisieren gegen Linke hat sich auch für sie nicht rentiert. Die Frankfurter Rundschau und SPD sind heute nur noch in ihren Überbleibseln zu erahnen. Aber das alles wussten wir nicht in unserer »Skandal-AG«, die eigentlich nur noch ein Verteidigungsbündnis war, weil wir uns ständigen Rücktrittsforderungen durch Presse und Parteifunktionäre ausgesetzt sahen.

Günter Dürr fasste meine Situation, dass ich gerade unter besonderem Beschuss stand, zusammen: Ich war damals, gemeinsam mit Peter Feldmann, Sprecher des Frankfurter SPD-linken »Koko«-Kreises. Und ich hatte einige kulturelle Projekte veranstaltet – das prominenteste war »Lieder im Park« –, die in den Büchern (zum Beispiel »Kultur für alle«) des renommierten SPD-Kulturpapstes Hilmar Hoffmann als Vorzeigeprojekt Frankfurter Kulturpolitik rangierten. Auch das Anti-Nazi-»Römerbergbündnis«, in dem von Ignaz Bubis' »Jüdischer Gemeinde« bis hin zu DKP-Mitgliedern eine große antifaschistische Breite versammelt war, hatte ich mitinitiiert. (Dieses Bündnis war übrigens partiell auch von Alexander Gauland, damals Leiter des CDU-Oberbürgermeister-Büros von Walter Wallmann, tatsächlich unterstützt worden.) Die Frankfurter SPD war sich bis in ihr höchstes Gremium, den Unterbezirksausschuss, einig, dass ich bei der Bundestagswahl im Oktober 1994 als NATO-Gegner und Kulturschaffender bessere Chancen für ein Aufrücken an die immer stärker werdende CDU haben würde als der NATO-Raketen-Freund Karsten D. Voigt.

Im Jahr 1993 war es dann zu einem denkwürdigen Gespräch mit dem stellvertretenden Parteivorsitzenden Oskar Lafontaine gekommen, der mir fest zusagte, auf Heidi Wieczorek-Zeul einzuwirken, um diesmal einen sicheren Listenplatz zu bekommen. Wenige Tage danach war ich beim 50. Geburtstag des Deutsche Bahn-Chefs Klaus Daubertshäuser eingeladen. Heidi Wieczorek-Zeul bat mich in eine Ecke und teilte mir mit, gegen mich würde demnächst eine Stasi-Enthüllung stattfinden und sie müsse ihre Zusage, die sie Oskar Lafontaine gegeben hatte, leider zurückziehen. Mein Anwalt Heinz Dux forderte die Gauck-Behörde sofort und erneut auf, alles über mich Vorliegende mitzuteilen. Immerhin war ich ja bereits 1990 von Frau Steinbach als Spion bezeichnet worden. Die Gauck-Behörde antwortete mit einer vollständigen Entwarnung, gegen mich läge nicht das Geringste an Verdachtsmomenten vor. Zu diesem Zeitpunkt muss Gauck das Gegenteil davon gewusst haben.

Als ich Heidi Wieczorek dies mitteilte, erwiderte sie, genau zu wissen, dass es kommen würde, und zwar so, dass ihr die Hände gebunden seien, meine Kandidatur zu unterstützen. Die Frankfurter SPD beharrte allerdings darauf, dass ich wieder Abgeordneter werden sollte. Die Medien spien vor Zorn:

Darüber echauffierte sich die *FAZ*:

»Der Vorstand der Frankfurter SPD will den ehrenamtlichen Stadtrat Dieter Dehm an Stelle des außenpolitischen Sprechers der SPD-Bundestagsfraktion, Karsten Voigt, auf einen sicheren Platz der Landesliste zur Bundestagswahl setzen.« 27.5.94

Nun folgten die Skandalisierungs-Kampagnen wöchentlich und stoßweise: Neben einem angeblich falschen Wohnsitz, der Beihilfe zur Veruntreuung von HR-Geldern, dem Mietverhältnis mit einer Prostituierten (das meine Hausverwaltung sofort nach Bekanntwerden ihrer Tätigkeit wegen Zweckentfremdung von Wohnraum längst gekündigt hatte) wurde mir Vermietung an »illegale Asylanten« und Unterschlupf für RAF-Terroristen vorgeworfen. Keine dieser fünf Kampagnen überstand auch nur die erste Instanz der gerichtlichen Pressekammer. In keinem der Fälle war ich verurteilt, sondern stets vom Vorwurf freigesprochen worden. Dennoch blieb irgendwas immer hängen und das wurde auch mehrfach an Oskar Lafontaine herangetragen, damit der jegliche Unterstützung für mich einstellen möge.

In jenen Tagen war die Macht der Medien aufgeteilt. Die *Bild* und die Frankfurter Neue Presse thronten über der weniger intellektuellen Mitte-Rechts-Leserschaft, die *Frankfurter Rundschau* über den Linksliberalen (Facebook, Twitter, die *taz* und anderes gab es noch nicht). Majestätisch über allem kommentierte die *FAZ*, ästhetisch und intellektuell hoch anspruchsvoll, ohne sich wie die *Bild* und die *Frankfurter Rundschau* im Latrinenkampf die Finger schmutzig zu machen. Aber wenn alle gemeinsam ihre Steckbriefe ausgaben und zur Kopfgeldjagd bliesen, half dagegen kaum ein Flugblätterverteilen zur Solidarisierung.

Unsere »Arbeitsgruppe Skandalisierung« konnte bestenfalls Schäden begrenzen, sich untereinander beraten. Als uns allmählich die Ahnung beschlich, dass es irgendein »geheimnisvolles Netzwerk« geben musste, das abgehörte Telefonat-Partikel unter uns gezielt an die Medienvertreter weitergibt, begannen wir, diesem einzelne Fallen in den Nebel zu stellen. Drei, vier Male wurden wir »fündig«. An zwei Fallen kann ich mich erinnern. Einmal rief mich – absprachegemäß – Fred Gebhardt theatralisch aufgeregt an, um mir mitzuteilen, er habe von einem Ortsvereinsgenossen am Nebentisch gehört, ich führte Gespräche mit der DKP darüber, die SPD zu verlassen und dorthin überzuwechseln. Er beschwor mich, dies keinesfalls zu tun. Aber ich seufzte nur zurück, ich hielte das in der SPD nicht mehr länger aus. An der Sache war nicht das Geringste dran. Aber bereits einen Tag später rief der zuständige Redakteur der *Frankfurter Rundschau*, Claus G., bei Fred Gebhardt an, er habe an der SPD-Basis von meinem bevorstehenden Austritt gehört und würde gern wissen, wie Gebhardt sich denn dazu stellen würde.

Als ich von Showmaster Frank Elstner, mit dem ich befreundet war, seit er auch gegen NATO-Raketen unterschrieben hatte, in seine Produktionsfirma nach Luxemburg eingeladen worden war, kam Erich Nitzling auf die pfiffige Idee, ich solle doch in einem Telefonat mit Günter Dürr offen darüber reden, dass ich dort Gold kaufen würde (damals wurde in Deutschland noch Mehrwertsteuer auf Gold erhoben, aber in Luxemburg nicht). Von diesem illegalen Steuervorteil und dem Tag meiner Luxemburgfahrt nebst Grenzübergang erzählte ich Gunter am Telefon, der mich, scheinbar darüber entsetzt, davon abzuhalten versuchte. Alles lief absprachegemäß. Als ich auf dem Rückweg von Elstner in einer zügig fließenden Schlange dann an eine Tankstelle an der Grenze

Frage nach dem Lebensmittelpunkt

Wo ist Hauptwohnsitz? / Dehm muß Stoppuhr nicht fürchten

Boris Becker nennt Monte Carlo statt Leimen als Adresse, der Steuer wegen. Diether Dehm, der linke Musik-Manager mit Haus im Taunus, will von Frankfurt nicht lassen, der Politik, der Arbeit, aber auch der Kneipen wegen. Ortsbeiräte in Bergen-Enkheim melden zwei Anschriften, wohl nur der Politik wegen. Und schließlich sind da noch jene in Sachsenhausen und anderen Parkplatz-Notstandsgebieten, die sich zu Hause fühlen, wo es Plaketten gibt.

Früher konnte man frei wählen, was Haupt-, Zweit- oder Drittwohnung sein sollte. Diese Beliebigkeit war Statistikern indes ein ständiges Ärgernis, seit 1982 geht es im Meldewesen ordentlicher zu. Nach dem Gesetz hat der Single nun dort seinen Hauptwohnsitz zu nehmen, wo er sich – überwiegend aufhält; streng quantitativ und gefühlsunabhängig. Bei Verheirateten ist der Ort maßgeblich, wo die Familie ihr Heim hat. Das gilt auch für den Vater oder die Mutter, die die Woche über weitab von zu Hause dem Broterwerb nachgehen und dort sich vielleicht in einem Appartement zur Ruhe betten. Es sei denn, sie lebten dauernd getrennt, was wiederum steuerliche Konsequenzen hätte, aber das ist ein anderes Thema.

Diether Dehm hält derlei strenge Regulative für nicht mehr zeitgemäß. Als stellvertretender Bundesvorsitzender der Arbeitsgemeinschaft Selbständiger/Unternehmer in der SPD, aber auch in seiner Eigenschaft als „linker Unterhaltungsautor" hat er in dieser Woche eine Presseerklärung zu dem Thema herausgegeben. Gegen ihn, so meint er, laufe „wie regelmäßig vor SPD-Parteitagen" wieder eine „Verleumdungskiste". Stellte eine Frankfurter Zeitung doch in Frage, ob Dehm, wie von einigen Genossen vorgeschlagen, in dieser Stadt ehrenamtlicher Stadtrat werden könne. Zwar sei er hier noch mit einer Wohnung gemeldet, Frau und Kind hielten sich aber zumeist im Haus in Bad Homburg auf.

„Amtlich noch nicht befaßt" ist Oskar Rohde, Leiter des Wahlamtes, mit dem Monopoly um Dehms Domizile. Überhaupt sträubt sich Rainer Orell, Leiter der Abteilung Einwohnerwesen, „mit der Stoppuhr" die Angaben der Bürger, von deren Korrektheit die Behörde ausgehe, nachzuprüfen. Bei umtriebigen Menschen, welche gute Freunde hier, die Kulturszene dort nicht missen möchten und dazu gleichermaßen präsent sein wollen, muß das Meldeamt mit dem überaus dehnbaren Kriterium „Schwerpunkt der Lebensbeziehungen" operieren. Die für die CDU in den Ortsbeirat Bergen-Enkheims gewählten Norbert Meyer und Rüdiger Konrad, die einer Anzeige zufolge die meiste Zeit in ihren als Zweitunterkunft gemeldeten Wohnungen in Seckbach und Ginnheim verbringen sollen, sind dagegen inzwischen von der Meldebehörde aufgefordert, in diesem Sinne ihre Angaben „klarzustellen".

Dehm will sich nicht „ausbürgern", andere wollen sich nicht einbürgern lassen. Sind doch einige Universitätsstädte bestrebt, wegen des Finanzausgleichs möglichst viele Studenten als Bürger ihrer Kommune zu führen. Vor Gericht geht es dann um Buden, die Hauptwohnsitz sein sollen, nur weil die Eltern mehr als 50 Kilometer entfernt leben. Wer weitere Strecken nach Hause fahren müsse, der verbringe die meiste Zeit an seinem Studienort, lautet noch einer dieser „typischen Lebenssachverhalte". HELMUT SCHWAN

FAZ: Ich soll wieder mal von der Stadtregierung zurücktreten kam, wurde ich als einziger (von sicherlich zig Autofahrern) kontrolliert und mein gesamtes Auto auf den Kopf gestellt. Seit diesem Erlebnis haben wir über bestimmte Dinge am Telefon nicht mehr oder nur noch in Andeutungen gesprochen und alles andere auf persönliche, noch über Jahre stattfindende Zusammentreffen verlegt.

In unserer »Skandal-AG« haben wir übrigens auch zusammengehalten in der Auseinandersetzung mit jenen Ministerpräsidenten, die 1993 das Asylrecht im Grundgesetz abschleifen wollten. Mit den Reden von Armin Clauss, Fred Gebhardt, den Sprechern des traditionalistischen »Nieder Kreises« von Kall Stork, Andrea Ypsilanti und mir konnten wir sogar auf dem Landesparteitag gegen die Grundgesetz-Änderung die Mehrheit gegen Ministerpräsident Hans Eichel und die Südhessische SPD-Chefin Heidi Wieczorek erstreiten. Den Kampf um eine programmatisch reproletarisierende Weichenstellung der SPD in der Bankenstadt Frankfurt haben wir jedoch gegen die Yuppies und deren Medienpower krachend verloren.

8.
Krebsgeschwür Deutsche Bank und das ZDF-Sportstudio

Meine Kritik an der Geschäftspolitik der Deutschen Bank seit 1933 war allmählich legendär geworden. Aber auch höchst umstritten. Als Faustregel konnte gelten: Je geringer das Monatsgehalt eines Menschen, desto unbeliebter war das »Geldinstitut«.

Derweil gab es noch den auslaufenden »Nichtangriffspakt« mit der *Bild*-Zeitung, der ja über deren Chefredaktion eingefädelt worden war, obwohl sie sich nie recht entscheiden konnte, ob sie Vox Populi gegen den ungeliebten Bankturm sein oder dem alten Beissreflex gemäß »Kapitalmacht gegen Linke verteidigen« folgen wollte. Meine umstrittenen Äußerungen über das »Krebsgeschwür« Deutsche Bank, deren Macht längst, nach Artikel 14 des Grundgesetzes, auf eine öffentlich-rechtliche Sparkasse zurückgestutzt gehörte, hatte ich 1990 als Bundestagskandidat getätigt und danach oft wiederholt.

Die Frankfurter Medien thematisierten immer wieder, daß in der SPD ein Streit entbrannt war, vor allen Dingen zwischen den Anhängern des Oberbürgermeisters Andreas von Schoeler und der Parteilinken, deren Sprecher ich war. Auf meine Anschuldigungen, die Deutsche Bank sei »in Volkswirtschaft und Demokratie ein Krebsgeschwür«, forderten

FDP und CDU meinen Rücktritt als Frankfurter Stadtregierungs-Mitglied. Der Oberbürgermeister forderte schließlich eine galante Entschuldigung von mir gegenüber dem (angeblich) bedeutenden Arbeitsplatzbeschaffer Deutsche Bank, sonst sei ich im Magistrat nicht mehr zu halten. Dies gelangte an die Öffentlichkeit und machte alles noch schlimmer. Besonders die linksliberale *Frankfurter Rundschau* spie Feuer. Die *FAZ* setzte ihr Gift gentlemanlike und die Neue Presse und die *Bild* gaben mal mir recht und mal der CDU und dem SPD-OB. Alles spitzte sich auf den Jahresparteitag der SPD zu, und sollte eine Kraftprobe werden zwischen linkem SPD-Parteiflügel (»Koko«) und von Schoelers Strömung, die sich mal »Undogmatische«, mal »Offene Runde« nannte, aber immer offen war für Privatisierung. Dabei war die traditionell gewerkschaftlich orientierte Parteimitte aufgespalten. In die Unterstützer meiner Aussagen gegen Privatisierung und Deutsche Bank (die der langjährige SPD-Vorsitzende und Willy-Brandt-Freund Fred Gebhardt und eine Minderheit befürworteten, und die konservativen Gewerkschafter, die sich für meinen Rücktritt beziehungsweise meine Abwahl aussprachen. Dies war einer der wenigen Skandale, derentwegen ich auf dem Bornheimer Gemüsemarkt beim Einkauf auf die Schulter geklopft bekam: »endlich mal einer, der es der Deutschen Bank da oben mal richtig gibt!« Jedoch schrieb bereits damals ein konkret-Redakteur, den Kapitalismus nicht komplett und auf einmal in seiner Totalität zu kritisieren sei »antisemitisch«; nur die »Deutsche Bank« anzugreifen sei verkürzte Kapitalismuskritik. Damals hatte Jutta Ditfurth diesen Unsinn noch nicht im Kopf. Hingegen Henryk M. Broder bediente sich damals bereits in der *FAZ* einer ähnlichen Demagogie-Figur gegen mich. Heute posiert auch er neben Steinbach mit der AfD.

In der Woche vor dem entscheidenden Parteitag begleitete ich Katarina Witt ins ZDF-Sportstudio nach Mainz. Erstaunlicherweise schienen damals selbst Sportredakteure, besonders Wolf-Dieter Poschmann, meiner Bankenkritik durchaus zugeneigt (und dies, obwohl es damals noch gar nicht so verbreitet war, dass der Auschwitzbau, die Giftgas-Herstellung von Zyklon B und die räuberische Vermarktung jüdischen Besitzes eng mit dem Namen von Bankenboss und Frankfurter Ehrenbürger Hermann Josef Abs verknüpft waren).

Katarina machte ihre Sache gut, das ZDF-Team war zufrieden und in dieser Stimmung vereinbarten wir, gemeinsam von Mainz über die Brücke nach Wiesbaden zu fahren und dort noch in der renommierten Promigaststätte »Die Ente« (die auch nach 24 Uhr noch Speisen anbot) einzukehren. Nun, wir tranken, wir aßen und es wurde 2.30 Uhr, als ich »Die Ente« verließ und in mein Auto stieg, um die 30 Kilometer nach Frankfurt heimzufahren. Auf dem Autobahnzubringer erschien plötzlich Blaulicht hinter mir, und ein Streifenwagen verwies mich an die Seite einer großen Tankstelleneinfahrt, ich sei »in Schlangenlinien gefahren«. Mir wurde schlagartig klar, dass ich vielleicht doch etwas viel getrunken hatte, und ich stellte mir vor, wie der Parteitag am kommenden Wochenende von der Schlagzeile »Stadtrat Dehm wegen Alkohol Führerschein entzogen« beherrscht werden würde. Das einzige, was ich in dieser Situation noch tun konnte, war, die alte Regel zu beherzigen, möglichst bevor der Beamte das Auto erreicht hat, kerzengerade daneben zum Stehen zu kommen und ihm gerade in die Augen zu blicken. Dazu musste ich alle meine fünf Sinne zusammenkratzen, was nicht ganz leicht war. Als er meine Papiere mitgenommen und seine Polizeikappe wieder abgesetzt hatte, saß er mit seinem Kollegen im Polizeiauto, was ich durch den Rückspiegel beobachten konnte. So vergingen fünf Minuten, vergingen zehn Minuten, vergingen 15 Minuten und mir schwante Schreckliches, ich hätte mich übergeben können. Ich hatte den gesamten Parteitag verkackt. Ich glaubte, im verdunkelten Polizeiauto durch den Schimmer der Tankstelle hektische Handbewegungen zu erkennen, konnte diese aber nicht deuten. Nach etwa 20 Minuten stieg der andere Beamte aus dem Streifenwagen, setzte sich die Kappe auf und schritt mit meinen Papieren in meine Richtung. Ich sprang wieder kerzengerade neben mein Auto, woraufhin sich folgender Dialog entspann: »Wo kommen Sie her?«

»Vom ZDF-Sportstudio«.

»So spät?«

»Es gab eine Nachbesprechung.«

»Haben Sie getrunken?«

»Nur Wasser!«, log ich mühsam beherrscht, kurz, aber flüssig.

»Sind Sie Herr Dr. Dehm?«

»Ja!«

»Sind Sie Mitglied im Frankfurter Magistrat?«

»Ja!«

»Sind Sie der, der die Deutsche Bank in den letzten Tagen als Krebsgeschwür bezeichnet hat?«

»Ja.«

»Dann wünschen wir Ihnen gute Fahrt!«

9.
Drei Skandale für ein Abschussjahr

Im Jahr 1996 sollte nun wirklich mein endgültiger Knockout stattfinden durch mehrere Skandale in kurzer zeitlicher Abfolge. Elf Skandale hatte ich überstanden, war immer noch Sprecher der Parteilinken in der Frankfurter Stadtregierung und es war nur knapp gelungen, mich wieder aus dem Bundestag herauszudrücken. Meine Stellung in der SPD, bei Oskar Lafontaine, Peter von Oertzen, ja selbst als gelegentlicher Redenschreiber für Willy Brandt, war trotz aller Skandale nicht wesentlich schwächer geworden. Und auch die Beziehung zu Künstlern, die über den Imperialismus hinaus dachten und gelegentlich sogar sangen, war ermutigend. Gemeinsam mit BAP, Dietmar Schönherr, Katja Ebstein, Peter Maffay und Udo Lindenberg war ich Sprecher der »Künstler für den Frieden«.

Das von mir verfasste Musical »Stars« lief mit überregionaler Medienresonanz seit einigen Wochen in der Thüringer Traditionsstadt Nordhausen. Auch Busse aus der Hessen-SPD hatten dazu beigetragen, dass es ein Jahr lang meist ausverkauft lief. Ich hatte den lieben langen Tag damit zu tun, für diverse Sängerinnen, Bands und Schauspieler beziehungsweise Fernsehshows Texte zu schreiben. Die Firma funktionierte und die Familie war ein Hort der Freude.

Da erschien an einem Morgen in sämtlichen Frankfurter Zeitungen die Meldung, das WDR-Fernsehen habe einen

SPD-Kandidat Dehm nennt Banken „Krebsgeschwür"

lat. Die „Macht der Großbanken" hat der SPD-Bundestagskandidat Diether Dehm scharf kritisiert. Dehm sagte auf einer Veranstaltung des „Linken Forums" im Bürgerhaus Nordweststadt, die unter dem Motto „Was ist linke Opposition im Superwahljahr 1994?" stand, die Großbanken seien „ein Krebsgeschwür und alles andere als demokratisch". Der Sozialdemokrat forderte eine große außerparlamentarische Opposition gegen den „menschenfressenden Kapitalismus". Eine Zusammenarbeit der SPD mit der SED-Nachfolgepartei PDS im Bundestag konnte sich Dehm allerdings nicht vorstellen. „Die PDS ist nicht koalitionsfähig. Jede Stimme für die PDS wäre eine Stimme für die große Koalition in Bonn", sagte der SPD-Politiker. An der Podiumsrunde nahmen auch der PDS-Wahlkampfleiter André Brie, PDS-Parteivorstand Jakob Moneta, Schriftsteller Gerhard Zwerenz und Rudi Maurer von der PDS-Wählerinitiative teil.

TAZ 31.1.94

Dehm ging mit deutschen Banken und Managern hart ins Gericht
Wirtschaftsdebatte der Bergen-Enkheimer SPD: Ruf nach härteren Unternehmenskontrollen und mehr Forschungsmitteln

FR 5.5.94

BERGEN-ENKHEIM (gap). Mehr Kontrolle der Bundesregierung auf die großen Unternehmen sei notwendig, um der gegenwärtigen Wirtschaftskrise entgegenzuwirken, die Wirtschaft langfristig produktiver zu machen und gleichzeitig mehr Arbeitsplätze zu schaffen. Dies war der Tenor einer Diskussion zum Thema Wirtschaftspolitik, zu der die Bergen-Enkheimer SPD dieser Tage in die Stadthalle eingeladen hatte.

Zu Gast bei den Sozialdemokraten waren kompetente Gesprächspartner: Joachim Plens, Vorsitzender des Verbandes der chemischen Industrie in Hessen, stellte sich den kritischen Fragen der Gäste ebenso wie Uwe Jens, der wirtschaftspolitische Sprecher der SPD-Bundestagsfraktion, und Manuel Gomez, Betriebsberatungsmitglied der Firma Nord-Micro in Bergen-Enkheim. Das Gespräch leiteten Robert Grigat und Thomas Bauscher, zwei Sozialdemokraten aus dem Stadtteil.

Auch Diether Dehm, der SPD-Bundestagskandidat für den Wahlkreis 140 (Frankfurt-Ost), war zur Diskussion gekommen. Dehm setzte sich vor allem dafür ein, den Einfluß von Banken und Versicherungen auf die Wirtschaft zu beschränken und verwies in diesem Zusammenhang auf die Skandale um den Immobilien-Unternehmer Jürgen Schneider und die Managementfehler der Metallgesellschaft. Der Sozialdemokrat plädierte dafür, die Beteiligung der Kreditinstitute und Versicherer an branchenfremden Unternehmen auf fünf Prozent zu beschränken. Zudem solle die Zahl der Aufsichtsratsmandate je Person auf fünf reduziert und die Vertretung in den Kontrollunternehmen miteinander konkurrierender Firmen untersagt werden, forderte Dehm.

Auch SPD-Wirtschaftsexperte Uwe Jens sprach sich gegen eine „einseitige Politik" der Deregulierung aus, die konsequent von der Bundesregierung betrieben werde, von der jedoch „keine Lösung zu erhoffen" sei. Vielmehr sei eine „neue Weichenstellung" notwendig, sagte Jens. So forderte er eine aktive Arbeitsmarktpolitik, die über Steuern finanziert werden müsse. Anderseits müßten aber auch die Zinsen gesenkt werden, um die Unternehmen und damit auch die Arbeitsplätze in Deutschland zu halten, sagte Jens. Denn vor allem Großunternehmen würden ihre Produktion ins Ausland verlegen, wenn das Geld dort „billiger" sei.

Wenig Hoffnung konnte der Vertreter der chemischen Industrie, Joachim Plens, auf neue Arbeitsplätze in dieser Branche machen. Dort werde derzeit nur mit 60 bis 70 Prozent der vorhandenen Möglichkeiten produziert, sagte Plens. Der jetzt erkennbare geringe Aufschwung könne die bestehenden Kapazitäten, allenfalls wieder auslasten. Der Chemie-Vertreter forderte daher von der Politik, „Technikfeindlichkeit" abzubauen und beispielsweise Zulassungen für innovative Bereiche wie die Gentechnik zu erleichtern.

Von Robert Grigat nach den Ursachen für den massiven Arbeitsplatzabbau gefragt, mit dem auch die Chemie-Unternehmen auf die wirtschaftlichen Probleme reagiert hätten, nannte Plens „ungünstige" Bedingungen für die deutsche Industrie. Die Arbeitskosten, also Löhne und Lohnnebenkosten, seien hier hoch, ebenso wie die Kosten für Energie, Investitionen und Umweltschutz. Anderseits trügen aber die hohe Qualifikation der Arbeitskräfte, ein leistungsfähiges Handwerk und „kooperative" Gewerkschaften dazu bei, daß Deutschland letztlich ein guter Standort sei. Dennoch würden viele Produkte, die auch hier hergestellt werden, oft im Ausland gekauft, da die ferntöstliche Konkurrenz durch niedrige Löhne die gleiche Qualität billiger anbieten könne.

Um diese Nachteile auszugleichen, sprach sich Uwe Jens dafür aus, Ausbildung, Wissenschaft und Forschung sowie die Entwicklung innovativer Techniken stärker zu fördern. Abschließend äußerte Robert Grigat die Hoffnung, daß eine SPD-Wirtschaftspolitik dazu beitragen könne, daß gesellschaftlicher Reichtum nicht mehr mit einer steigenden Arbeitslosigkeit einhergehen werde.

Sowas befeuert die Skandale

Verdacht der Untreue

Staatsanwaltschaft ermittelt gegen Dehm

Gegen den SPD-Bundestagskandidaten Diether Dehm wurde von der Staatsanwaltschaft Frankfurt ein Verfahren wegen Untreue zum Nachteil des *Hessischen Rundfunks* eingeleitet. Am 14. Juli habe es eine Hausdurchsuchung gegeben, sagte Hildegard Becker-Toussaint, Sprecherin der Staatsanwaltschaft. Weitere Auskünfte zu dem Verfahren gebe man nicht.

Nach Angaben von Dehm geht es um einen vor fünf Jahren abgeschlossenen Vertrag zwischen ihm und dem *hr*. Der SPD-Politiker und Autor sollte vier Exposés für die Samstagabend-Unterhaltung des *hr* erstellen und dafür 100 000 Mark bekommen. Die Show für die ARD wurde jedoch nicht produziert. 1992 rügte der Landesrechnungshof, daß das Honorar angesichts des abgelieferten Materials „völlig überhöht" sei. Gegen diese Darstellung ging Dehm vor Gericht und hatte schließlich beim Hessischen Verwaltungsgerichtshof in Kassel Erfolg. Dem Landesrechnungshof wurde auferlegt, die Gegendarstellung Dehms den Aufsichtsgremien des *hr* vorzulegen.

Der SPD-Politiker gibt an, nur 23 000 Mark Honorar bekommen und im übrigen „als Autor sämtliche Verträge voll erfüllt" zu haben. Dehm bezeichnete die Ermittlungen als „Wahlhilfe für die CDU". Er vermutete, daß der Präsident des Landesrechnungshofes und frühere Frankfurter CDU-Rechtsdezernent, Udo Müller, den Stein „pünktlich zum Wahlkampf" ins Rollen gebracht habe. Die Sprecherin der Staatsanwaltschaft versicherte, daß ihre Behörde wegen des Verfahrens nicht an die Öffentlichkeit gegangen sei.

Die Ermittler hätten bei ihm Beweismaterial gegen den früheren Unterhaltungschef des *hr*, Jochen Filser, gesucht, sagte Dehm. Nach Angaben seines Anwalts Heinz Düx hat Dehm den Beamten die gewünschten Dokumente ausgehändigt. An der Aktion seien auch zwei Beamte des Rechnungshofes beteiligt gewesen. Unverständnis äußerte Düx, weil die Dokumente nicht unbekannt, sondern in den Akten des Hessischen Verwaltungsgerichtshofes zu finden seien. vo

FR zum HR-Skandal (1994)

> **„SPD in den Fängen Dehms"**
>
> Erika Steinbach kritisiert Parteieinfluß des „Ex-Stasi-Spitzels"
>
> rieb. FRANKFURT. Die Frankfurter SPD befindet sich nach Meinung der CDU-Bundestagsabgeordneten Erika Steinbach „in den Fängen des Ex-Stasi-Spitzels Diether Dehm". In einer Presseerklärung wirft die CDU-Politikerin der Frankfurter SPD-Führung vor, sie betreibe mit ihren Personalvorschlägen für die bevorstehende Kommunalwahl im März 1997 eine schon nahezu tragische Selbsterniedrigung. Die erstaunliche Tatsache, daß die nächsten Vertrauten des „früheren Stasi-Spitzels Dehm" auf dem Listenentwurf für die Frankfurter Stadtverordnetenversammlung hervorragend plaziert worden seien, raube den Atem, insbesondere dann, wenn zugleich deutlich werde, daß diejenigen, welche die SPD von ihrem „Verräter" hätten befreien wollen, durch schlechte Plätze abgestraft werden sollten.
>
> Steinbach bezieht sich mit ihrer Kritik offenbar auf den Umstand, daß der SPD-Stadtverordnete und Dehm-Kritiker Michael Paris, der für einen Parteiausschluß Dehms eingetreten war, auf der Kandidatenliste des sogenannten Koko-Kreises von Parteilinken nur noch einen hinteren Platz einnimmt. Dagegen erreichte die Privatsekretärin von Dehm, Corinna Geis, einen vorderen Platz.
>
> Niemand mit Vernunft zweifele noch daran, daß Dehm jahrelang für das Ministerium für Staatssicherheit (MfS) der DDR engagiert und wissentlich tätig gewesen sei noch daß er nicht einmal davor zurückgeschreckt sei, seine eigenen Parteifreunde zu bespitzeln und zu verraten, fahrt Steinbach fort. Dehms Tun als Inoffizieller Mitarbeiter (IM) „Diether" und IM „Willy" sei auf 400 Stasi-Aktenblättern gründlich dokumentiert. Mit dem jetzt rechtskräftigen Urteil im Eilverfahren des Landgerichts Frankfurt vom 8. August sei zudem gerichtlich festgehalten, daß glaubhaft gemacht worden sei, daß Dehm „wissentlich Inoffizieller Mitarbeiter des MfS war".
>
> Dies sei der Frankfurter SPD sehr wohl bewußt, schreibt Steinbach. Dennoch sei Dehms Einfluß in der Partei bis heute ungebrochen. Die Personalvorschläge zur Kommunalwahl belegten das eindeutlich. Das werfe aber die Frage auf, in welchem Abhängigkeitsverhältnis sich eine Partei befinde, die nicht in der Lage sei, sich „aus den Fängen eines solchen Freundes" zu befreien. Gelinge es der Frankfurter SPD nicht, sich aus dieser „krakenhaften Umschlingung" zu befreien, werde sie davon erdrückt werden.
>
> Inzwischen ist der Berliner Bundestagsabgeordnete Kurt Neumann, der den Frankfurter Musikmanager als Anwalt in der Auseinandersetzung um dessen angebliche Stasi-Tätigkeit vertrat, aus der SPD ausgeschlossen worden. Ihm war vorgeworfen worden, er habe der Partei bewußt verschwiegen, daß er zweimal rechtskräftig wegen Steuervergehen verurteilt worden sei.

FR: Steinbach trauert: Skandale waren erfolglos

Bericht, der in neun Tagen ausgestrahlt werden würde und in dem ich als früherer Ostspion enttarnt und des schweren Landesverrats angeklagt sei.

Einige Tage später eröffnete die Staatsanwaltschaft beim Landgericht Frankfurt stattdessen ein Strafverfahren gegen mich wegen Beihilfe zur Veruntreuung von Gebührengeldern. Schon in den Jahren davor hatte der Landesrechnungshof mehrfach verkündet, eine von meiner Firma im Auftrag der Unterhaltungs-Redaktion des Hessischen Fernsehens erstellte Sendung sei zwar abgerechnet, aber nie ausgestrahlt worden. Nicht nur die CDU und die FDP, sondern auch der Landesrechnungshof errichteten damit die Legende, ich hätte, gemeinsam mit dem Unterhaltungschef des Hessischen Fernsehens Filser, dem Programmdirektor Dr. Conrad und dem Intendanten des Senders, Prof. Kelm, 100 000 DM listig an der inneren Revision des Hessischen Fernsehens (CDU-geführt) vorbei lanciert. Und zwar aus der Unterhaltungsabteilung (für die ich tätig war) in die rotgefärbte Dokumentationsabteilung, in welcher sie dann in Filme gegen die katholische Kirche geflossen seien (konkret war auf zwei Dokumentarserien gegen Christoph Columbus und zu den Bauernkriegen mit unverhohlener Sympathie für den »heimlichen DDR-Star« Thomas Müntzer angespielt worden).

Es hieß also, ich hätte mit dem Intendanten (einst CDU-Wallmanns Wahlkampfpromoter Professor Dr. Hartwig Kelm, Vorzugsfeind linker Studenten, als er noch Rektor der Frankfurter Universität war), dem Unterhaltungschef Jochen Filser und dessen Programmdirektor Dr. Hans-Werner Conrad gemeinsame Intrigen-Sache gemacht, um den Rotfunk HR vor der notwendigen Kontrolle der Gebührenzahler (hier vertreten durch die Landtagsfraktion von CDU und FDP beziehungsweise vom CDU-geführten Landesrechnungshof) abzuschirmen, um illegal damit linke Propaganda zu finanzieren. Als die Staatsanwaltschaft zu einer frühmorgendlichen Hausdurchsuchung meiner Firma Arts & Promotion in Bad Homburg erschien, waren da zufällig auch ein Fotograf der *Bild*-Zeitung und einer der *FAZ* vor dem Haus.

Innerhalb weniger Tage war ich als roter Räuber von Fernsehgebühren und als Ostspion in aller Munde. Ein Meisterstück! Jedenfalls für jeden, der Verschwörungen via Medien nicht generell ausschließt. Sofort gab es Rücktrittsforderungen aus der eigenen Partei und dann ein Ausschlussverfahren vor dem SPD-Parteigericht. Gegen mich als Ostspion ermittelte nicht einmal irgendein Staatsanwalt, von Anklage war auch nie die Rede. Und an dem Veruntreuungsvorwurf gegen den Fernseh-Unterhaltungschef, meine Geschäftspartnerin und mich war, obwohl mit Anklage, ebenfalls nicht das Geringste dran. Auch wenn es nicht das erste Mal gewesen wäre, dass Copyrights für Sendungen eingekauft wurden und dann in einem Schließfach überwinterten, so gab es bei der vorliegenden Anklage zwei einfache Erklärungen für den Vertrag des HR mit meiner Firma. Erstens wollte der HR

Broder/Weidel – hier wächst zusammen ...

durch uns Kulenkampff von RTL zurückholen, zweitens war ein Jahr nach unserem Vertrag dem HR der Sendeplatz am Samstagabend für das Erste Programm durch die ARD-Unterhaltungskoordination zugunsten des WDR weggenommen worden. Alle Behauptungen des Staatsanwalts Brandau waren – wenn nicht Verschwörung, so doch bestenfalls – dessen hirnrissige Halluzinationen.

Die Sache mit dem »Ost-Spion« war nicht ganz so einfach. Als Neunzehnjähriger, im Gefolge der Verhaftung wegen der Veröffentlichung des illegalen KPD-Parteiprogramms und des 50. Jahrestags der Oktoberrevolution, war ich in Kontakt mit dem Istwestija-Korrespondenten Viktor P. gekommen, der in Frankfurt seine Redaktion hatte. Er schenkte mir ab und an ein Lenin-Buch aus der DDR und brachte mich mit dem Kommunisten Otto Ebel zusammen, der in seinem Keller einen »Club Égalité« (eine Jugendorganisation der »Vereinigung der Verfolgten des Naziregimes«) unterhielt, in den ich auch aus familiären Gründen sofort herzlich aufgenommen worden war. Von dort aus wurden gelegentlich Reisen zu KZ-Gedenkstätten in Westdeutschland und in die DDR organisiert. So kam ich nach Buchenwald und lernte dort den FDJ-Kulturfunktionär Herbert Thur kennen, der zufälligerweise aus meinem Stadtteil in Frankfurt stammte und in die DDR übergesiedelt war. Thur war auch, was ich erst nach 1995 erfuhr, Mitarbeiter des Ministeriums für Staatssicherheit. Er stellte mich einem anderen Kulturfunktionär der Leipziger Dokumentarfilmwoche, Lothar N., vor, mit dem ich tatsächlich einen selbstgefertigten 8-mm-Beitrag über den Chemiearbeiter-Streik auf den Leipziger Dokumentarfilmtagen platzieren konnte. Eine Riesenehre war das! Lothar N. war es auch, der gemeinsam mit Herbert meinen sehnlichsten Wunsch erfüllte, nämlich einen Besuch bei Ernst Busch zu Hause. (Von diesem Besuch bei dem großen Brechtsänger habe ich auch den heiteren Spruch, Hanns Eisler habe das »Solidaritätslied« extra so schnell arrangiert, »dass mit schwerem Militärgerät dazu nicht zu marschieren ist« – wahrlich auch ein schelmisches Misstrauen in die eigenen Reihen!) Aber trotz aller authentisch-kulturellen Zusammenarbeit fand ich 3 von 9 Bezugspersonen bei der FDJ dann später in den Akten als MfS-Angestellte.

Was ich natürlich erst nach 1995 herausfinden konnte, meine Bekanntschaft mit dem Istwestija-Korrespondenten (der vermutlich auch für den KGB arbeitete) war den FDJ-Freunden bekannt. Und darum durfte sie, also die »Staatssicherheit«, mich nicht anwerben und mir keine Verpflichtungserklärung vorlegen, solange ich in Verbindung mit dem KGB stand. Deswegen steht in meiner Akte: »arbeitet eng mit den Freunden« (»Freunde« – das waren im DDR-Slang: die Sowjets beziehungsweise der sowjetische Geheimdienst KGB). Dieses schützte mich davor, als richtiger Mitarbeiter von ihnen angesprochen und angeworben zu werden; sie disponierten um, legten eine IM-Vorlauf-Akte an, nannten mich »Perspektiv-IM«, aber offenbarten sich mir nicht. Ein reines Missverständnis, wie es beim MfS besonders in der Abteilung

VI häufig vorkam, die eigentlich offiziell mit dem Ausland – Sache der HVA – nichts zu tun haben durfte, sondern nur mit der DDR-Kirche, womit ich nun nichts zu tun hatte; aber dort lagerten halt aus unerfindlichen Gründen die Aufzeichnungen über mich bis 1978. Kurz darauf war ich mit ein paar Hundert anderen für eine Geldprämie vorgeschlagen, die ich allein deswegen nie erhielt, weil die zuständige Abteilungsleitung mich gerade gleichzeitig mittels Fahndungsbefehl (!) zum DDR-Feind gestempelt hatte.

Bei den »Festivals des politischen Liedes« und ähnlichen Kulturtreffen der FDJ war ich ebenso dabei wie bei den meisten Liedermacher-Festivals in der Bundesrepublik, bei denen Linke eine Auftrittsmöglichkeit bekommen hatten. Wenn ich »drüben« auftrat, kassierte ich kein Honorar, aber – solange noch Student – ein paar Mal Flugkosten (Frankfurt-Berlin-Frankfurt) in Höhe von etwa 100 DM. Irgendwann stellten mir Lothar und Herbert T. einen Jürgen N. vor, der meinte, direkt für die SED-Kulturabteilung unter Kurt Hager zu arbeiten. Er erzählte mir, was ich für völlig unwahrscheinlich hielt, sich aber später bewahrheitete, dass Hager selbst, der Kulturpapst im Politbüro der SED, tatsächlich dort gegen die Ausbürgerung von Wolf Biermann gesprochen hatte. Ich war hochinteressiert an einer Begegnung, um unseren Protest gegen die Ausbürgerung zu untermauern. Schließlich war ich ihm dann begegnet und übergab ihm die Resolution von Wolfgang Abendroth, Günter Wallraff und hundert Anderen, die ich maßgeblich formuliert hatte und die von linken, nicht-antikommunistischen Intellektuellen zur Zurücknahme der Ausbürgerung Biermanns unterschrieben worden war. Kurt Hager hatte mir daraufhin gesagt, die Unterzeichner seien »alles wertvolle Friedensfreunde, aber die Deutsche Demokratische Republik ist auch von denen nicht erpressbar.«

SED-Kulturfunktionär Jürgen N. fragte mich, ob ich an einer mehrbändigen Anthologie über den deutschen Antifaschismus mitarbeiten wolle, was ich gerne bejahte. Dann teilte er mir mit, ich sei schon lange westdeutschen Geheimdiensten aufgefallen, darüber hätte man gesicherte Erkenntnisse, und ich solle mich etwas vorsichtiger verhalten, insbesondere, wenn ich die Grenze überqueren würde. Wenn ich also mit dem Autorenkollektiv (bestehend aus einer Auschwitz-Überlebenden, bei der ich dann oft zu Hause war, einem Historiker und drei jüngeren Genossen, darunter Jürgen Kuczynski, den ich bereits persönlich kannte) zusammentreffen wollte, sollte ich möglichst mit niemandem darüber reden und mich gelegentlich beim Grenzübergang nach möglichen Verfolgern umschauen. Außerdem sollte ich die Flugabrechnungen mit einem meiner Künstlernamen Lerryn, Heirell, Wilhelm oder Willi unterschreiben.

Im Rahmen des SPD-Ausschlussverfahrens vor dem Parteigericht 1996 legten später sowohl Jürgen N. als auch zwei weitere hauptamtliche Führungsbeamte für Westspionage vor einem Notar geleistete eidesstattliche Versicherungen vor, dass sie sich mir gegenüber niemals als MfS-Mitarbeiter enttarnt hatten, dass ich darum auch nie eine Verpflichtung (wie in den Stasi-Richtlinien vorgeschrieben) zur Unterschrift hatte vorgelegt bekommen.

Meine Verteidigung gegen die von den Gauck-Jägern erhobenen Vorwürfe war deshalb so beschwerlich, weil die Stasi-Jäger beim WDR, Tilman Jens und Heribert Schwan, die Klagedokumente bereits viele Monate vor mir, dem Angeklagten, zugespielt bekommen hatten. Jedem Mörder steht ein besseres Akteneinsichtsrecht zu als einem, der von Gaucks Willkürmaschine zum geheimen Mitarbeiter gestempelt worden war. Und besonders kompliziert war danach, die Decknamen in den »Akten« mit den Klarnamen jener DDR-Genossen in Verbindung zu bringen, die zwanzig Jahre zuvor mit mir Konzerte veranstaltet, Schallplatten und Bücher herausgebracht hatten.

In meiner tiefe Ratlosigkeit kam zunächst ein Brief des Genossen Herbert Thur vom Zentralrat der FDJ, demzufolge er derjenige gewesen war, der den IM-Vorgang ohne mein Wissen 1972 nach einem gemeinsamen Besuch in der KZ-Gedenkstätte Buchenwald begonnen hatte.

Focus: RAF-Hilfe auf Stasi-Befehl?

Darüber nun gab es über mich allenfalls verstreute und einzelne mikroverfichte Notizen des Sicherheits-Ministeriums. Alles, nur keine Akte. Die wurde in der Gauck-Behörde zusammengeschustert und zu einer »Dehm-Akte« zum medialen Abschuss hochtrisiert. Seit das DDR-Ministerium mich nach 1977 extra mit Fahndungsbefehl zum Staatsfeind gestempelt hatte, und zwar ausdrücklich wegen meines Eintretens für Wolf Biermann, Rudolf Bahro und Jürgen Fuchs,

Stasiakte über Dehm

Gauck hat keine Zweifel

Der SPD-Unterbezirksvorstand hat am Dienstag abend darüber beraten, ob sich auch die Parteiführung den Anträgen einiger Ortsvereine anschließen und ein Parteiausschlußverfahren gegen den unter Stasi-Verdacht stehenden ehrenamtlichen Stadtrat Diether Dehm betreiben soll. Die Sitzung dauerte bei Redaktionsschluß noch an, „aber die Tendenz geht gegen Dehm", verlautete schon vor Sitzungsbeginn aus Teilnehmerkreisen. „Kein Zweifel" besteht für Joachim Gauck, den Bundesbeauftragten für die Stasi-Akten, an der Glaubwürdigkeit der Dokumente, die Dehm als Spitzel der einstigen DDR-Staatssicherheit ausweisen.

Das sagte Gauck am Dienstag in einem Interview des Hessischen Rundfunks. Gauck wies auch Dehms „Verteidigungsargument" zurück, demzufolge der Frankfurter Musikmanager und SPD-Linksaußen von Dritten „abgeschöpft" worden sei und die Stasi diese Informationen dann in einer Sammelakte für die Jahre 1971 bis 1978 abgelegt habe. Dergleichen könne aus der „bisherigen Aktenforschung" seiner Behörde nicht bestätigt werden, erklärte Gauck.

Ein militärisches System wie das DDR-Ministerium für Staatssicherheit (MfS) habe es sich nämlich „aus Effizienzgründen nicht erlauben können, fingierte Unterlagen zu erstellen". Zudem sei im MfS jeder Aktenvorgang „von mehreren Mitarbeitern kontrolliert worden". Laut Gauck hätten in den zurückliegenden fünf Jahren „millionenfache Recherchen im Stasi-Archiv" ergeben, „daß aus dessen Akten Fakten sprechen". Die vom MfS akribisch geführten Unterlagen hielten jeder wissenschaftlichen Quellenkritik stand.

„Die Stasi-Akten haben einen recht hohen Aussagewert", betonte Gauck gegenüber dem *hr* in der Hörfunksendung „Unterwegs in Hessen", „deshalb sind unsere Gerichte und ist die Forschung auch so interessiert, die Unterlagen zu bekommen."

Zu den Aktionen der kurz vor den Pfingstfeiertagen gegründeten „pro Dehm"-Unterstützerinitiative (Slogan: „Demokratische Rechte keiner Treibjagd opfern!") äußerte sich Gauck kritisch: „Die Benennung einer öffentlichen Debatte als Treibjagd kenne ich schon. Auch in PDS-Kreisen wurden alle möglichen Ausdrücke verwendet, um das öffentliche Gespräch über Verstrickungen in der Diktatur zu verhindern." peh

Frankfurter Rundschau

Dr. Diether Dehm

Presseerklärung vom 14. Juni 1996

Stasi Opfer kritisieren „Treibjagd gegen Dehm"

Einen Tag vor der SPD-Schiedsgerichtsverhandlung gegen den unter Stasi-Verdacht geratenen SPD-Linken Diether Dehm, hatte der Physiker und Bürgerrechtler Dr. Hans-Jürgen Fischbeck Zweifel an der Echtheit der „Dehm-Akte" geäußert. Der Kirchenvertreter, selbst damals von der Stasi in Ostberlin verfolgt und als „Bündnis 90"-Abgeordneter häufig mit Stasi-Akten befasst, äußerte sich heute deutlich anders als kürzlich Gauck-Behörde. Fischbeck habe Einblick in „Dehms Stasi-Akte" genommen und sei sich sicher, daß Dehm nur abgeschöpft worden sei. Die Merkmale einer wissentlichen Stasi-Mitarbeit (Verpflichtungserklärung, handschriftliche Berichte u.a.) fehlten. Die „Glaubwürdigkeit" Dehms sei für ihn „unbestritten und erkennbar".

Ähnlich äußerte sich der Berliner Historiker Prof. Rudolf Bahro: „Die öffentliche Treibjagd gegen Dehm ist falsch und blöde!" Bahros Inhaftierung hatte laut „Dehm-Akte" 1976/77 bei Dehms umstrittenen DDR-Begegnungen zu „ständigen Auseinandersetzungen" (wörtliches Stasi-Zitat) in Ostberlin und schließlich - neben der Biermann-Ausbürgerung - zum Abbruch aller DDR-Besuche Dehms geführt.

Bahro usw. contra Gauck

Was er nicht wahrhaben will: Zweitausendeinsheft

waren ein paar Unterlagen gegen mich in die dafür zuständige, andere Abteilung gebracht worden. Im Fahndungsbefehl der Stasi ist expressis verbis davon die Rede, wie beharrlich ich jegliche Aussagen selbst altbekannten FDJ-Genossen gegenüber verweigert hatte, betreffend Biermann und auch zum Urlaubsaufenthalt des aus der DDR-Haft freigekauften DDR-Staatsfeinds und Biermann-Freunds Jürgen Fuchs auf meinem Bauernhof. Was mich beim Studium der offensichtlich in der Gauck-Behörde manipulierten Dokumente aber richtig ärgerte, war, dass dort aus meiner Agentur stammende Abrechnungen zu Biermann-Konzerten abgeheftet waren, die unmöglich von mir verfasst worden waren, auch weil dort ganz andere Mitarbeiter die Buchhaltung gemacht hatten. Mein Anwalt Dr. Heinz Düx schrieb alle an – immerhin hatte ich auch einige DKP-Berufsverbotsopfer eingestellt gehabt –, die irgendwie mit diesen Buchhaltungsunterlagen zu tun hatten. Nichts kam zurück. Ich war ziemlich niedergeschlagen. Eines Morgens, nach sechs Wochen, lag ein Brief in meinem Kasten, der alles auflöste und den ich sofort dem SPD-Schiedsgericht gab, was die straffreie Einstellung des Ausschlussverfahrens mit bewirkte. Der Brief war vom Betriebsprüfer meiner Agentur »die&dieKulturladen«:

Die professionellen Stasi-Jäger (vorzugsweise Ex-Aktivisten maoistischer oder trotzkistischer Sekten, die seit jeher gegen die DDR, DKP, SPD und Gewerkschaften agitiert und jede Friedensbewegung schon lange gehasst hatten) hatten nun kleine Spitzel-Truppen gebildet, die sich um die Skandalisierung Einzelner »kümmerten«, die sowieso bereits bei der Obrigkeit in Verschiss geraten waren. Diese Truppen betrieben das lukrative Geschäftsmodell moderner Kopfgeldjäger, hatten wie die »Forschungsgruppe zur Aufarbeitung des SED-Unrechts« unter dem Pol-Pot-Fan Jochen Staadt ein permanentes Zutritts- und Zugriffs-Recht auf die Unterlagen der Gauck-Behörde und anderer Geheimdienstarchive, bekamen von rechten Stiftungen Hunderttausende von D-Mark und genossen die Macht, Berufslaufbahnen und Biographien Andersdenkender zerstören, ja sogar Menschen in den Selbstmord treiben zu dürfen, wie den Landtagsabgeordneten Gerhard Riege und viele andere.

Genau in jenem Jahr 1994, in dem mein Anwalt vergeblich bei der Gauck-Behörde nach irgendwelchen angeblichen Stasi-Notizen über mich gefragt hatte, erhielt Staadts sogenannte »Forschungsgruppe SED-Unrecht« von der Stiftung der Deutschen Bank, geführt von der Witwe Willy Brandts (und nunmehr Ehefrau von Bankchef Hilmar Kopper), 300 000 DM. Diese Forschungsgruppe war es dann auch, die den berüchtigten Kommunistenjäger und Chef der Kulturabteilung des WDR-Fernsehens, Heribert Schwan, und dessen Büchsenspanner Tilmann Jens mit manipulierten Aufzeichnungspartikeln aus der Gauck-Behörde belieferte. Diese Zettel hätten niemals ausgereicht, als Frau Steinbach, die heutige AfD-Stiftungs-Chefin, 1995 die Neuaufnahme des Prozesses gegen mich mit der Aussage, ich sei IM, wieder veranlasste. Etwas anderes war hinzugetreten, Henryk M. Broder hatte Steinbach angerufen (später dankte sie ihm in mehreren Zeitungsartikeln dafür), um ihr Wolf Biermann als Kronzeugen anzudienen. Dieser hatte Mitte der Neunziger mehrfach, unter anderem im *Spiegel*, dreist gelogen, ich hätte ihm 1988 in einem Vier-Augen-Gespräch gestanden, 1977 im Auftrag des Ministeriums für Staatssicherheit sein Manager geworden zu sein. (2017 schrieb er in seiner Biographie, ich, also dieser

Lerryn, hätte nur Schlagerliedchen geschrieben und einen schlechten Musikgeschmack. Dennoch hatte Biermann früher im Prospekt des »Zweitausendeins«-Versandverlags meine Langspielplatte »Goya malt Karl IV und seine Familie« hoch gepriesen.)

Biermann war seit der Trennung von meiner Platten-Firma 1988 ohne jeglichen Verkaufs-Erfolg, ohne irgendein bekanntes neues Lied geblieben. In gewisser Nostalgie gedachte er seiner Zeit als Stasi-Opfer, der ausverkauften Konzertsäle und geierte ein ums andere Mal nach neuer Opferinszenierung. In Interviews konstruierte er nachträglich Stasi-Anschläge bis hin zu der Science fiction mittlerweile illegal im Untergrund marodierender Stasi-Horden, die noch Jahre nach der Wende auf ihn angesetzt seien.

Hätte es mein angebliches Geständnis im Mai 1988 tatsächlich gegeben und Biermann dieses für einen solchen Stasi-Anschlag nach seiner Ausbürgerung öffentlich verkaufen können, hätte er doch sicher wenige Tage später, spätestens aber im Juni 1988, die Medien davon in Kenntnis gesetzt. Aber nicht erst acht Jahre später, im Gefolge der Frau Steinbach! 1996 hielt er es endlich für hilfreich, meine »damalige Rolle als besonders raffinierter Arm der Krake Stasi und das Geständnis« der staunenden Weltöffentlichkeit zu offenbaren. Nun aber gab es keine einzige Notiz, aus welcher irgendwie ablesbar hätte sein können, dass ich ihn ausspioniert hätte. Stattdessen hatte es einen Fahndungsbefehl gegen mich gegeben, weil ich bei der Stasi als Biermann-Anhänger galt. Also erfand er 1996 dieses Geständnis meinerseits. Und log selbst dann noch, als er aus den Akten erfahren konnte, dass ich Kurt Hager die Protestresolution persönlich überbracht hatte, mit der Aufforderung an die SED-Führung, die Ausbürgerung rückgängig zu machen. Er behauptete wider besseres Wissen, ich hätte das von ihm gewünschte Management nicht auf Vermittlung Wallraffs, sondern im Auftrag des DDR-Ministeriums übernommen.

Günter Wallraff, der ja Biermann und mich im Dezember 1976 nach der Ausbürgerung zusammengebracht hatte,

Mein FDJ-Zentralratsfreund entpuppt sich

so daß ich Dich bitte, dieses Schreiben, so weit
als möglich, vertraulich zu verwenden.

Herzliche Grüße!

Dein Rudi

erklärte im Hessischen Rundfunk und gegenüber dem SPD-Parteigericht nach Lektüre der Akte, für mich habe es nur »einen einzigen Führungsoffizier« gegeben, und der sei nicht aus dem MfS, sondern »Wolf Biermann gewesen«. Und für den hätte ich damals alles getan. Heute ist mir meine Loyalität für Biermann: alles, nur kein Ruhmesblatt! Der Mensch hatte die aufgeklärte Öffentlichkeit nach Strich und Faden belogen und für Aufrüstung und alle NATO-Kriege geworben. Wenn Biermann später erklärt hat, selten so viel Geld verdient zu haben wie in den Jahren in meiner Agentur und bei meinem Schallplattenlabel »Musikant«, dann straft er sich selbst Lügen. Als ob Mielke ausgerechnet an seinem materiellen Wohlergehen im Westen interessiert gewesen sein konnte. Als ob ausgerechnet das ausbürgernde DDR-Ministerium (durch mich) dafür gesorgt hätte, dass Biermann in der BRD möglichst viel Geld, volle Säle und Zigtausend verkaufte Tonträger bekommen sollte.

Im Juli 1996 urteilte ein Frankfurter Richter in einem Eilverfahren, Wolf Biermann (der nicht selbst erschienen war und dessen eidesstattliche Versicherung auch keinerlei rechtlicher Form genügt hatte) sei ein derart glaubwürdiger Zeuge, dass man Frau Steinbach künftig erlauben wolle, mich »Informant der Stasi« zu nennen. Das SPD-Parteigericht urteilte in zweiter Instanz im Dezember (nach Vorlage von wesentlich mehr Informationen und Zeugenaussagen) grundsätzlich anders und stellte das Verfahren gegen mich straffrei ein. Danach kandidierte ich wieder in den Bundesvorstand der Unternehmer und wurde, auch als Parteitagsdelegierter, erneut gewählt. Frau Steinbach jaulte noch ein wenig hinterher, nun sei die SPD-Frankfurt wieder fest in den Händen des Ostspions Dehm.

Die zeitgleiche Skandal-Kampagne wegen angeblicher Beihilfe zur Veruntreuung im Hessischen Rundfunk verlief für die, die sie anzettelten, auch am Ende nicht ganz zu deren Zufriedenheit. Aber erst am Ende! Seit 1990, als der Finanz-Verdacht gegen mich via Landesrechnungshof losgeflüstert wurde, bis zum Höhepunkt 1996 waren sechs Jahre heftiger Skandalisierung vergangen.

Motiv des HR-Vertrags mit meiner Firma war, dass der Hessische Rundfunk gerade seine drei legendären Unterhaltungs-Flaggschiffe verloren hatte: Der Oberzoologe der Republik und Serengeti-Schützer Bernhard Grzimek war plötzlich verstorben, Heinz Schenk mit dem »Blauen Bock« war zu alt geworden und musste abgesetzt werden. Aber das Schlimmste war, dass der bedeutendste Showmaster der Samstagabendunterhaltung mit » Einer wird gewinnen« in der ARD, Hans-Joachim Kulenkampff, wegen Differenzen im HR zu RTL gewechselt war. In dieser für den Sender desaströsen Situation beschlossen die Entscheider, um den Unterhaltungssendeplatz am Samstagabend nach der Tagesschau und gleichfalls um die Rückkehr des großen Showmasters zu kämpfen. Ich arbeitete damals eng mit dem damaligen Abteilungsleiter für Unterhaltung, Heiner Schölling, zusammen, schrieb Sendekonzepte und leitete Unterhaltungsprojekte. Kulenkampff und sein Freund und Programmdirektor Hans-Otto Grünefeldt waren mit meinen Eltern herzlich (und Kulenkampff und ich waren persönlich sowie linkspolitisch) befreundet. Sicher war diese Freundschaft auch das Motiv der Sendeleitung, als sie meine Firma mit der Konzipierung einer neuen Samstagabendsendung beauftragte.

Aber sicher wollten Intendant Professor Dr. Hartwig Kelm, Programmdirektor Werner Conrad und Hauptabteilungsleiter Jochen Filser (der dann Hauptangeklagter und in den Schlaganfall getrieben wurde) über meine Firma auch Kulenkampff von RTL zur ARD zurückholen (was uns schließlich dann auch gelang). Das legendäre Quiz-Format Einer-wird-gewinnen war zwar im HR abgeschafft, aber es sollte nun ein neues, gleichwertiges Showformat geben. Dafür setzte meine Firma eine internationale Arbeitsgruppe ein, die etwa zwei Jahre lang tagte, sechs Exposés für große Samstagabend-Unterhaltung erarbeitete und gleichzeitig auch das zerrüttete Verhältnis von Hans-Joachim Kulenkampff zur ARD in Einzelgesprächen wieder glättete, was überwiegend mir oblag. Für diese Tätigkeiten hatte der HR meiner Firma den eher geringen Gesamtbetrag von 100 000 DM zur Verfügung gestellt (alle Honorare, Spesen, Bewirtungskosten, auch in Italien, beinhaltend). Es ging der ARD darum, erstens, den bedeutendsten Unterhaltungsstar der Samstagabend-Unterhaltung, Hans Joachim Kulenkampff, wieder zurückzuholen – und zweitens, im Rahmen der ARD endlich wieder den Sendeplatz am Samstagabend für den HR zurückzubekommen. Als eine der wenigen Zeitungen hatte die *FAZ* (Dokumente) diese BEIDEN Aspekte entdeckt. Alle anderen glaubten der Staatsanwaltschaft und dem Rechnungshof ihre dummdreiste Erfindung, es sei im Geheimen darum gegangen, die 100 000 DM innerhalb der Chefredaktion umzuleiten von der reichen Unterhaltungsabteilung im Programmdirektorat in die ärmere Hauptabteilung Dokumentarfilme. Der abstruse Vorwurf der Staatsanwaltschaft bestand im Kern darin, dass hier rote Dokumentarfilme illegal finanziert worden wären.

1996, eine Woche vor Weihnachten, saßen als Hauptangeklagter einer angeblichen Veruntreuung der Unterhaltchef des Hessischen Fernsehens, Jochen Filser, und als »Beihelfer« die beiden Firmenvertreter Elisabeth G. und ich auf der Anklagebank. Nach 6 Jahren Gerüchten und Skandalisierungsversuchen wurden wir vom Vorwurf der Veruntreuung in vollem Umfang freigesprochen. Für Jochen Filser endete diese Zeit mit dem vollständigen Zusammenbruch seiner Gesundheit; seine Arbeitsfähigkeit konnte nie wieder vollends hergestellt werden.

10.
1998–2017
Vom SPD-Austritt zu den PDS-Wachmannschaften

Nur die klügsten Beobachter konnten erkennen, wie im Jahr 1998 sich die beiden Führungen von SPD und Grünen vorsichtig und unterschwellig auf einen Angriffskrieg gegen Jugoslawien um- und einstellten. Die Linie von Bundesaußenminister Genscher war in der NATO ausgearbeitet und die Sozialdemokratie war darauf eingeschwenkt: Jugoslawien sollte zerstückelt werden und somit das letzte Traditionsstück sozialistischen Ansatzes in der künftigen EU eliminiert. Dies war das Danaergeschenk von Rot-Grün als Regierung im Wartestand an die NATO, etwas zu tun, zu dem die CDU mit der FDP nicht mehr fähig gewesen wäre: einen Angriffsbefehl für deutsche Luftkriegsbasen.

Oskar Lafontaine als Parteivorsitzender der SPD agierte intern dagegen, nutzte allerdings aus SPD-Loyalitätsgründen nur wenig die außerparlamentarische Friedensbewegung. Er ließ lediglich über Umwege seine Verärgerung verlauten, was die Angriffe auf ihn aus dem tiefgestaffelten Staat und den medial-aktiven Geheimdiensten noch aggressiver machten. Gleichzeitig verschärfte die SPD-Rechte ihre Angriffe auf die PDS, um diese möglichst nicht in den Bundestag kommen zu lassen und innerhalb der SPD jede Annäherung an die PDS zu illegalisieren. Beides sollte bewirken, dass es im Falle einer Regierungsübernahme und eines Angriffs auf Belgrad möglichst wenig außerparlamentarische Oppositionsbreite geben, also zu keiner neuen Friedensbewegung kommen sollte. Zahlreiche Sozialdemokratinnen und Sozialdemokraten wendeten sich gegen diesen neuen Kriegskurs, ebenso wie gegen das Kontaktverbot mit der PDS. Die SPD und die Grünen starteten eine regelrechte Hasskampagne gegen die PDS wegen ihrer SED-Geschichte. Und sie hatten damit großen Erfolg: Künstler wie BAP, Klaus Lage, Udo Lindenberg, Wissenschaftler wie Oskar Negt, Staatsdarsteller wie Wolf Biermann und Günter Jauch, einst linksliberale Zeitungen wie die *taz*, die FR, die Süddeutsche und der *Spiegel* lehnten ein aktives Eintreten für eine neue Friedensbewegung gegen die NATO-Überfalls-Pläne auf Jugoslawien ab.

Die übrig gebliebenen Marxistinnen und Marxisten in der SPD berieten nunmehr den Exit aus der Partei. Ab März 1998 gab es Gespräche mit Lothar Bisky, Gregor Gysi und Hans Modrow. Von unserer Seite nahmen teil: Andreas Wehr, Kurt Neumann, Fred Gebhardt und ich. Fred war eigentlich Sprecher der SPD-Rechten in Frankfurt, aber alles andere als ein Neoliberaler. Er gehörte zu den Traditionalisten und war mit Willy Brandt eng befreundet. Da er einen hervorragenden Namen in der hessischen SPD und elf Jahre lang das Amt des Parteivorsitzendes in Frankfurt inne gehabt hatte, war Gregor Gysi sehr daran interessiert, ihn für eine Kandidatur zu gewinnen. Zwei Jahre später wurde Fred Alterspräsident des Bundestages für die PDS. Über 50 Sozialdemokratinnen und Sozialdemokraten, vor allem in Süd-Hessen, wollten den SPD-Kriegskurs nicht mehr mittragen und organisierten sich – auch gegen den aggressiven Anti-PDS-Kurs der SPD-Führung – in einer »Initiative für sozialistische Verständigung«, zu der ich einlud. Es hatten dann Parteiordnungsverfahren stattgefunden, die aber nicht zum Ausschluss führten. In den einst linksliberalen Medien wurde besonders wütend auf unsere Initiative eingedroschen. Der Tenor war: durch Kontakte PDS-SPD würden die Wahlchancen, Kohl endlich abzulösen, vermindert.

Das konnte mir jedenfalls nicht so ohne weiteres angehängt werden, denn ich organisierte ja gleichzeitig ein großes Kultur-Event gemeinsam mit Fritz Rau, der IG-Metall-Jugend und zahlreichen linken Initiativen, gleichzeitig eine Anti-Kohl-CD plus ein großes Kultur-Fest am Main in Frankfurt, wofür ich zusammen mit Mitgliedern der »Prinzen«, mit Ingo Appelt und mit »Geierstzurzflug« ein Anti-Kohl-Lied schrieb: »Auf Wiedersehn, Helmut Kohl«. Als allerdings klar geworden war, dass die SPD-Führung ihre internen Vorbereitungen zur Verschärfung ihres Anti-Jugoslawienkurses nicht stoppte, wurde die Distanz zur Partei immer größer. Da ich auch im Landtagswahlkampf 1998 für Gerhard Schröder in Hannover Kultur organisiert und renommierte Künstler wie die »Münchner Lach-und-Schießgesellschaft« für Schröder organisiert hatte, führte ich ein entscheidendes Gespräch mit ihm. Schröder erklärte, es hinge nicht von ihm, sondern von den serbischen Führern wie Milosevic ab, ob es zu einer friedlichen Lösung kommen würde oder nicht. Wer sozialdemokratischen Sprech zu entnebeln vermochte, wusste, dass dies kein Nein zum Krieg war! Die marxistisch orientierten Sozialdemokraten berieten intern über mein Gespräch. Einige davon traten aus der SPD aus. Über einige Wochen traten immer neue Grüppchen aus der SPD aus, sodaß immer neue Medienmeldungen damit verbunden waren.

Gregor Gysi hatte mich ins Berliner Karl-Liebknecht-Haus zu einem Gespräch mit Kurt Neumann und Andreas Wehr eingeladen. Dort warb er für einen Übertritt und bot mir – auf ausdrückliche Anregung des stellvertretenden PDS-Parteivorsitzenden Wolfgang Gehrcke – an, dessen Nachfolger zu werden. Dem damaligen SPD-Bundestagsabgeordneten Kurt Neumann beziehungsweise Andreas Wehr, dem Leiter des Büros des Berliner Regierenden Bürgermeisters, bot Lothar Bisky hervorgehobene Positionen in der PDS an. So ernst war das alles offensichtlich nicht gemeint, denn gleichzeitig organisierte Gysi hintenrum über den Bundesgeschäftsführer Dietmar Bartsch Gegenkandidaturen gegen uns alle. Von diesen Bemühungen erfuhren wir aber erst Wochen später.

Möglicherweise hatte Bartsch in meinem Fall sogar Recht, weil in eine Partei einzutreten und gleich für die Spitze zu kandidieren schon eine ziemliche Dreistigkeit darstellte, wenngleich Gehrcke und Gysi mich ja erst auf diese Idee gehoben hatten.

Am 27. September 1998, dem Tag der Bundestagswahl, waren mit mir über 40 SPD-Mitglieder ausgetreten, und vor Schließung der Wahllokale trat ich der PDS bei. Ich wollte keinesfalls den opportunistischen Anschein erwecken, meinen Parteieintritt vom stets wackeligen Einzug der PDS in den Bundestag abhängig zu machen. Wenige Wochen danach, am 15. und 16. Januar 1999, fand der Bundesparteitag der PDS statt, bei dem ich gegen zwei langjährige PDS-Funktionäre kandidierte und bereits im ersten Wahlgang gewählt wurde. In der PDS galt es generell als Sakrileg, sich gegen Gysi irgendwie aufzulehnen. Fortan war das Verhältnis zu den Anhängern von Gysi und Bartsch, vorsichtig ausgedrückt, angespannt. Sie hatten beide meine Wahl ja schlussendlich nicht gewollt und auch nicht für möglich gehalten. Als Von-außen-Kommender hatte ich mich als neuer Parteivize zudem schnell für die Unterstützung der von Gysi verfemten Sahra Wagenknecht eingesetzt, und da mein Verhältnis zu Bisky freundschaftlich geworden war (immerhin war ich sein Stellvertreter und hatte ihm in einigen Fragen auch den Rücken gestärkt), gelang dies auch allmählich, und Sahra wurde mit meiner Fürrede endlich in den PDS-Parteivorstand gewählt. Später konnte ich, auch gegen ihre eigene Skepsis, Sahra fürs Europaparlament unterstützen.

In meiner neuen Funktion saß ich nun hauptamtlich im Karl-Liebknecht-Haus. Im Verlauf dieser fünf Jahre hatte ich bald das Image des Fans der Kommunistischen Plattform, gegen die Gysi immer wieder in den Medien Stellung bezogen hatte. Außerdem gab es ständig Konflikte mit Anderen in der Parteiführung in Bezug auf die Schärfe gegenüber der NATO. Sowohl, was den Auftritt von George W. Bush im Berliner Bundestag als auch, was den NATO-Überfall auf Afghanistan, bei dem Gysi zunächst peinlicherweise einen internationalen Polizeieinsatz gegen Bin Laden gefordert hatte, anbetraf. In dieser Konfliktlage gelang es der PDS am 22. September 2002 nicht mehr, in den Bundestag zurückzukehren. Das verschärfte die Konflikte ungemein.

Beim Bundesparteitag in Gera am 12. und 13. Oktober 2002 stimmte eine Mehrheit der Delegierten nicht nur für eine schärfere Opposition gegen die NATO, eine klarere Abgrenzung von der Deutschen Bank (bis dahin hatte die PDS noch ihr Konto bei dieser Verbrecher-Organisation), sondern auch für die personellen Vorschläge aus den Strömungen um Sahra Wagenknecht und mich.

Nachdem ich vom Geraer Bundesparteitag mit dem Auto zurückgekommen war, rief mich auf dem Funktelefon ein linker Sympathisant an und teilte mir mit, er stünde gerade gegenüber dem Parteihaus und beobachtete, wie dort Akten heraus getragen würden. Ich hielt das für eine ziemlich unwahrscheinliche Räuberpistole, fuhr jedoch, um Parteitagsunterlagen in mein Büro zu bringen, an der Hauptpforte vorbei. Der Frau vom Wachdienst erzählte ich von dem merkwürdigen Anruf und fragte sie nach besonderen Vorkommnissen, welche sie verneinte. Es stellte sich später heraus, dass keine Akten heraus-, sondern von der Gruppe »Cuba Si« in das Haus hineingetragen worden waren, wozu allerdings immer leere Kisten und Kartons wieder heraus gebracht worden waren, um sie neu zu füllen. Das möglicherweise hatte den Passanten zu einem falschen Eindruck verleitet. Als ich das Haus verließ, fragte die Dame vom Wachdienst mich als stellvertretenden Parteivorsitzenden, was sie denn tun müsse, falls tatsächlich doch Akten herausgetragen werden sollten. Warum sie das fragte, weiß ich nicht. Jedenfalls beruhigte ich sie, daß ich das für völlig ausgeschlossen hielte.

Am nächsten Tag fand sich eine nachträglich manipulierte Eintragung im Wachbuch des Parteihauses, die nicht von der Wachfrau stammte, mit der ich am Abend zuvor tatsächlich geredet hatte, sondern vom Leiter der Immobilien-Gesellschaft des Hauses. In der Eintragung stand, ich hätte den Wachdienst beauftragt, Dietmar Bartschs Taschen kontrollieren zu lassen. Die Parteivorsitzende Zimmer rief mich aufgeregt an, um mir mitzuteilen, Gysi würde deswegen überall herumtelefonieren. Zimmer betonte aber (zunächst), die in dieser Nacht im Haus anwesenden vier Wachdienstler hätten dem Eintrag im Wachbuch widersprochen, und die Herkunft des Eintrages sei ominös. Am Abend hatte sie mit Gysi noch einmal telefoniert, und der hatte beredt Gabi Zimmers Meinung geändert: In einer Briefmitteilung verlangte sie eine schriftliche Darstellung von mir über »deinen Auftrag an den Wachdienst«. Die Auseinandersetzung eskalierte ab diesem Zeitpunkt insofern, als nicht mehr nur rechtsstaatliche Mittel, sondern auch gefälschte und manipulierte Zeugenaussagen zum Einsatz kamen. Schließlich forderte mich Lothar Bisky »als dein Freund und vor allem wegen der Medien auf, der Partei einen großen Dienst zu leisten und vorzeitig zurückzutreten«.

Der »Rat der Ältesten« unter Hans Modrow und die »Kommunistische Plattform« riefen zur Solidarität mit mir auf. Jeden Tag kamen körbeweise Briefe bei mir an, die mich aufforderten, durchzuhalten und nicht zurückzutreten. Gleichzeitig organisierten andere mit den Mitteln des Parteivorstands Beschlüsse aus verschiedenen Ost-Kreisverbänden und Landesverbänden, die einen Sonderparteitag beantragten, um den gesamten Vorstand von Gera abzuwählen. Der in Gera gewählte Bundesgeschäftsführer Uwe Hiksch, der einige Monate vorher mit einem SPD-Direktmandat in die PDS übergewechselt war, geriet, wie ich, ins Zielfernrohr der Medien und derjenigen in der Partei, die unseren regierungskritischen Kurs rundweg ablehnten. Wer nicht für einen Sonderparteitag und die Abwahl des in Gera gewählten Parteivorstands war, geriet auch anderweitig unter Beschuss und auch ökonomisch unter persönlichen Druck. Im Januar wurde eine Betriebsratssitzung zusammengerufen und der formelle Arbeitgeber des Parteivorstands, Bundesgeschäftsführer Hiksch, vor allen Mitarbeitern blamiert und bloßgestellt mit dem Hinweis, keiner der Mitarbeiter würde mehr seine Arbeitsaufträge erledigen. Dies führte zu einem nervlichen Kollaps von

Uwe, der den Saal verlassen musste. In einem Brief schrieb er am nächsten Tag, so was habe er in seinem politischen Leben, inklusive SPD-Zeit, in dieser Infamie und Verleumdung noch nie erlebt. Überall wurde der Eindruck erzeugt, den auch Gregor Gysi in einem Artikel im *Berliner Kurier* festigte, durch Diether Dehm und Uwe Hiksch seien »Stasimethoden ins Karl-Liebknecht-Haus eingezogen«. Weder meine eidesstattliche Versicherung, dass es einen Auftrag zur Taschenkontrolle nie gegeben habe, noch Aussagen einiger Beteiligter konnten etwas daran ändern, dass fast täglich in den darauf folgenden fünf Monaten Medien mit immer neuen Gerüchten bestückt wurden. Die Vorwürfe nahmen krudeste Formen an; es hieß, zwei linksradikale Sozialdemokraten wollten mit Stasimethoden die regierungswillige PDS »außerparlamentarisieren« und auf einen sektiererischen Kurs bringen. Es gab Unterschriften für und gegen uns. Mein Anwalt, Prof. Dr. Friedrich Wolff, hatte alle Hände voll zu tun.

Trotz des Hauskrachs baten mich die Genossinnen und Genossen im Kreisverband Lörrach, für sie als Oberbürgermeister-Kandidat anzutreten. Ich erhielt unter dem damals im Westen nicht sonderlich attraktiven Namen »PDS« immerhin 17,6 % aller Stimmen. Laut Wikipedia erreichte kein PDS-Kandidat im Westen je ein besseres Ergebnis.

In der Auseinandersetzung um die EU-Kritik und dann den Irakkrieg waren wir – auch trotz des parteiinternen Krachs – in der Friedensbewegung wieder führend und Wissenschaftler, Promis sowie viele Künstler wie Hannes Wader, Konstantin Wecker, Daniela Dahn, Reinhard Mey hatten sich dem neuen Vorstand und vor allem Sahra Wagenknecht aktiv zugewandt. In den Umfragen erreichten wir plötzlich wieder über 5 %. Dennoch hielt Gregor Gysi an der Forderung nach unserer Abwahl fest. Wenngleich seine Methoden finster waren, war sein Hauptargument gegen uns übergetretene linke SPD-Mitglieder nicht vollständig von der Hand zu weisen: wir hatten die Hoffnungen der PDS-Führung nicht ganz erfüllt. Denn obwohl Oskar Lafontaine als Bundesfinanzminister und SPD-Vorsitzender mittlerweile zurückgetreten war, obwohl der Jugoslawien-Krieg stattgefunden und viele Freunde von Willy Brandts Friedenspolitik verprellt hatte und obwohl aufgrund von Hartz IV erheblicher Unmut an der gewerkschaftlichen Basis vorhanden war, hatten wir linken Sozialdemokraten, die zur PDS gekommen waren, im Westen nicht annähernd den prozentualen Erfolg ausgelöst, den die regierungswilligen Landesverbände im Osten hatten. Zum Beispiel erreichte mein PDS-Landesverband Niedersachsen 1998 bei der Landtagswahl 0,1 % der Stimmen, während die PDS in Sachsen-Anhalt auf 19,6 % kam. Deswegen wollte Gysi die Partei wenigstens zu einer noch erfolgreicheren Ostpartei führen, wobei wir mit unseren schärferen Angriffen auf das Großkapital, auf die NATO und Anpassungsliebe früherer SED-Kader nebst unserem ständigen Insistieren auf gewerkschaftlichen Positionen (was im Osten wenig Tradition hatte) eher störend geworden waren. Also sollten vor allem Uwe Hiksch und ich raus aus dem hauptamtlichen Parteiapparat. Der Gott Medien sollte daraufhin für Gysi Gnade walten lassen.

Nachdem im April 2003 dann auf einem Sonderparteitag die Abwahl unseres »Geraer Parteivorstands« erfolgt war und ich mich in den Landesverband Niedersachsen zurückgezogen hatte, kam bei uns (die einst in der SPD den marxistischen Flügel geleitet hatten) die Idee auf, mit Oskar Lafontaine wieder Kontakt aufzunehmen. Einige Monate später konnte ich ihn, der mittlerweile abgeschirmt lebte, im Saarland besuchen, und wir trafen uns von da an regelmäßig. Das Kuriose (das hier vielleicht als Schmankerl anzufügen ist): seine Hauptbedenken gegen meine neue Partei betrafen die Kommunistin Sahra Wagenknecht, vor der ihn Gysi so ausgiebig gewarnt hatte.

Politik hat ja auch eine Dynamik, die einiges vorübergehend auf den Kopf stellt. Wolfgang Gehrcke, der im PDS-Vorstand noch meinen Rücktritt gefordert hatte, gehörte zwar dem neuen Vorstand nach April 2003 als der starke Mann an, aber er konnte dennoch politisch keinen deutlicheren Anti-NATO- und Anti-Banken-Kurs durchsetzen. Obwohl wir persönlich damals nicht eben mehr befreundet waren, kam es zu einer politischen Aussöhnung. Nicht aus taktischen Gründen, sondern wirklich aus rein politischen Prinzipien. Ich bin mit ihm heute bestens befreundet und wir reden sehr offen und auch sehr selbstkritisch über die damaligen Vorgänge. Vieles wäre damals auch solidarisch lösbar gewesen, wenn die Medien nicht so unversöhnlich den Konflikt von außen angeheizt und sich manche Funktionsträger davon nicht hätten instrumentalisieren lassen. Die Medien operierten nach der »Wachbuch-Affäre« mit üblichem Pawlowschen Reflex: wer in einer linken Partei als der Gemäßigtere erscheint, erhält den Presse-Support. Dieser Reflex bleibt feste Größe beim Skandalisieren.

Erst zehn Jahre nach meiner Abwahl, am 11. November 2012, als der *Spiegel* den Vorwurf wiederholt hatte, ich hätte den Wachdienst angewiesen, Dietmar Bartschs Taschen zu kontrollieren, kam ein mehrjähriger Rechtskonflikt zum Abschluss, nachdem das Gericht tatsächlich sämtliche damaligen Mitarbeiter des Wachdienstes als Zeugen der damaligen Nacht befragt hatte. Mit endgültiger Rechtskraft urteilten die Richter, dass ich zu keiner Zeit eine Anweisung gegeben und demzufolge nichts an den Vorwürfen gestimmt hatte. Mittlerweile allerdings war ich als stellvertretender PDS-Vorsitzender abgewählt und die neue Partei Die Linke war längst gegründet. Mit Gregor Gysi habe ich meinen Frieden geschlossen, Lothar Bisky hat sich bei mir entschuldigt und später wieder für meine Wahl in den Vorstand der Linkspar-

---

1. Die Beklagte wird bei Vermeidung eines vom Gericht für jeden Fall der Zuwiderhandlung festzusetzenden Ordnungsgeldes und für den Fall, dass dieses nicht beigetrieben werden kann, einer Ordnungshaft oder einer Ordnungshaft bis zu sechs Monaten (Ordnungsgeld im Einzelfall höchstens € 250.000,–; Ordnungshaft insgesamt höchstens zwei Jahre), verboten, zu behaupten, zu verbreiten und/oder behaupten oder verbreiten zu lassen, "(...) Dietmar Bartsch (...) Beim Verlassen der Parteizentrale sei darauf zu achten, dass Bartsch 'keinerlei Unterlagen, Dokumente, Mappen' aus dem Gebäude mitnehme, hieß es in einer 'außerordentlichen Anweisung' ans Wachpersonal vom 13. Oktober 2002.

Persönlich angeordnet haben soll diese Kontrollen Diether Dehm, ein westdeutscher Liedermacher mit einstmals guten Stasi-Kontakten.

(...) Dehm (...) bestritt die Anweisung, aber niemand glaubte ihm."

...

3. Die Beklagte hat die Kosten des Rechtsstreits zu tragen.

tei geworben. Dietmar Bartsch hatte übrigens selbst nie den Vorwurf der Taschenkontrolle gegen mich erhoben und auch vor Gericht ausgesagt, er selbst habe von einer Taschenkontrolle nichts mitgekriegt.

Wie aber die Medien darauf eingestiegen und in einen einzigen Jubelschrei übergegangen waren, als die damalige Parteivorsitzende Gabi Zimmer den Aufschlag gemacht und mich presseöffentlich zum Rücktritt aufgefordert hatte, zeigt, wie schnell – und ohne jegliche eigene Recherche! – Medien reagieren und agieren, wenn es sich gegen Kapitalismusgegner richtet. Ganz genau so, wie sie von Peter Hacks einmal bezeichnet worden waren: »Ihre Verwechselbarkeit ist ihre Stärke; wie die Beaglehunde jagen sie immer in der Meute. Natürlich lassen sie, wenn sie immer hinter demselben Wild her sind, sich bei irgendeinem HUNDEnamen rufen ...«.

11.
Der Antisemit 2017

Das großartige Brecht-Gedicht »Der Speichellecker« deutet auf die von Hacks beschriebene Methodik bereits hin, ohne dass Brecht und Hacks die elektronischen Diffamierungsmedien auch nur vorausgesehen haben konnten. »Der ist oben nicht gut angeschrieben, soll ich mich in seiner Nähe zeigen?« – dieser Speichellecker-Modus ist als politisches Konstruktionsmerkmal von Klassenherrschaft schon immer beliebt gewesen – eine der wenigen Gemeinsamkeiten von DDR und BRD. Und, um es vorwegzunehmen, trotzdem Grund für mich, den »Grußfuß« in der Bedrängung durch *Springer*- und *Spiegel*-Kampagnen gegen Brigitte Heinrich, Jean Ziegler, Christian Wulff, Christian Klar, George und Doris Pumphrey, Ken Jebsen, Abraham Melzer, Xavier Naidoo, Egon Krenz, Rolf Becker und andere nicht auf Kommando zu verweigern.

Hinsichtlich der früheren Skandale oder später, als ich 2007 den Polizei-Einsatzleiter, der die Verhaftung von »Anti-Atom-Greenpeaclern« vor dem Niedersächsischen Landtag verfügt hatte, »Affenarsch« genannt hatte, riskierte ich dann – zugegeben! – bewusst die Skandalisierung, um Gegenöffentlichkeit (Bourdieu) zu produzieren. Oder als ich 2013 wegen »Castor-Schottern« zu einer Geldstrafe verurteilt wurde. Oder als ich 2016 am Brandenburger Tor medienwidrig bei den verfemten Montagsdemos sang. Oder als ich im gleichen Jahr den armen afrikanischen Jungen »illegal« im Kofferraum über drei Grenzen zu seinem Vater nach Hannover brachte. Oder als ich 2018 Carles Puigdemont im Knast

Dehm: „Rechtsfrieden wiederhergestellt"

Hannover – Die Schimpfwort-Affäre um den Linken-Landeschef und Bundestagsabgeordneten Diether Dehm scheint beendet. Dehm zu BILD: „Mit Zahlung des Bußgeldes ist der Rechtsfrieden wiederhergestellt." Dehm wurde vorgeworfen, bei einer Protestaktion einen Polizisten als „Affenarsch" bezeichnet zu haben. Gegen ein Bußgeld von 200 Euro stellte die Staatsanwaltschaft die Ermittlungen ein.

Die Affäre kochte erneut hoch, als Dehm im Immunitätsausschuss des Bundestages Thema war, weil der Betrag nicht gezahlt worden sei. Laut einer Linken-Sprecherin verzögerte sich die Zahlung durch einen „Zahlendreher". Dehm: „Ich habe vor Tagen überwiesen, obwohl die Zahlungsfrist erst am 15. September abläuft." Er versichert, er habe ein gutes Verhältnis zur Polizei und als einziger Bundestagsabgeordneter bei der Deutschen Polizeigewerkschaft (DPolG) in Burgdorf gesprochen. DPolG-Chef Rainer Wendt: „Wir werten sein Erscheinen bei uns als gutes Zeichen, aber auf eine echte Entschuldigung warten wir noch."

Linken-Landeschef Diether Dehm zahlte in der Schimpfwort-Affäre ein Bußgeld Foto: DPA

Linken-Politiker Dehm droht Anklage!

Berlin – Linken-Politiker Diether Dehm (66, Foto) versteckte einen afrikanischen Flüchtling im Kofferraum seines Autos. Er schmuggelte ihn von Italien nach Berlin, machte das Ganze öffentlich. Die Deutsche Polizeigewerkschaft will Dehm deshalb vor Gericht sehen. Ihr Chef Rainer Wendt (59): "Der Fall zeigt auf erschreckende Weise, wie ein gewählter Parlamentarier die Rechtsordnung verachtet." (fsl)

Frieden mit Wirrköpfen

BERLIN Die schütteren Reste der Friedensbewegung schließen sich mit „Montagsdemonstranten" zusammen. Das Ergebnis: Nato, USA und Israel sind an allem schuld, und aus Moskau klingen Friedensschalmeien

taz, 15.12.2014

Bundestag verweigert Immunität

LINKE stehen wegen Schottern vor der Anklage

Berlin (nd-Kalbe). Der Ältestenrat des Bundestages hat am Donnerstag verweigert, Mitglieder der Linksfraktion durch Bestätigung ihrer Immunität als Mitglieder des Bundestages vor strafrechtlicher Verfolgung zu schützen. Vier Abgeordnete stehen wegen ihres Widerstandes gegen Castor-Transporte vor einer Anklage. Jan van Aken, Sevim Dagdelen, Diether Dehm und Inge Höger, wird vorgeworfen, im Herbst 2010 eine Absichtserklärung zum »Schottern« gegen den Castor unterschrieben zu haben. Die Staatsanwaltschaft Lüneburg sieht darin eine Aufforderung zu Straftaten. Die Immunität wurde den vier Linksparlamentariern von den Vertretern aller anderen Fraktionen verweigert. Empört zeigten sich die Betroffenen anschließend vor allem über die Grünen als Partei des Widerstands gegen Atomkraft und Castortransporte. Der Ausschuss habe eine »Chance verpasst, den grundgesetzlich geschützten zivilen Ungehorsam zu stärken«, kritisierte die 1. Parlamentarische Geschäftsführerin, Dagmar Enkelmann.

In einer gemeinsamen Erklärung betonen die vier Abgeordneten, ihre Unterschriften seien »keine Aufforderung zu einer Straftat, sondern eine Absichtserklärung, die gar nicht strafbar ist. Politisch ist dieser Versuch der Kriminalisierung noch viel haltloser, denn nicht das Schottern gegen den Castor ist ein Verbrechen, sondern die Atompolitik der Bundesregierung.« Zwischenzeitlich sei ihnen von der Staatsanwaltschaft angeboten worden, gegen die Zahlung einer Spende das Ermittlungsverfahren einzustellen, teilen die Parlamentarier mit. Gemeinsam habe man sich entschieden, auf dieses Angebot nicht einzugehen. Man wolle »ein für allemal die Legalität der Schottererklärung feststellen« lassen.

Beim Schottern begeben sich Castorgegner auf die Gleise und entfernen von dort Schottersteine, um die Durchfahrt des Zuges zu verhindern. Die Behörden sehen darin eine strafwürdige Gefährdung des Bahnverkehrs.

Linken-Politiker zeigt Öcalan-Bild
Das Konterfei-Tabu
Bei der kurdischen Newroz-Kundgebung in Hannover hat der Linken-Politiker Dieter Dehm ein Bild von PKK-Führer Öcalan gezeigt. Nun droht ihm ein Strafverfahren.

besuchte und kurz darauf in Hannover das Bild von Öcalan hochhielt. Wozu sonst bekommt man das viele Geld für ein Bundestagsmandat, wenn man nie richtig weiß, wie es sich anfühlt, als Unbequemer von Kapitalmedien unter Quarantäne gestellt zu werden?

Sowas wird heute, nach der Adenauerzeit und mittlerweile auch nach der Rot-Grün-Periode, natürlich nicht mehr nur per autoritären, sondern auch per antiautoritären Methoden exekutiert. Auf allen Kanälen wird dann jemand zur Unperson gestempelt und im Steckbrief auf Wikipedia verewigt. Wikipedia, so credibel es in naturwissenschaftlichen Fragen auch ist, wurde für die Geheimdienste der Rufmordservice. Wikipedia definiert im Politischen, wer fortan sich in wessen Nähe zeigen oder nicht zeigen darf. Und niemand sollte sich in der Nähe von jemandem zeigen, der sich in der Nähe von jemandem zeigt, der in dessen Nähe auftaucht – ein fürchterliches Kontaktsperre-Regime! Aber wirklich grausam ist mancher Beruf- und Ruf-Vernichtungsskandal erst dadurch geworden, daß die eigene Partei oder der eigene Freundeskreis der aphrodisierenden Verlockung selten hatte widerstehen können! Wären sie den mächtigen Angreifern aus dem Schattenkreis der Ohnmacht heraus entgegen getreten, wären sie mit den Angegriffenen solidarisch gewesen oder einfach nur mal vornehm schweigend geblieben, anstatt mitzujagen, wäre das kapitale Medienrudel allmählich in seine Einzelschakale zerfallen. In einem solchen Fall stünde eine geschlossene Gruppe den kläffenden Kojoten entgegen. Bei vielen Skandalen hieße das einfach nur: die Vorwürfe im Einzelnen rechtsstaatlich prüfen! Wenn man nicht die Nerven verliert mitten im Skandal, wenn man auf Zeit spielt, isolieren sich die Schreibagenten mit geheimdienstlichen Aufträgen von denen, die einfach nur ihre Leser bei der Stange halten müssen. Denn irgendwann kommt jeder Skandal den Medienkonsumenten zu den Ohren heraus. Die können vielleicht Sahra Wagenknecht sechs Wochen (aber keine sieben Wochen!) lang erst als »rotes Flintenweib«, dann als »Migrationsfeindin«, Gregor Gysi jeweils drei Monate lang (aber keine Woche länger!) mittels angeblich ständig neuer »Gauck-Aktenfunde« als Stasi-Spion verkaufen und so weiter. Aber innerhalb dieses engen Wochen-Zeitraums müssen sie dann schnell den blutigen Skalp an den Gürtel bekommen haben! Sonst erlahmt ihr Angriff, entkommt ihnen die Beute. Da gilt: von Kohl lernen heißt, Überleben lernen! Einfach Nerven behalten, aussitzen und nach ein paar anstrengenden Wochen geht es den Angegriffenen wie Jim Knopf mit Michael Endes »Scheinriesen«. Der wird zum Zwerg mit langem Schatten bei ungünstiger Lichteinstrahlung. Nirgends hat im modernen Welt-Bürgerkrieg zwischen den Plünderern mitsamt deren Schreibagenten und den Geplünderten mitsamt deren Bündnispartnern das Brechtsche Rezept »Worin unsere Stärke besteht: die Solidarität!« solche Wirkmacht entfaltet wie im innerdeutschen Widerstand gegen die medialen

Scherg*innen und Schergen der großen Geldmacht und ihre Skandalisierungen.

Es muss kein unbedingtes Sich-identifizieren-mit-Unten beziehungsweise den Angegriffenen geben, aber ein Sich-solidarisieren-gegen-Oben! Als zwei durchaus unterschiedliche Hirnbewegungen. Und eine Partei der Freiheit sollte doch immer die Kraft gegen Mediensturm und Shitstorm im Tank behalten (was manchen Leuten aus der SPD und SED gleichermaßen schwerfällt).

Ken Jebsen hat das auch zu spüren bekommen. Er wurde vom heutigen AfD-Promoter Henryk M. Broder (damals beim *Spiegel* und der Welt) bei Radio Fritz als erfolgreichster Pop-Moderator und Discjockey weggemobbt. Jebsen knickte nach der Entlassung nicht ein, sondern gründete den eigenen Internetkanal KenFM, der alleine über Fundraising finanziert wird. Plötzlich war er noch prominenter als zu seiner populärsten Zeit als »Radio-Fritz-Star«. Natürlich, er gab ein paar problematische Kommentare ab, die er sicher auch oft zu spät berichtigte. Aber die Skandalisierungs-Methode der Kontaktsperre kennt keine Läuterung, sondern setzt auf Zerstörung. Auch, um Exempel der Existenzvernichtung zu statuieren, damit niemand, wenn er nicht öffentlich verbrannt werden will, auf den dummen Gedanken kommt, von der herrschenden politischen Correctness abzuweichen. Und wer sich mit dem Angegriffenen zeigt, wird ebenfalls unter Beschuss genommen. Und wer sich mit jemandem zeigt, der sich mit jemandem gezeigt hat, der sich mit jemandem zeigt, welcher sich jemals mit dem Abweichler gezeigt hat, muss das zu spüren bekommen. Soweit es geht. Bis ins dritte Glied, hieß es in der mittelalterlichen Sippenhaftung und in den finsteren deutschen Zeiten, wie es Brecht in seinem Lied wunderbar karikiert.

Heute läuft so was über Shitstorm, Berufsverbot und Isolation. Wer sich dagegen nicht wehrt, dem soll es so ergehen, wie Heinrich Mann im »Untertan« und Niemöller in seinem Gedicht »Als sie die Kommunisten abholten« schrieben: Wer sich dagegen nicht wehrt, ist halt nur etwas später dran!

Denn wenn die Meinungsfreiheit verloren geht, wenn der Rechtsstaat durch mediale Lynchjustiz ersetzt ist, dann brauchen wir uns auch nicht mehr gegen Islamismus, »Stalinismus« und Rechtspopulisten groß zu verteidigen. Die Medienmacht, die man nicht mehr ungestraft »Lügenpresse« nennen darf, stellt die innerstaatliche Bewährungsprobe für zivile Courage dar. Wenn wir sie verlieren, sind wir bei George Orwells »1984«, dessen Sprach-Polizei und einer medialen Lynchjustiz, also in einer durch und durch totalisierten Gesellschaft gelandet. Dann gibt es auch kein wahres Motiv mehr, westliche Freiheiten gegen Michel Houellebecqs »Unterwerfung« unter eine Islamisierung zu stemmen. Weil wir dem, was wir nicht mehr »Lügenpresse« nennen dürfen, Unschuldsvermutung, Gewaltenteilung und andere Grundfreiheiten dann mehr oder weniger freiwillig geopfert haben.

Ken Jebsen sollte am 15.Dezember 2017 für seine Arbeit vom Internet-Portal »Arbeiterfotografie« mit einem Preis geehrt werden, welches bis dato niemand groß zur Kenntnis genommen hatte. Für diesen Anlass war das traditionsreiche Babylon-Kino am Rosa-Luxemburg-Platz angemietet worden. Der Berliner Kultursenator, ein damals beliebter Linken-Senator, der oft im Doppelpack mit Jutta Ditfurth altkommunistische Verschwörungstheorien jagt, versuchte über Finanzzuschuss-bewehrte Zensurkanäle den Mietvertrag mit dem »Babylon« kündigen zu lassen, wogegen ich mit anderen protestierte und was dann auch ein Gericht gestoppt hat, welches den Mietvertrag wiederherstellte.

Die Strafe folgt auf dem Fuß. Ein bis dahin renommierter liberal-antikommunistischer Autor, Christian Bommarius, griff in der *Frankfurter Rundschau* auf einen vor neun Jahren stattfindenden Ostermarschauftritt zu und zurück und bezeichnete mich als Nazi-Promoter: »Einem Antisemiten wie Dehm ist es wohl egal, wenn Leute mit dem gelben Stern ins KZ getrieben werden?«

An Ostern 2009 war ich nämlich mit dem Pianisten Michael Letz bei einer Friedenskundgebung des Ostermarschs in Kassel eingeladen. Begleitet hatte mich der große Schauspieler Rolf Becker (82), seit Jahrzehnten Mitglied der Kommunistischen-Partei-Opposition, Antifaschist und bei zahlreichen linken Kulturveranstaltungen mit seiner Kunst zugegen. Als der sich zwischen ein paar Gedichten von Heinrich Heine ablehnend zur israelischen Bombardierung von Palästinenserhütten, die kurz vorher stattgefunden hatte, äußerte, schrien ihn Antideutsche aus der Versammlung nieder, er und der jüdischstämmige Heinrich Heine seien Antisemiten. Rolf Becker traten schließlich Tränen in die Augen und er wusste nicht, wie er seinen Auftritt fortsetzen konnte.

Ich war vorher bereits aufgetreten, hatte das Brecht-Lied »Von der Judenhure Marie Sanders« gegen die Reichs-Rassengesetze von Nürnberg gesungen und zu diesem Lied ausführlich erklärt, dass wir heutzutage wachsam gegenüber Antisemitismus jedweder Form sein müssten, weil er immer auch das Vorspiel sei, im eigenen Land Minderheiten – aber eben auch Kommunisten! – zu Freiwild zu erklären, um mittels dieser herrschenden Moral-Abstumpfung dann auch psychologisch zum Überfall auf »minderwertiges« Leben mitsamt der Bodenschätze zu rüsten, wie es die Nazis allüberall getan hatten. Der Vernichtungsfeldzug im eigenen Land, hatte ich in Kassel gesagt, war die faschistisch massenpsychologische Generalprobe für den Vernichtungsfeldzug auf die Sowjetrussen.

Als sich dann mein Freund und Künstlerkollege Rolf Becker niedergeschlagen und derart widerwärtig niedergeschrien unter der Bühne auf die Steintreppe hatte fallen lassen, sprang ich ans Mikrofon und sagte ein paar Sätze für ihn. Darunter auch diesen: die antideutschen Schreihälse mögen sich überlegen, dass sie ihn gerade mit der Shoa und Massenmord in Verbindung gebracht hätten. Mit dem Vorwurf »Antisemitismus« solle man prüfender umgehen. (Mittlerweile haben Christiane Reymann und Wolfgang Gehrcke in ihrem Buch »Rufmord Antisemitismus« dies ausführlicher beschrieben).

Ich behauptete nicht etwa (was mir später Bommarius vorwarf), Antisemitismus begänne mit Massenmord, sondern dass er dazu führe, entweder als nachträgliche Verharmlosung von Auschwitz oder als Vorbereitung zu neuen Pogromen. Einer meiner Sätze lautete, »Antisemitismus ist dem Massenmord vorbehalten!« (wohlgemerkt: »vorbehalten«! Das heißt beileibe nicht, Antisemitismus sei mit Massenmord »gleichzusetzen«). Im Gesamtzusammenhang meiner Ausführungen an diesem Nachmittag in Kassel konnte das nur heißen, dass es keinen »Antisemitismus light« gibt. Antisemitismus, wenn der Begriff wirklich zutrifft, war für mich seit meiner Jugend nie ein Kavaliersdelikt. Dies alles aber überging der hochdekorierte Journalist Bommarius zehn Jahre später, recherchierte nicht weiter, rief mich nicht einmal an und fragte nach. Er war nur geil auf meinen blutigen B-Promi-Skalp.

An diesem Nachmittag war Rolf Becker schwer zu trösten, und noch zu seinem 80. Geburtstag, zu dem ich ihm gratuliert hatte, schrieb er mir zurück, dass er heute noch dankbar sei für meinen damaligen Einsatz an seiner Seite, als er diese widerlichen Vorwürfe zugeschrien bekam. Meine Reaktion am Mikro war spontan gewesen, weder ein schriftlicher Aufsatz noch ein vorbereitetes Manuskript.

Alle drei, Bommarius, Decker und Meisner, reagierten aber dann weinerlich, als ich in öffentlichen Veranstaltungen ihre Namen in Verbindung mit der Witzbezeichnung »die Drei von der BND-Tankstelle« verwendete, und beschwerten sich beim Linke-Partei-Vorstand, worauf Senator K. Lederer und H. Wolf (früherer PDS-Bürgermeister von Berlin) mich ermahnten, die »Freiheit der Presse« mehr zu achten. (Die Parteivorsitzende Katja Kipping immerhin stellte sich auch gegen den Antisemitismus-Vorwurf!) Ist die Freiheit wirklich verteidigenswert, jemand ohne Recherche in die Nazinähe rücken zu dürfen? Aber auch dieser Skandal geriet in Wikipedia, ohne Erwähnung des Gesamtzusammenhangs und des eigentlichen monströsen Angriffs mit dem »Vorwurf«, mir sei es egal, wenn »Leute mit gelbem Stern ins KZ getrieben würden«.

neues-deutschland.de / 22.12.2017

Gesinnungshatz gefährdet Soziale Bewegungen

In der Debatte über Antisemitismus in Deutschland müssen journalistische Standards verteidigt werden. Eine Wortmeldung zur Auseinandersetzung um den LINKE-Politiker Diether Dehm

Daniela Dahn

Dehm ist für so manchen Linken eine Reizfigur

Foto: dpa/Peter Steffen

Ja, Antisemitismus ist eine deutsche Tradition. Die es mit der Shoa zu schauerlicher, deutscher Perfektion gebracht hat. Was schließlich die UNO zur Gründung des Staates Israel bewogen hat, auf einem Territorium, auf dem Palästinenser leben. Die von Mehrheiten getragene Hitlerei hat letztlich den ganzen Nahost-Konflikt befeuert, weshalb Zurückhaltung und Sensibilität für beide Seiten geboten wäre.

Doch Zurückhaltung wird hierzulande nur in einem verordnet: an der Kritik der israelischen Regierung. Und nicht nur hier, die schärfsten Angriffe erfahren die Kritiker aus der israelischen Linken, der Streit über Ursachen und Lösungen des Konfliktes geht quer durch das Judentum. Wem Antisemitismus schwerlich unterstellt werden kann, der pflegt eben seinen Selbsthass. Die

Daniela Dahn gegen den Antisemitismus-Vorwurf von Bommarius

Erfüllung des aus tiefstem Herzen kommenden Wunsches nach friedlichen Zusammenleben mit den Palästinensern würde ein Ende von Siedlung und Besatzung bedeuten, eine einvernehmliche Nutzung von Wasser und Land. Nicht ungestraft sagen zu dürfen, dass dies mit der jetzigen Regierung nichts wird, schwächt nicht nur die israelische Linke.

Die Publizistin Daniela Dahn, Jahrgang 1949, setzt sich in diesem Text mit dem Verfall der Diskurskultur auseinander. Anlass ist eine Kolumne der „Frankfurter Rundschau" (danach auch erschienen in der „Berliner Zeitung"), die sich mit einer Äußerung des LINKE-Politikers Diether Dehm aus dem Jahr 2009 beschäftigt. Dahn hatte ihren Text zunächst an die „Frankfurter Rundschau" geschickt, von dort aber keine Antwort erhalten.

Foto: Hermann Willers

Die Schuldzuweisungen haben etwas von Teufelsaustreibung – wer am unnachgiebigsten austreibt, dessen Seele kann gerettet werden. Schließlich war der Antijudaismus vor allem eine christliche Tradition. Die zunehmende Fremdenfeindlichkeit in Deutschland und darüber hinaus gebietet, gegenüber dem Antisemitismus konsequent und unduldsam zu sein. Wenn aber ebenfalls zunehmend unliebsame Oppositionelle in der Presse mit dieser existenzgefährdenden Schmähung abgeurteilt werden, ohne dass Beweise noch nötig sind, so müssen journalistische Standards verteidigt werden. Der mir bisher durch differenzierte Argumentation aufgefallene Jurist Christian Bommarius glaubt mit Hilfe eines einzigen[1], aus dem Kontext und der Entstehungssituation gerissenen und deshalb missverständlichen Satzes, den LINKEN-Politiker Diether Dehm des Antisemitismus überführt zu haben. Da dieses Beispiel den Verfall der Diskurskultur trefflich veranschaulicht[2], lohnt es, sich die Hintergründe näher anzusehen.

Bei einem derart schweren Vorwurf gehört es zur journalistischen Sorgfaltspflicht, Argumente nicht aus ein paar isolierten Wortfetzen herzuleiten, sondern die Gesamtpersönlichkeit im Auge zu haben. Es gilt die zum Handwerk gehörende Grundregel, beide Seiten anzuhören, insbesondere den Delinquenten vor der Hinrichtung. Schon ein Telefonat hätte genügt um zu verstehen, was um wer Dehm geprägt hat. Nämlich der zur Familie gehörenden Heinz Düx, der die Auschwitzermittlungen für Fritz Bauer geleitet hat. Seit dem 15. Lebensjahr war Dehm darum in der VVN aktiv, wurde von NPD-Schlägern krankenhausreif geprügelt, arbeitete u.a. mit Ignaz Bubis im »Römerbergbündnis« und war 1979 Mitbegründer von »Rock gegen Rechts«.

Humanistischen Ideale fanden ihren Ausdruck in seinen zahllosen, populär gewordenen Liedern. Bis heute versäumt Dehm keine Gelegenheit die Sängerin Esther Bejarano neben sich auf die Bühne zu holen – eine der letzten Überlebenden des KZ Auschwitz, die mit ihrer Kunst das Gedächtnis an die Ermordeten in berührender Weise wachhält. Sicher wäre es der Recherche zu viel verlangt, man hätte, um sich ein Urteil zu bilden, auch noch Dehms dicken Partisanen-Roman »Bella ciao« zur Kenntnis nehmen sollen – eine Geschichte von Liebe und Widerstand im Kampf gegen Hitler und Mussolini. Aber alle Bundestagsreden des langjährigen Europapolitischen Sprechers der Linksfraktion sind im Netz abrufbar. Auch die, in der sich der Abgeordnete im vorigen Jahr bei der griechischen Regierung im Namen seines Vaters für die Verbrechen der Wehrmacht entschuldigt hat und für manche rassistische Entgleisung in Teilen der hiesigen Presse.

Rechte Tendenzen dieses Politikers zu entdecken, war dem Parlament und der Öffentlichkeit bisher entgangen, aber der Jurist Bommarius hat sie nun dingfest gemacht. Vor Gericht werden die Umstände einer Tat berücksichtigt und es hätte zur journalistischen Fairness gehört einzuräumen, dass es sich bei diesem einen, inkriminierte Satz nicht um eine wohlüberlegte Passage etwa aus Dehms Dissertation handelt, sondern um eine spontane Reaktion in einer hochemotionalen Szene auf einer Bühne.

Was war geschehen? Ostermarsch 2009 in Kassel, der damals 74-jährige Schauspieler Rolf Becker beklagt vor ein paar hundert Demonstranten, dass die Friedensbewegung zu schwach war, die Kriege der letzten 10 Jahre zu verhindern. Er zitiert ein Antikriegsgedicht von Neruda und beschreibt die aus eigner Anschauung erlebten katastrophalen Folgen des Angriffskrieges der NATO in Jugoslawien und die Verwüstungen der seit Jahren anhaltenden Kriege in Afghanistan und im Irak. Viel Beifall. Schließlich schildert er seine Ratlosigkeit, wie dem Gaza-Krieg zu begegnen sei, angesichts jeglicher Gleichsetzung der Kritik der israelischen Regierung mit Antisemitismus. Er zitiert UN-Angaben über Opferzahlen auf beiden Seiten – mehr als das Hundertfache in Gaza – fordert, die laufenden Waffenlieferungen an Israel einzustellen.

Da lösen sich aus der Menge zwei Dutzend Gestalten, die US- und Israel-Flaggen hochreißen und im Sprechchor brüllen: Nazi, Nazi, Antisemit. Als Rolf Becker von Tränen am Weiterreden gehindert ist, springt Diether Dehm ihm zur Seite und versucht die Krakeeler zu belehren: »Der Antisemitismus wurde das, was er wirklich ist: Eine massenmordenden Bestie. Und deswegen dürfen wir nicht zulassen, dass man den Begriff des Antisemitismus für alles und jeden inflationiert.« Da der Tumult nicht aufhört, folgt aufgeregt der verkürzte Satz, der nun ein ganzes Lebensengagement in Frage stellen soll: »Antisemitismus ist Massenmord und muss dem Massenmord vorbehalten bleiben.« Womit in der konkreten Situation gemeint war, dieser schwerwiegende Vorwurf darf nicht auf die Forderung nach dem Stopp von Waffenlieferungen angewendet werden.

Doch mit absichtsvoller Mißinterpretation unterstellt Bommarius, Dehm würde erst aufwachen, wenn die Gasöfen angeworfen werden. In allem was davor passiere, etwa der womöglich erneute Zwang, einen Judenstern zu tragen, könne Dehm, offenbar unempfindsam für jüdisches Leid, keinen Antisemitismus erkennen, »selbst Konzentrationslager erregten in ihm keinen einschlägigen Verdacht«. Bis dahin laufe der Antisemitismus bei Dehm unter legitime »Israelkritik«.

Statt in dieses zynische Denunziantentum zu verfallen, hätte sich der Kommentator das Ostermarschvideo auf Youtube ansehen sollen, das keinen Zweifel an der Lauterkeit der dort agierenden Friedensaktivisten lässt. Gleich nach seinem Statement erklärt und singt Dehm die »Ballade von der ´Judenhure´ Marie Sanders« – Brechts Reaktion auf die Nürnberger Rassegesetzgebung.

Warum dieser verquere Dehm die Mächtigen tatsächlich seit Jahren nervt, wird gern verschwiegen. Weil er das organisierte Verbrechen der Banken thematisiert, insbesondere der Deutschen Bank, die, wie er nicht nachlässt zu erinnern, mit ihren Kreditverträgen das KZ Auschwitz finanziert hat. Gegen Banken, die den Steuerschutz von Milliardären organisieren, will er mit einer Volksinitiative zur Vermögenssteuer vorgehen. Banken anzugreifen gilt in unserer neurotisierten Öffentlichkeit schon als Code für Antisemitismus, was nur nachvollziehen kann, wer selbst trübste Vorurteile pflegt.

Diese ganze Gesinnungshatz ist zu einem existentiellen Problem für Soziale Bewegungen geworden. Die doch nach Bekundungen von Opposition und selbst Regierung ein unverzichtbar belebendes Korrektiv in der Demokratie sind. Aber wer traut sich überhaupt noch hinaus auf die Straße und auf die Rednerbühnen, wenn er befürchten muss, im Zeichen der political correctness anschließend öffentlich zerhackstückt zu werden? Solche Veranstaltungen sind nun mal kein akademisches Pro-seminar, auch wenn sie von den Besserwissern am Schreibtisch so beäugt werden. Da nimmt teil, wer will und sagt was er für richtig hält. Basisdemokratisch. Da muss man aushalten nicht zu wissen, was der nächste Redner genau sagen wird.

Was machen Zehntausend junge Friedensdemonstranten, wenn ein halbes Dutzend von ihnen nationalistische Töne anschlägt? Die Parteien legen ihnen nahe, nach Hause zu gehen und hinterm Ofen zu bleiben, andernfalls machten sie sich der »Querfront« schuldig. Werden da die Bühnen für Pegida und AfD geräumt? Offene Veranstaltungen sind gegen gelegentlich verwerflich Redende nicht zu schützen. Der Unsinn kann von ausnahmslos allen Seiten kommen, manchmal sogar von jüdischer. Was machen linke Veranstalter einer Kundgebung für Meinungsfreiheit, wenn unangemeldet eine Jüdin auf die Bühne will, wie am 14. Dezember Evelyn Hecht-Galinski in Berlin, und – oh Schreck – dort das Verbrennen israelischer Flaggen befürwortet? Der Vorredner hatte es eben noch verurteilt – was bleibt, als sich begründet und ruhig zu distanzieren und gelassen weiter zu machen?

Wo beginnt Toleranz und wo endet Meinungsfreiheit? Ein Lernprozess, den wir im durchaus faktischen Zeitalter alle nötig haben. Wer eine politisch septische Protestbewegung fordert, schafft den Protest ganz ab. Es geht nicht um die Verteidigung falscher Bündnisse, sondern ganz im Gegenteil um das Austragen von Differenzen auf offener Bühne. Das wird nur gelingen, wenn die Inhaber von Amts- und Deutungshoheit ihre Macht nicht missbrauchen, um Einzelne öffentlich auszupeitschen und damit alle einzuschüchtern.

Links:
http://www.fr.de/politik/meinung/leitartikel/querfront-antisemitismus-ist-eine-deutsche-tradition-a-1406646
https://www.neues-deutschland.de/artikel/1073327.ken-jebsen-und-seine-kritiker-verschwoerungen.html?sstr=kalbe|dehm

Quelle: https://www.neues-deutschland.de/artikel/1074245.antisemitismus-gesinnungshatz-gefaehrdet-soziale-bewegungen.html

12.
2018 NATO-Strich und noch mal Antisemitismus – es geht auch anders rum

In den letzten Jahren haben sich kämpferische Artikel in der *taz*, dem *Spiegel*, der *Süddeutschen* und *jungleworld* verdichtet zu dem Aufruf: Linkspartei-Führung, greif endlich hart durch gegen diesen Diether Dehm! Kann der einfach ungestraft sein Mandat weiter ausüben, obwohl er für Biermann & Steinbach & Gauck ein DDR-Spion war? Für Jutta Ditfurth, Decker, Meisner und die Junge Freiheit ein Antisemit? Für den *Focus*, die Welt & Broder ein Beihelfer für RAF-Terroristen? Für die *Bild* ein Mörder? Und jetzt für den *Spiegel* ein »singender Barde« für Lenin, Stalin und Putin? Darf so jemand weiter frei im Bundestag reden? Das darfst du, wenn du mal demokratische Partei werden willst, doch nicht mehr zulassen!

Aber ich hatte während der vielen Skandale wie in Drachenblut gebadet, wusste langsam, wie mein Körper mit der ersten Totschlagzeile reagiert und dass die Panik nur am ersten Tag groß ist, aber innerhalb von 72 Stunden allmählich in hundsgewöhnliche Angst übergeht und dann am vierten Tag sprunghaft abnimmt. Mit der Zeit hatte ich mir ein Bild von jener Handvoll Berliner »Qualität«-Journalist*Innen gemacht, die auf uns angesetzt waren, es besonders auf Sahra Wagenknecht, unsere beste Rednerin und Repräsentantin, abgesehen hatten. Und auf unsere Radikalität im offenen Aussprechen widerspenstiger Wahrheiten. Und ich kannte auch allmählich fast jeden derjenigen Typen in der Führungsgruppe unserer Partei, die auf entsprechende journalistische Anfragen geehrt reagieren und in der Hoffnung, demnächst mit dem fragenden Journalisten einen »Freund fürs Leben« gewonnen zu haben, Genossen liebend gerne verpfeifen und in die Pfanne hauen. Vielleicht muss man dazu einiges erlebt haben, aber Linke, besonders nach Lektüre dieses Büchleins, müssen nicht unbedingt so alt werden wie ich, um zu erkennen, wie man mit diesem Beißreflex der Medien und den opportunen Reaktionen in der eigenen Partei auch schöpferisch umgehen kann.

Im Frühjahr 2018 deckte Manfred Sohn in einem kurzen und, bedauerlicherweise, völlig unbeachtet gebliebenen Beitrag in *Ossietzky* ein Strategiepapier des Pentagon auf, dessen Conclusio war: Nicht mehr länger die Killerbanden des »Islamischen Staats« zum Hauptfeind erklären, sondern Russland. Es ging auch darum, die Medien dafür warmzukochen, in verschiedensten Kampagnen dem 2%-Aufrüstungs-Ziel der NATO, wie es Donald Trump lauthals postuliert hatte, näher zu treten. Um erstens neue Drohnen, zweitens künstliche Intelligenz und drittens Cyber-Waffen zu produzieren, die Russland (mit einem über 65 Milliarden ausmachenden Rüstungsetat) durch die NATO (940 Milliarden Rüstungsetat) totzurüsten wie einst die Sowjetunion, die Bevölkerung aufzustacheln und dort letztendlich auf einen Regime-Wechsel hinzuwirken. In diese Kampagne war eingeordnet die Handelsstrategie, das russische Gas (Northstream II) aus der EU zu drängen und durch das teure Fracking-Gas der USA zu ersetzen. Wenn dies einst gelingen würde, wäre ein Sturz Putins im Bereich des Möglichen, nebst dem Griff auf russisches Gas und Öl, welche schon immer das Monopolkapital im Westen aphrodisiert haben.

In meiner Rede im Bundestag (https://www.linksfraktion.de/nc/parlament/reden/detail/diether-dehm-statt-weltkriegs-politikfaehigkeit-frieden-mit-russland/) hatte ich den Beitrag

NATO-Strichmännchen als Projektion am Auswärtigen Amt

von Manfred Sohn und die Pentagon-Studie gegen Russland erwähnt. Seitens der Medien gab es so gut wie keine Resonanz. In diversen kleineren linken Zeitungen habe ich dann mittels Inseraten über Weltnetz.tv und andere Internetportale versucht, diese Weltkriegs-Strategie offen anzusprechen. Auch hier blieb jegliche Empörung in der bürgerlichen Öffentlichkeit aus. Die Medien schwiegen die Pentagonstudie eisern und eisig tot.

So begann, durch Nichterwähnung, die Pentagonstrategie medial zu greifen: der frisch gekürte Bundesaußenminister Heiko Maas hatte innerhalb von wenigen Stunden für einen missglückten Anschlag auf den russischen Doppelagenten Skripal in London sofort den Schuldigen im Kreml ausgemacht; führende CDU/CSU-Leute wie Manfred Weber und Grüne wie ML Beck gingen zum offenen Widerstand gegen russische Gaslieferungen über.

Ich entschied mich, nach all den Skandalerfahrungen und mit der nunmehr lebenslangen Beschäftigung mit deren innerer Logik, bei meiner Berliner Ostermarschrede 2018, dies dann entsprechend bewusst zu skandalisieren. Ich wollte den

Spieß mal umdrehen, Maas beim Namen nennen und mit einem Begriff belegen, von dem ich annehmen durfte, daß nunmehr die herrschenden Medien in gewohntem Pawlowschen Reflex in Jagdstimmung übergehen müssten. Und dieser Plan ging in vollem Umfang auf. Die »Zeit« übertitelte eine halbe Seite mit dem Schimpfwort aus Joschka Fischers Biographie für mich: »Klabautermann«. Der »Spiegel« widmete der Pentagonstrategie gegen Russland einen gar fünfseitigen Artikel gegen mich mit Falschzitaten und Angriffen (die er dann allerdings unter juristischem Druck abschwächen musste). Die Tagespresse war voll davon. Meine Website hatte Zigtausend Zugriffe auf die Pentagonstudie und meine Bundestagsrede.

Nur die »FAZ« tanzte aus der Reihe, womit ich nicht gerechnet hatte und gab mir die Möglichkeit, in einem Interview spaßhaft den Begriff des »NATO-Strichjungen« zum »NATO-Strichmännchen« umzumodeln gab aber auch die Pentagon-Strategie sogar unverfälscht wieder. Innerhalb weniger Tage waren einige 100 000 Klicks auf meiner Ostermarschrede und es kam zu Presse-Veröffentlichungen der NATO-Fakten, die dann ihren Weg bis in die Provinz in die kleineren Zeitungen fanden.

Aber womit ich nicht gerechnet hatte war, dass ein linker Berliner Kommunalpolitiker aus dem Umfeld des Senats meinen Partei-Ausschluss wegen schwerer Parteischädigung beantragte. Das Landesschiedsgericht unserer Partei in Niedersachsen wies den Ausschluss-Antrag zwar zurück. Aber dann begehrte der Berliner Kommunalo die Fortsetzung beim Bundesschiedsgericht. Dieses machte sich die Mühe eines sehr umfänglichen Urteils, sogar mit Zitaten aus Bundesverfassungsgerichts-Urteilen und vielen juristischen Lehrbüchern und begründete es folgendermaßen: auch wenn ein politisches Schimpfwort über die normalen Stränge schlagen würde, so sei dies im konfliktorischen Umgang mit gegnerischen Parteien und Politikern keine Schädigung der eigenen Partei, sondern der Rüstungspolitik der Anderen. Im Verfahren selbst hatte ich sogar auf einige Zitate von Herbert

Wehner gegenüber den damaligen Bonner CDU-MdBs Jürgen Todenhöfer (»Hodentöter«) und Wohlrabe (»Übelkrähe«) und von Joschka Fischer gegenüber Richard Stücklen (»Mit Verlaub, Herr Präsident, Sie sind ein Arschloch«) im Bundestag verwiesen.

Letztendlich wurden der deutsche NATO-Strich und Gegeninformationen über die Kriegsvorbereitungen gegen Russland offenkundiger, wenn auch längst nicht im nötigen Ausmaß. Ich hatte einige Blessuren abbekommen, aber die standen im wohlabgewogenen Verhältnis zum Resultat.

Als Nachtrag sei noch erwähnt, dass einige Journalisten anschließend an den Freispruch vor dem Bundesschiedsgericht, den sie aber weitgehend verschwiegen, immer noch versuchten, dem offensichtlich nunmehr angeschlagenen Bundestagsabgeordneten Dehm schnell den Garaus zu machen. Die *Welt*, die *taz* und *jungleworld* forderten, weil mir »Tausendmal nix passiert« sei, »dass es endlich Zoom macht für Diether Dehm«.

Während sich meine Parteigremien schon nicht mehr mit dieser Sache befassten, lag entsprechende Witterung in der medialen Luft. Vielleicht war ja doch noch mit einem schnellen, endlich finalen Abschuss mein Skalp an den Gürtel zu kriegen. Ergo stoppte ich alle Interviews, die auch nur im Ansatz nach Killervorsatz rochen

Zwei Monate später kam so ein Nachzügler. Der *Hessische Rundfunk* fragte über einen Journalisten, der sich als Sohn des mit mir einst befreundeten Umweltpfarrers und Startbahn-West-Gegners Oeser vorstellte, nach einem Interview zum Thema »Antisemitismus«. So, wie ich, durch die Skandale geläutert, den NATO-Strichjungen-Skandal bewusst gesetzt hatte, war ich auch argwöhnisch und sah mir seine bisherigen journalistischen Leistungen an. Bösgläubig geworden, sagte ich auch ihm ab. Der HR-Fernsehjournalist mit dem guten Namen Oeser ließ sich aber nicht abschütteln und bedrängte mein Büro, er würde mich so gerne einmal persönlich kennenlernen, nach allem, was er »in der Familie als Kind von Dehm über den Kampf gegen die Startbahn-West so gehört hatte«. Mein Mitarbeiter sagte ihm, dass ich bis zum Sommerurlaub keine Zeit mehr hätte. Mein Büro erwiderte, ich sei quasi bereits auf dem Weg nach Italien. Das sei ihm, erwiderte er mir jedoch, das Kennenlernen wert: »Dann besuche ich Herrn Dehm halt dort?« Er arbeite an einer großen Sendung über Antisemitismus und hätte gerne von mir drei Minuten O-Ton über die ungerechtfertigten Vorwürfe gegen mich, um mir Gelegenheit zu geben, alles richtigzustellen. Ich habe kurz überlegt und ihn noch mal gefragt, ob er wirklich die weite Reise und die Kosten für ein solches ja doch nur kurzes Fernsehinterview auf sich nehmen wolle. »Ich bin sowieso gerne in Norditalien und da haben Sie doch gewiss etwas Urlaubszeit übrig.«

Ich wollte nicht, dass er mein Urlaubswohnhaus direkt kennenlernt, und verabredete mich mit ihm in einem Café im Dorf. Ich bat einen anderen Bundestagsabgeordneten, der mit zu Besuch war und den der Journalist nicht persönlich kannte, in Hörweite zu sitzen und ein Aufnahmegerät mitlaufen zu lassen, und verabredete mit diesem, mir jedes Wort sehr genau zu überlegen. Es dürfte keine ganz freie Rede werden, nichts, was am Schneidetisch in Halbsätze zerlegt und verdreht werden könnte.

Bereits vor meiner Ankunft im Café hatte der Journalist dort schon alles verkabelt und Scheinwerfer und Kamera aufgebaut. Es wurde eine ganze Stunde Gespräch daraus. Immer wieder fragte er mich, ob es nicht linke Kritik an Israel und am Zionismus gäbe, ob nicht der israelische Geheimdienst mein Gegner sei, wie ich zu Ken Jebsens Israel-Kritik stünde. Ich wiederholte relativ gleichförmig, ohne mir allzu viel Formulierungs-Freiheit zu gönnen, inwiefern ich Antisemitismus und Rassismus für die Methode der Herrschenden und auch des Hitlerschen Finanzkapitals hielt. Mit jeder meiner theoretischen Ausführungen über die Rolle des Antisemitismus beim Aufstieg des Faschismus, über die Rolle von Bank-Chef Hermann Josef Abs, der gesamten Deutschen Bank und vor allem Adenauers Spin-Doctor Globke bei der Umformulierung der anfänglich einfachen antisemitischen

Strategie bis hin zur barbarischen Wannsee-Konferenz und dann zur sogenannten Endlösung, wurde er desinteressierter. Seine Enttäuschung wuchs merklich. Er wies mich ein ums andere Mal darauf hin, dass ihm gar nicht so sehr an theoretischen Analysen des Antisemitismus gelegen sei, sondern ihn vielmehr interessiere, was die Linken denn an Solidarität mit den Palästinensern vorzuweisen hätten und wie meine Kritik am Staat Israel aussähe. Aber es gelang ihm nicht, irgendetwas anderes auf seine Aufnahmegeräte zu bringen als meine Erwähnung meiner engen Zusammenarbeit mit dem leitenden Untersuchungsrichter der Auschwitzprozesse, meinem Genossen und Fastschwiegervater Heinz Düx, meiner Bekanntschaft mit dem Generalstaatsanwalt Fritz Bauer und meines jahrzehntelangen Engagements gegen Antisemitismus. Als er seine Kamera zusammenpackte, sagte er mir, ich sei ja äußerst diszipliniert. Dies klang schon nicht sonderlich siegreich.

Am 16. Oktober 18 bekam ich dann eine E-Mail mit folgenden Worten:

Sehr geehrter Herr Dehm,

der "Antisemitismus-Report" wird am 5.11.2018 um 22.45 Uhr in der ARD ausgestrahlt. Aus redaktionellen Gründen konnten wir das Interview mit Ihnen leider nicht unterbringen.

Der Film wird nach Sendung unter folgendem Link online sein: https://www.daserste.de/information/reportage-dokumentation/dokus/sendung/der-antisemitismus-report-102.html

Mit den besten Grüßen,

Adrian Oeser

Adrian Oeser
FS Politik und Gesellschaft

hr

Hessischer Rundfunk
Anstalt des öffentlichen Rechts

Bertramstraße 8
60320 Frankfurt

Leseprobe:

Diether Dehm

Bella ciao
Roman

Dies ist die Geschichte des unbekannten Dichters eines weltbekannten Liedes. Sie handelt von der Freundschaft zweier Jungen, die auseinanderbricht, als beide, von der Suche nach Gerechtigkeit getrieben, entgegengesetzte Wege einschlagen: der eine, Attila, geht zu den Schwarzhemden und lässt sich bedenkenlos auf die faschistischen Ideen ein; der andere, Renzo, schlägt sich auf die Seite der Partisanen im Ossola-Tal, vereint zwar mit ihnen im Kampf gegen die Faschisten, aber misstrauisch beäugt wegen seiner Auffassungen darüber, wie es weitergehen soll in Italien nach dem Sieg. Im tödlichen Kampf treffen Renzo und Attila aufeinander. Italien wird blutig befreit. Von den Opfern, die der Kampf forderte, erzählt auch Renzos Lied »Bella ciao«.

PROLOG

Meine Großeltern hatten in den Sechzigern ein kleines Haus an einen Hervorspringenden Alpenhang im italienischen Tessin, genau Tausend Meter hinter der Schweizer Grenze gebaut. Sieben Jahre lang fuhr ich zu ihnen, wie es die Semesterferien hergaben. Der Weg dorthin führte durch die Schweiz, von Basel an Luzern vorbei und, weil der Gotthardtunnel damals noch nicht eröffnet war, über den Bernardinopaß, »runter an den Lago«, wie wir Frankfurter Verwandten den Alterssitz meiner Großeltern nannten. Dort wartete ein Kellerzimmer auf mich, mit einer Kommode und zwei, drei Klappbetten möbliert, in dem sonst nur größere Spinnen und kleinere Skorpione hausten.

Das Schwarzwälder Fachwerkhaus, von einem sardischen Baumeister an die steile Schräge des Dorfes San Bartolomeo,

Frazzione di Cannobio, geklebt, hatte ich im Sommer 1967 zum ersten Mal gesehen.

Diesmal war ich mit zwei Kommilitonen, Andi Wader und Sascha Schiffer, unterwegs, runter an den Lago.

Meine Großmutter stand auf dem Balkon. Ist Liebe Wartenlassen? Nein, Liebe ist Warten. Und sie stand da schon stundenlang. Und keck fuhr ich vor, großstadtmännisch die Autotür hinter mir zuschlagend, Herzungen im Halbdunkel der beleuchteten Palme huldvoll entgegennehmend.

Am Abend unserer Ankunft fuhren wir nach Ascona, dem vorgeblichen Literaturstädtchen in der Schweiz, in dem einst Hesse, Mühsam, Mehring und andere Schriftsteller residiert hatten. Aber der Abend enthielt sowenig Spannung wie Sirtata. Und so trieb uns die Lust am nächsten Abend in den italienischen Tessin, das Seeufer entlang, in die grillendurchzirpte Nacht. Die größte auf der Karte des Lago Maggiore erkennbare Kleinstadt ist Verbánia. Deren Lichterschein entpuppte sich als Promenade, wo wir gegen zehn Uhr nachts einparkten und uns unter die Leute mischten.

Was wir sahen, war wie aus einer andern Zeit. Da hingen zwar ein paar Luftmatratzen zu dreißigtausend Lire an der Hauswand, dann aber Korbflaschen mit Wein, Metzger-, und Gemüsezeug, unbeleuchtet und grob angeschnitten hinter der Scheibe. Und dann ein Straßencafé, karg bestuhlt, mit sieben Tischen, ein paar Barhockern, über den Tischen weiße, schmucklose Decken, darauf Körbchen mit Weißbrot, Salz- und Käsestangen. Die Hälfte der Tische war besetzt.

Andi sagte dem Kellner wie selbstverständlich »Uno litro Frascati«, während sein Daumen die Eins deutete, ein Versuch in südländisch.

Wir setzten das auf der Fahrt nach Verbánia geführte Gespräch im Café fort und kamen auf den SDS zu sprechen, unter uns der malerisch glitzernde Lago Maggiore, und wir wie in einer Lagebesprechung für die morgen beginnende Schlacht. Ich war ja so stolz, mit diesen beiden um so vieles älteren und anerkannteren Genossen, natürlich nur durch die Einbringung der Mitgift der Bettstelle, die meine Oma für die beiden in dem kleinen Haus räumen musste, auf Augenhöhe mitreden und gesehen zu werden (falls es jemand anderes politisch Interessiertes ausgerechnet hierher in den Urlaub verschlagen haben mochte, der die beiden aus der deutschen Zeitung kannte.

»Die Zentrifuge aller Ereignisse«, referierte Wader stockend, »ist die Logik, die Hegel mit der gesellschaftlichen Totalität gefaßt hatte. Darum ja, und nur darum, geht es um die dezentrale Taktik, versteht ihr? Hört hier überhaupt jemand zu ...«

Ich gestattete mir die Frage, ob denn dezentralisierte Aktionen überhaupt noch eine wahrnehmbare Kraft sein könnten. Schiffer, wie so oft die Gunst der Schiedsrichterrolle nutzend, warf ein: »Die Außendarstellung zentraler Kundgebungen wie der Vietnam-Kongreß 67 – das ist das eine! Dezentrale Aktionen gestatten aber ein viel höheres Maß an Pragmatik, eine Art Nadelstich-Strategie ... Stadtguerilla ... von Che lernen ... Partisanentaktik in unseren Metropolen!« Dann hob er sein Glas jovial und begann zu singen: »O Partigiano, porta mi via ...«

Die zwei älteren Männer am Nebentisch lächelten uns zu, der eine, etwa einen Meter fünfundsechzig groß, untersetzt, mit weißem, vollem Haar, das ungekämmt hinter der hohen Stirn in Büschen und Rinnen zurückgestrichen lag, mochte weit über siebzig sein, hatte die Wangen breitmundig ineinandergefaltet, wie es Zahnlose tun. Er lächelte uns hinter einer Goldrandbrille zu, die auf seinem alten Gesicht komisch wirkte. Beim Stichwort Partigiano nickte er schüchtern, mehr für sich. Wader starrte den Alten an, verstand nicht, warum der uns zunickte, fühlte sich veralbert. Er nahm mit höhnischer Handbewegung sein Glas und prostete dem Alten zu, und wir alle sangen »O bella ciao, bella ciao, bella ciao ciao ciao ...«

Mir ist diese Szene heute noch so deutlich vor Augen, als habe sie sich letzte Woche abgespielt. Das Lachen des Alten war entwaffnend und kindlich, so daß Wader nervös mit den Lidern zuckte. Soviel Arglosigkeit war im zahnlosen Mund des Weißhaarigen und seinen wachen Augen, daß wir uns mit einem Mal alle zuprosteten.

»Tedesci?« Die Stimme des Weißhaarigen war erstaunlich hell.

Andi hatte wieder so einen Impuls: »SDS, nos ... verdammt was issen wir? ... nos ... nos ... SDS ... studenti revolutionario ... tedesci... Parmigianos«, haspelte er drauflos, italienische mit spanischen Endungen sowie Partisan mit Parmesan durchmischend, erwartete er zumindest Irritation, wenn nicht sogar so etwas wie Hochachtung, weil er doch in Frankfurt Lufthoheit über derart viele Innenstadtkneipen und Lokalredaktionen erobert hatte. Statt dessen kam ein gänzlich unbeschwertes Gelächter vom Nebentisch. Und vielleicht wäre es dabei geblieben, wenn Andi nicht noch einmal »Revolutionario« hinterhergetönt hätte. Statt betroffen zu schweigen, kicherten die beiden Herren am Nebentisch.

»Irgendwie verstehen die kein Wort«, sagte Andi zu uns, und zu denen: »Ego esse Parmigiano come Che Guevara ... Che Guevara.« Schiffer lachte den Alten überfreundlich zu und bedeutete Wader: »Überfahr die doch nicht mit unseren Strategiedebatten. Das sind einfache Leute, die hier ihren Wein trinken.«

Aber Wader ließ sich nicht bremsen: »Tu conosci Che Guevara, conosci?« Sein Übereifer sprang zwischen deutschen und italienischen Sprachfetzen hin und her, um den Leuten zu erläutern, daß Bolivien in Lateinamerika liegt, Che Guevara dort den Partisanenkampf geführt hatte und wir dasselbe, was Che in der mondo tertiale wollte, in unseren Metropolen durchzuführen begännen. Aber, ach Gott,»ego esse parmigiano« und »partigiano« ...

Die Gesichter der Alten blieben fröhlich, und weil bei »parmigiano come Che« an einem anderen Nebentisch nun auch geschnaubt und gelacht wurde, wandelte sich Wader immer mehr zur komischen Figur.

Ein schwarzhaariges Mädchen saß mit mehreren Männern an einem Tisch und unterbrach Waders Redeschwall, indem sie auf den alten Weißhaarigen deutete und fortwährend »Commandante« sagte. Dann wiederholte sie das Lied, hob abschätzig die Braue, und sang den Refrain – während der alte Mann ihr voller Anerkennung zulächelte – zart, fein, leise, und sie ließ ihre gespreizten Finger im Rhythmus schweben.

Wader raunte: »Das ist bestimmt der frühere Polizeikommandant hier in dem Kaff gewesen.« Schiffer prostete dem Alten lauthals zu: »Policia?« Am Nebentisch brach vollends ausgelassenes Gelächter los. Immer mehr Leute wurden auf die komische Szene aufmerksam. Es schien, als ob sich die Worte Policia und Parmigiano zu einer im ganzen Ristorante von Tisch zu Tisch anschwellenden Fröhlichkeit verbanden. Und mit jedem Wort verstrickte sich Wader fester in das Netz des freundlich-spöttischen Gelächters.

Wir wirkten am Ende etwas verstört, so daß der Alte schließlich Erbarmen mit uns hatte: »Wir ... Partigiani!« rief er mit großzügiger Handbewegung, so daß auch das Gelächter ringsum feiner wurde und schließlich ganz austräufelte. Und der Hagere setzte mit väterlichem Spott hinzu: »Come Che Guevara«, wobei er Wader mit großen Kinderaugen ansah, ein fester, prüfender Blick durch die goldene Brille, über fast zahnlosem Mund und einem Doppelkinn, das in einer Vertiefung des untersetzten Körpers hing.

Später sah ich ihn auf Jugendfotos stolz und trotzig, was sich seither dem Erinnerungsbild dieses Abends beigemischt hat. Jedenfalls war Comandante Renzo auch ohne seine Zahnprothese und mit seiner Verwachsung alles andere als bemitleidenswert. In der Schale seiner Schultern, von wo aus eine hohe, heisere Stimme tönte, wandte sich sein Kopf wie der einer Eule aufmerksam hin und her. Zu Erläuterungen streichelte seine schlanke, nur an den Fingerkuppen verknorpelte Hand bedächtig über Tische und Tischdecken, Zweifel nicht zulassend, hätte nicht ein prüfendes Kopfschwanken die Vorläufigkeit seines Urteils signalisiert.

Mit dem letzten Tag dieses Urlaubs am Lago Maggiore verbinde ich noch ein anderes, schwächeres Erinnerungsbild: Renzo neben einer schlanken, aufrechten Grauhaarigen, die ich an den zurückliegenden gemeinsamen Abenden noch nie getroffen hatte. Sie mochte einmal noch begehrenswerter gewesen sein, und war es immer noch mit einem hinreissenden Lächeln, das alles in ihrem Gesicht strahlen machte und Anmut gab, eine schlanke Taille und einer straffen Figur. Sie begann plötzlich das berühmte Lied zu singen, mit etwas anderem Text, als er mir von Falken-Lagerfeuern und der FDJ-Singeclubs im Gedächtnis war.

»Ich kenne einen anderen Text«, versuchte ich mit einem Mix aus Händen, Latein und Englisch kundzutun.

»Es gibt tausend Texte davon«, sagte die Frau lachend, »aber das ist des Maestros liebste Version.« Sie deutete auf den weißhaarigen Alten, der ihr im Spaß mit einer Ohrfeige drohte und dann mit gespieltem Gleichmut ertrug, wie ich mein Cassettengerät anschaltete, um es später zu übersetzen und sie sang:

> An ihrer Schulter, da wird es hell schon
> O bella ciao, bella ciao, bella ciao ciao ciao
> Es war so warm hier, an deinem Arm hier
> Da draußen werd ich bald schon friern.

> Kann nicht gut schießen und krieg schnell Angst auch
> O bella ciao, bella ciao, bella ciao ciao ciao
> Soll ich ein Held sein, dem das gefällt? nein
> Verfluchter Krieg, verfluchter Feind.

> Sah Blut an Hütten, sah Frauen bitten
> O bella ciao, bella ciao, bella ciao ciao ciao
> Den kleinen Luca, der vierzehn Jahr war
> Ich hab zu lang nur zugesehn.

> Ihr in den Bergen, heut komm ich zu euch
> O bella ciao, bella ciao, bella ciao ciao ciao
> Was kein Kommando und kein Befehl kann
> Ich werd heute Partisan.

Ich hinterlaß hier keine Fährten
O bella ciao, bella ciao, bella ciao ciao ciao
Als Nichts erschein'n, um mehr zu werden
Zurückzieh'n, um nicht weg zu sein.

Wenn ich am Dorfplatz mal tot herumlieg
O bella ciao, bella ciao, bella ciao ciao ciao
Dann sagt der Priester statt langer Predigt:
Nie mehr Faschismus, nie mehr Krieg.

Nur noch den Kuß hier, kommt einer nach mir
O bella ciao, bella ciao, bella ciao ciao ciao
Dem wünsch ich Zeiten, wo man so eine
Wie dich nicht mehr verlassen muß.

Meine beiden Kumpane sehe ich heute nur noch ab und zu mal wieder, und man umarmt sich schon lange nicht mehr. Schiffer hat eine höhere Funktion bei den Grünen, sitzt abends ab 21 Uhr im »La Habana« und trinkt Mojito – das einzige, was ihn noch mit Kuba verbindet. Er ist oft ganzseitig im »Spiegel«, verteidigt dort Kriege und Sozialkürzungen.

Wader ist, nach einer Phase des Berliner Häuserkampfs, Regieassistent am Halleschen Ufer geworden. Zuletzt sah ich ihn im Fernsehn, wo er mit mildem Lächeln und dezenter Stimme der gesamten deutschen Linken terroristischen Totalitarismus und Antisemitismus nachwies.

Jetzt, dreißig Jahre später, habe ich begonnen, diese Geschichte aufzuschreiben. Obwohl ich die Strände und Cafés um den Lago Maggiore kannte – die Geschichte Norditaliens habe ich erst später, lange nach Renzos Tod und auch bis heute nicht gänzlich, kennengelernt.

Wer will Italien verstehen ohne dieses Ossola? Wer aber kann in die Geschichte des Ossola-Tals tauchen, ohne nachzufühlen, wie damals, gleichzeitig, die Rote Armee und die Sowjetvölker, – nicht wie die US-Armee mit 40 000 Toten und überwiegend aus der Luft – am Boden die modernste Kriegsmaschine der Welt zerbrach, mit 22 000 000 Getöteten, denen in offiziellen Feierlichkeiten in Schulen und Rathäusern wenig nachgeweint wird. Ernest Hemingways Satz, kein freier Geist könne in seinem Leben je soviel arbeiten, wie er der Roten Armee Dankbarkeit schuldet, ist in Vergessenheit heute. Dafür erfreut sich ein CDUFührer, in Europa würde seit der erneuten Niederwerfung Belgrads und Athens »wieder deutsch gesprochen«.

Damals, und nach dem weltweiten Aufatmen nach der Panzerschlacht am Kursker Bogen, stritten Sowjetfreunde und Sowjetfeinde in Italien gemeinsam gegen den Faschismus. Und landeten beim Sozialismus in einem Tal. Wer will die grausamen Kompromisse und aufopferungsvollen Einzelgefechte in den Bergen um den Lago Maggiore verstehen, ohne den gleichzeitigen Kampf der Partisanen in Serbien, Kroatien und Griechenland? Wer versteht heute noch die blutige Enttäuschung in Griechenland und Italien, die auf der Karte von Jalta eben nicht auf der gleichen Seite wie Jugoslawien verzeichnet waren, sondern den Angloamerikanern zugeschlagen? Die griechischen Partisanen stemmten sich dagegen, nur Manövriermasse auf Karte von Jalta zu sein, den Massenmördern und ihren Financiers nicht, wie Titos Truppen, die wirtschaftlichen Machtmittel aus der Hand schlagen zu dürfen. Der griechischen Partisanen wollten dies Schicksal brechen. Aus ihren Hodensäcken machten britische Soldaten Tabaksbeutel.

Die Führung der Kommunistischen Partei in Italien ging von Jalta aus, zügelte, bremste – und verlor dabei anfänglich Tausende enttäuschter Mitglieder. Der Kommunist Togliatti trat in die vom faschistischen Großrat gestiftete Regierung unter Marschall Badoglio, Mussolinis einstigem Schlächter von Abessinien, ein. Und es gelang ihr, den Widerstand gegen den Faschismus breiter und wirkungsvoller zu gestalten und auch den Fallen Churchills, der für einen kapitalistischen Neuanfang wenig überlebende Kommunisten wollte, auszuweichen. Jawohl, der Revolutionär Togliatti war für das Mitregieren – damit die Kräfte gegen die Herrschenden geeint und gestärkt würden. Der Erfolg des Mitregierens maß sich am Kräftezuwachs der Nichtregierenden. Politik nicht als Poker, sondern als Schachspiel, mit Geduld, Berechnung und Übersicht. Denn auch Mitregieren misst sich posthum am Kraftzuwachs, nicht am staatlich lizensierten Verheizen eigener Prozente.

Längst haben sich die von den Alten erzählten Episoden miteinander verknotet, sie sind kaum mehr auseinanderzuhalten, plötzlich wird Beiläufiges wichtig und bedeutungsvoll Berichtetes tritt in den Hintergrund. Und ein paar Lücken sind auch mit eigener Phantasie ausgefüllt. Wie viele? Ich weiß es nicht. Ich verspreche, meine Erzählung ist, so gut es ging, nach bestem Wissen und Gewissen, dokumentarisch. Ich muß allerdings zugeben, daß ich unfähig bin, in kühler Distanz zu berichten.

Renzo sah ich nur zwei Sommer lang. Ich begleitete ihn ins Gebirge, fragte ihn aus, nachts, bis ihm die Augenlider absackten, und ich sehe ihn heute noch vor mir, wie er singt, nicht nur sein »Bella Ciao«, wie er geduldig hinhört und auf Leute einredet, wie er sein Magazin leerfeuert, wegläuft, Rückzüge befiehlt. Und, was mir damals erst spät auffiel, immer sehe ich ihn mit seiner Verwachsung, die aber nichts von seiner Anmut minderte. So ist Renzo Rizzi das Sinnbild des starken Egos, das sich aber nicht, wie in der liberalistischen egovergötzenden Religion, aus sich und gegen alles Kollektive imprägniert aufsteigt, sondern seinen Nektar aus den fortschrittgebärenden Widersprüchen der Sozialität saugt, welche dieser Bewegung ihren Begriff gibt, als einen der wenigen Ismen, die Renzo annahm, für sein einzigartiges Leben dankbar. Und so: ein wenig mit Scham.

Was Schiffer heute zum Schreien komisch findet.

Diether Dehm
Bella ciao
Roman
400 Seiten, brosch.
sofort lieferbar
Buch 16,99 €
ISBN 978-3-360-02191-5

Quelle der Abbildungen (Fotos, Dokumente, Ausrisse):
Archiv Diether Dehm
Nicht in jedem Fall waren die Urheber zu ermitteln, berechtigte Ansprüche bleiben gewahrt.

Das Neue Berlin –
eine Marke der Eulenspiegel Verlagsgruppe Buchverlage

ISBN 978-3-360-01353-8

1. Auflage 2019
© Eulenspiegel Verlagsgruppe Buchverlage GmbH, Berlin
Alle Rechte der Verbreitung vorbehalten.
Ohne ausdrückliche Genehmigung des Verlages ist
nicht gestattet, dieses Werk oder Teile daraus auf
fotomechanischem Weg zu vervielfältigen oder in
Datenbanken aufzunehmen.

Umschlaggestaltung: Verlag, Peter Tiefmann
unter Verwendung von Fotos, Dokumenten und Ausrissen
aus dem Archiv Diether Dehm
Druck und Bindung: buchdruckerei.de, Berlin

www.eulenspiegel.com